2007年上海房地产业年度报告

长期住房价格波动比较研究

上海大学城市经营研究中心
上海大学房地产学院明泉地产工作室　编著

中国建筑工业出版社

图书在版编目(CIP)数据

长期住房价格波动比较研究:2007年上海房地产业年度报告/上海大学城市经营研究中心，上海大学房地产学院明泉地产工作室编著.—北京:中国建筑工业出版社,2007
ISBN 978-7-112-09350-2

I.长... II.①上...②上... III.住宅—价格—经济波动—研究报告—上海市 IV.F299.275.1

中国版本图书馆CIP数据核字(2007)第103872号

编委会
主　编:唐　豪　王　云
编　委:徐勇谋　史东辉　沈　毅　钱国靖　严国樑　邓　江　张贻春
执　笔:史东辉　沈　毅

责任编辑:邓　卫
封面设计:邵　怡

广告经营许可证号:京海工商广字第0362号

长期住房价格波动比较研究:2007年上海房地产业年度报告
上海大学城市经营研究中心
上海大学房地产学院明泉地产工作室 编著
*
中国建筑工业出版社出版、发行(北京西郊百万庄)
各地新华书店、建筑书店经销
北京云浩印刷有限责任公司印刷
*
开本:787×1092mm 1/16 印张:9 字数:219千字
2007年7月第一版 2007年7月第一次印刷
印数:1—1500册 定价:21.00元
ISBN 978-7-112-09350-2
(16014)

序

继《上海房地产业的理论透视与实证研究：2006年上海房地产业年度报告》之后，本书是上海大学房地产学院明泉地产工作室今年推出的又一份重量级研究报告。对于再次受邀为该年度报告作序，本人深感荣幸。上海大学房地产学院明泉地产工作室成立之初就确立了一项长期工作目标，即：针对上海房地产业市场，着眼于中国房地产业大局，每年发布兼具理论与实证价值的产业年度研究报告。而今，本书适时推出，可谓校企联合研究的最新成果，同时，对于波谲云诡的国内房地产市场，也不失为一份具有重要参考价值的研究资料。

2006年初至今，中国房地产业发生了太多令人印象深刻的“事件”。从2006年上半年“国六条”、九部委“十五条”相继推出，到2007年初国家税务总局出台房地产企业土地增值税清算管理的通知，国家先后出台了十多项针对房地产业的调控政策，政策年的“味道”依然浓厚。我相信读者可以借助本书，更加清晰地把握宏观调控背景下的上海房地产业发展轨迹，更加准确地研判上海房地产业未来市场形势。我也相信本书可以为市场数据结构的调整和统一提供有益的借鉴。

树的年龄通过年轮一圈一圈表达，而对于房地产业的认知则可以通过一份一份行业年度报告积累。因此，当每一份报告结集出版时，我们都会感到自身所处的层次得到了提升。当然，在自身获得积极提升的同时，我们希望带给一直支持、关心本书的政府主管机构、业界同仁、专家学者以及广大读者一些有益启示，这也许可算作我们为上海乃至中国房地产业的发展所贡献的微薄之力吧。

上海明泉企业（集团）有限公司董事长　王云

2007年6月

目 录

0 引 言

0.1 问题的由来

自2003年以来，住房价格(以下简称房价)快速上涨的态势逐步从以上海为代表的长江三角洲扩散到全国其他地区，并已成为当今社会的一个热点问题。从2004年起，中央开始对房地产业实施宏观调控。仅在3年时间内，就颁布了专对房地产业进行调控的5个国字号文件，为历史罕见，而房价上涨过快正是宏观调控旨在解决的主要问题之一。

在此背景下，理解当前房价快速上涨的成因无疑是非常重要的。然而，当前的相关研究大多侧重于短期的、个别的因素考察，加之不同的研究方法和缺乏系统的、准确的统计数据，导致各方得出的结论存在着诸多不一致之处，甚至出现截然对立的观点。

理论和经验表明，房价是由自然状况、人口、经济、制度、历史、文化等诸多因素相互作用而共同决定的。就此而言，简单地考察短期的或个别的成因，尤其是在我国经济快速增长、城市化进程加速、重大制度变革频繁出台、房地产市场尚处在早期发展阶段的背景下，并不能让我们获得太多深入的认识。

鉴于此，我们尝试在一个较长的时间框架下，通过国际比较的方法，并以国内房地产市场相对最为发达的上海市为主要研究对象，从理论和经验角度综合性地研究长期房价波动的规律及其基本决定因素，旨在为制订短期的调控政策和长期的产业政策提供科学依据。

0.2 本项研究的基本思路与内容

房地产经济理论和国际比较经验表明，在国家层面上，自然状况、人口结构、经济发展水平与增长速度、金融与住房制度等是长期住房价格的基本决定因素。同时，住房及房地产市场本质上是区域性市场，城市的自然状况与区位、发展的历史与阶段、规模与经济发展水平、地方政府的发展战略与实际政策执行等因素普遍地对本地住房市场供求及价格决定产生深远的影响。

基于这一认识，本项研究首先从国家层次上的比较研究入手，旨在理解长期房价波动的一般规律和基本决定因素的影响及其作用机理。然后我们转向区域性市场层面，考察城市特定因素对于长期房价波动的影响，特别是着重研究少数国际大都市有别于一般城市的特殊房价波动表现及其原因。最后，我们以上海市近20年的房价波动为研究对象，深入分析各时期的房价波动表现及其成因，并探讨各基本因素对未来一段时间内房价的潜在影响。

除引言部分外，本项研究成果共分为7章。

第1章作为年度报告的必要组成部分，简要介绍2006年中央与地方两级宏观调控政策，并对上海市房地产业的发展作出较为全面的评述。

第2章分为两部分。一是考察OECD发达国家自1970年以来的长期房价波动趋势和一般规律，并给出理论和经验上的解释。二是以在发展阶段、制度环境等方面与我国具有一定可比性的东亚国家为对象，考察各东亚国家在亚洲金融危机前后的房价波动趋势及其成因。其中，我们还针对性地研究了英国和韩国的长期房价波动情况。

第3章以介绍城市化进程为起点，着重比较研究大都市的住房状况、长期房价波动特征及其成因，并对香港和新加坡的长期房价波动作了专题研究。

第4章着重考察上海市第一次完整波动周期的经验，从定性的角度回顾与讨论上海市住房市场的形成和早期房价波动的影响因素。

第5章和第6章分别从住房的现状与发展阶段、经济与收入增长、人口结构等三大基本因素和金融制度改革、土地制度改革等两大结构性变革角度，对2000年以来上海新一轮房价波动周期的表现、成因及未来变动趋势进行详尽的分析。

第7章对主要研究发现作了概要性的总结。

1　2006年上海房地产业的回顾与评价

在进入宏观调控的第三个年头后，2006年中央和上海市进一步出台了一系列的房地产市场调控政策措施。在密集、严厉的政府干预之下，上海市房地产业处于一种大幅波动后的盘整状态，扩张势头进一步放缓，供需双方进入观望相持阶段，房产价格尤其是住房价格止跌企稳。

1.1　2006年上海房地产业的宏观调控

1.1.1　2006年主要的全国性房地产调控政策

2006年，面对部分城市房地产投资规模过大和房价上涨过快的问题，中央加大了全国性宏观调控的力度，以加快住房结构调整、完善住房保障制度和规范市场秩序为主要目标，出台和执行了一系列涉及金融、财政、税收、土地、住房保障制度等各领域的经济和行政干预政策。主要包括：

(1)2006年3月5日，国务院总理温家宝所作的政府工作报告明确提出，继续解决部分城市房地产投资规模过大和房价上涨过快的问题是2006年国民经济和社会发展的主要预期目标之一，其中包括要着力调整住房供应结构，严格控制高档房地产开发，重点发展普通商品房和经济适用房，建立健全廉租房制度和住房租赁制度，整顿规范房地产和建筑市场秩序。这为全年的宏观调控确立了基调。

(2)2006年5月17日，国务院总理温家宝主持召开国务院常务会议。会上提出了促进房地产业健康发展的六项措施(以下简称“国六条”)：①切实调整住房供应结构。重点发展中低价位、中小套型普通商品住房、经济适用住房和廉租住房。各地都要制定和实施住房建设规划，对新建住房结构提出具体比例要求。②进一步发挥税收、信贷、土地政策的调节作用。严格执行住房开发、销售有关政策，完善住房转让环节税收政策，有区别地适度调整信贷政策，引导和调节住房需求。科学确定房地产开发土地供应规模，加强土地使用监管，制止囤积土地行为。③合理控制城市房屋拆迁规模和进度，减缓被动性住房需求过快增长。④进一步整顿和规范房地产市场秩序。加强房地产开发建设全过程监管，制止擅自变更项目、违规交易、囤积房源和哄抬房价行为。⑤加快城镇廉租住房制度建设，规范发展经济适用住房，积极发展住房二级市场和租赁市场，有步骤地解决低收入家庭的住房困难。⑥完善房地产统计和信息披露制度，增强房地产市场信息透明度，全面、及时、准确地发布市场供求信息，坚持正确的舆论导向。

(3)2006年5月29日，国务院办公厅出台《关于调整住房供应结构稳定住房价格的意见》（以下简称“国十五条”）。至此，在三年时间内，国家共颁布五个国字号的文件，对一个产业实行宏观调控，历史罕见，足见高层的重视程度和决心。作为对“国六条”的进一步细化，37号文件提出了更具强制性和操作性的政策规定：1.制定和实施住房建设规划。各级城市(包括县城，下同)人民政府要编制住房建设规划，明确“十一五”期间，特别是今明两年普通商品住房、经济适用住房和廉租住房的建设目标，并纳入当地“十一五”发展规划和近期建设规划。2.明确新建住房结构比例。“十一五”时期，要重点发展普通商品住房。自2006年6月1日起，凡新审批、新开工的商品住房建设，套型建筑面积90m²以下住房(含经济适用住房)面积所占比重，必须达到开发建设总面积的70%以上。3.调整住房转让环节营业税。为进一步抑制投机和投资性购房需求，从2006年6月1日起，对购买住房不足5年转手交易的，销售时按其取得的售房收入全额征收营业税；个人购买普通住房超过5年(含5年)转手交易的，销售时免征营业税；个人购买非普通住房超过5年(含5年)转手交易的，销售时按其售房收入减去购买房屋的价款后的差额征收营业税。4.严格房地产开发信贷条件。为抑制房地产开发企业利用银行贷款囤积土地和房源，对项目资本金比例达不到35%等贷款条件的房地产企业，商业银行不得发放贷款。对闲置土地和空置商品房较多的开发企业，商业银行要按照审慎经营原则，从严控制展期贷款或任何形式的滚动授信。对空置3年以上的商品房，商业银行不得接受其作为贷款的抵押物。5.有区别地适度调整住房消费信贷政策。为抑制房价过快上涨，从2006年6月1日起，个人住房按揭贷款首付款比例不得低于30%。考虑到中低收入群众的住房需求，对购买自住住房且套型建筑面积90m²以下的仍执行首付款比例20%的规定。6.保证中低价位、中小套型普通商品住房土地供应。各级城市人民政府要编制年度用地计划，科学确定房地产开发土地供应规模。要优先保证中低价位、中小套型普通商品住房(含经济适用住房)和廉租住房的土地供应，其年度供应量不得低于居住用地供应总量的70%；土地的供应应在限套型、限房价的基础上，采取竞地价、竞房价的办法，以招标方式确定开发建设单位。继续停止别墅类房地产开发项目土地供应，严格限制低密度、大套型住房土地供应。7.加大对闲置土地的处置力度。土地、规划等有关部门要加强对房地产开发用地的监管。对超出合同约定动工开发日期满1年未动工开发的，依法从高征收土地闲置费，并责令限期开工、竣工；满2年未动工开发的，无偿收回土地使用权。对虽按照合同约定日期动工建设，但开发建设面积不足1/3或已投资额不足1/4，且未经批准中止开发建设连续满1年的，按闲置土地处置。8.严格控制被动性住房需求。9.加强房地产开发建设全过程监管。10.切实整治房地产交易环节违法违规行为。11.加快城镇廉租住房制度建设。尚未建立廉租住房制度的城市，必须在2006年年底前建立，并合理确定和公布今明两年廉租住房建设规模。要落实廉租住房资金筹措渠道，城市人民政府要将土地出让净收益的一定比例用于廉租住房建设，各级财政也要加大支持力度。2006年年底前，各地都要安排一定规模的廉租住房开工建设。12.规范发展经济适用住房。13.积极发展住房二级市场和房屋租赁市场。14.建立健全房地产市场信息系统和信息发布制度。15.坚持正确的舆论导向。

(4)2006年7月6日，建设部颁发《关于落实新建住房结构比例要求的若干意见》，进一步明确了37号文件中90m²标准为单套住房建筑面积，并提出要加强监督检查，落实责任追究制度，地方政府要负起切实责任。165号文件核心精神有三：①90m²套型建筑面积指"单套住房的建筑面积"；②套型建筑面积90m²以下住房（含经济适用住房）面积所占比重必须达到开发总面积的70%以上，这个70%的比例要求适用于"各城市年度新审批、新开工的商品住房总面积"；③6月1日前已审批但未取得施工许可证的商品住房项目，由当地政府根据当地年度结构比例要求，因地制宜地确定需要调整的情况。

(5)2006年4月28日，中国人民银行全面上调各档次贷款利率0.27个百分点，其中，5年期以上的银行房贷基准利率由6.12%上调至6.39%。8月19日，中国人民银行再次上调金融机构人民币存贷款基准利率。金融机构一年期存款基准利率和一年期贷款基准利率各上调0.27个百分点，其他各档次存贷款基准利率也相应调整，长期利率上调幅度大于短期利率上调幅度。其中，5年期以上的银行房贷基准利率由6.39%上调至6.84%。同时，进一步推进商业性个人住房贷款利率市场化。商业性个人住房贷款利率的下限由贷款基准利率的0.9倍扩大为0.85倍，其他商业性贷款利率下限保持0.9倍不变。商业银行可按照国家有关政策，根据贷款风险状况，在下限范围内自主确定商业性个人住房贷款利率水平。2007年3月18日，中国人民银行同步上调人民币存贷款基准利率0.27个百分点。5年期以上的银行房贷基准利率由6.84%上调至7.11%。同日起，建设部同步调整住房公积金存贷款利率，加息0.18个百分点。此外，自2006年7月以来，中国人民银行连续六次上调存款准备金率，存款准备金率已经上调至10.5%。

(6)2006年5月31日，国家税务总局下发《关于加强住房营业税征收管理有关问题的通知》，对"国六条"中二手房营业税新政策的具体执行问题予以明确。2006年7月26日，国家税务总局发布《关于住房转让所得征收个人所得税有关问题的通知》，宣布从8月1日起，各地税局将在全国范围内统一强制性征收二手房转让个人所得税。2007年1月16日，国家税务总局发布了《关于房地产开发企业土地增值税清算管理有关问题的通知》要求从2月1日起正式向房地产开发企业征收30%至60%不等的土地增值税，这意味着从1993年就出台的土地增值税将开始实行严格征收。

(7)2006年7月6日，建设部联合国家发改委、国家工商行政管理总局下发《关于进一步整顿规范房地产交易秩序的通知》，要求房地产开发企业取得预售许可证后，应当在10日内开始销售商品房。同时加强房地产广告发布管理，未取得商品房预售许可证的房地产项目，不得发布商品房预售广告。2007年1月22日，建设部与中国人民银行联合下发《关于加强房地产经纪管理规范交易结算资金账户管理有关问题的通知》，要求房地产经纪机构或交易保证机构，必须在银行开立客户交易结算资金专用存款账户，用于存量房交易结算资金的存储和划转，资金划转必须通过银行转账方式进行，不得支取现金。

(8)2006年7月11日，建设部联合其他5部委下发《关于规范房地产市场外资准入和管理的意见》，包括规范外商投资房地产市场准入、加强外商投资企业房地产开发经营管理、严格境外机构和个人购房管理、进一步强化和落实监管责任等。2006年9月5日，国家外汇管理局、建设部联合下发《关于规范房地产市场外汇管理有关问题的通知》，加强外资购房结汇时的审核，规范境外购房主体购买境内商品房的外汇管理。

(9)2006年7月24日，国务院办公厅发布《关于建立国家土地督察制度有关问题的通知》，九个国家土地督察局派驻地方，全国省（区、市）及计划单列市的土地审批利用，将纳入九大土地督察局严格监管之下。2006年8月1日，国土资源部制定的《招标拍卖挂牌出让国有土地使用权规范》和《协议出让国有土地使用权规范》正式施行。对招标拍卖挂牌或协议出让国有土地使用权的范围作了细化，进一步明确商业、旅游、娱乐和商品住宅等各类经营性用地以及有竞争要求的工业用地等六类情形必须纳入招标拍卖挂牌出让国有土地范围，并建立国有土地出让的协调决策机构和价格争议裁决机制。2006年9月5日，新华社受权全文播发《国务院关于加强土地调控有关问题的通知》。主要内容包括：进一步明确土地管理和耕地保护责任，切实保障被征地农民的长远生计，规范土地出让收支管理，调整建设用地有关税费政策，建立工业用地出让最低价标准统一公布制度，禁止擅自将农用地转为建设用地，强化对土地管理行为监督检查，严肃惩处土地违法违规行为。2006年11月7日，财政部下发《财政部、国土资源部、中国人民银行关于调整新增建设用地土地有偿使用费政策等问题的通知》，对新增建设用地土地有偿使用费有关政策作出了重大调整。从2007年1月1日起，新增建设用地土地有偿使用费标准将提高一倍。2006年12月17日，国务院办公厅发出《关于规范国有土地使用权出让收支管理的通知》，首次明确土地出让收支的管理问题。规定从2007年1月1日起，国有土地出让收入全部缴入地方国库，支出一律通过地方基金预算，实行彻底的“收支两条线”管理。《通知》要求在地方国库中设立专账，专门核算土地出让收入和支出情况；土地出让收入的使用重点要向新农村建设倾斜，逐步提高用于农业土地开发和农村基础设施建设的比重；建立国有土地收益基金，主要用于土地收购储备。

(10)2006年8月30日，建设部出台《城镇廉租房工作规范化管理实施办法》。

(11)2006年11月30日，全国房地产市场宏观调控部际联席会议印发了《关于各地区贯彻落实房地产市场调控政策情况的通报》，提出了2007年在加快住房结构调整、完善住房保障制度、大力规范市场秩序、继续抓好督促检查等四大领域的主要工作。

1.1.2 对国家调控政策的总体评价

总体而言，无论是在政策动向和价值取向，还是旨在解决的短期突出问题与长期发展机制，2005年和2006年的宏观调控政策是一脉相承的。差别在于鉴于前期的调控实效，2006年的调控政策要更加的明确、具体，实施力度也更大。主要表现在：

(1)三个明确肯定的政策动向和价值取向。纵观国务院相关文件，中央对房地产业的政策动向和价值取向主要表现在三个明确肯定：

第一，明确肯定了“房地产业是我国新的发展阶段的一个重要支柱产业”。20世纪90年代以来，住宅消费已成为全国性的消费热点，房地产市场体系已经基本形成，房地产业增加值占GDP的比重也已上升到一个不可或缺的地位，并且在今后相当长的时期内，整个国民经济仍然需要房地产业来发挥其特定的积极作用。

第二，明确肯定了要“引导和促进房地产业持续稳定健康发展”。“国十五条”中强调“引导和促进房地产业持续稳定健康发展，有利于保持国民经济的平稳较快增长，有利于满足广大群众的基本住房消费需求，有利于实现全面建设小康社会的目标。”

第三，明确肯定了要重点发展“满足当地居民自住需求”的“普通商品住房”，这是调控中的主要政策取向。构建社会主义和谐社会，全面实现小康社会，切实解决包括中低收入家庭在内的广大居民的住房问题，是政府在房地产发展过程中需要优先考虑的。前年的“国八条”“着力增加普通商品住房、经济适用住房和廉租住房供给，提高其在市场供应中的比例”。“国六条”强调：“重点发展中低价位、中小套型普通商品住房、经济适用住房和廉租住房”。“国十五条”更是出台了看似硬性的“三限制”：“凡新审批、新开工的商品住房建设，套型建筑面积90m²以下住房（含经济适用住房）面积所占比重，必须达到开发建设总面积的70%以上。”从这些规定中都可以看出，政府解决包括中低收入家庭在内的广大居民住房问题的决心和力度。当然，对其政策效果的具体评价可能还需假以时日，但可以肯定的是中央重点发展普通商品住房，着眼于解决一般居民家庭住房问题的决心是明确的，而且这也是政府调控的重点所在。

(2)进一步明确了要切实解决当前存在的三大突出问题。具体包括：

第一，要解决城市住房价格上涨过快问题。部分城市住房价格上涨过快是不争的事实，“国八条”和“国十五条”都将其作为需要解决的最突出的问题。从政策的针对性上讲，前年“国八条”重点是解决以上海为中心的长三角地区住房价上涨过快问题，去年“国六条”主要是解决北京、深圳、大连等城市的住房价上涨过快问题。然而，其原则却是全国普遍适用的。

第二，要解决住房供应结构不合理问题。与“国八条”相比，“国十五条”更加具体，强调重点发展满足当地居民自住需求的中低价位、中小套型普通商品住房。如要求各级城市人民政府明确“十一五”期间，特别是今明两年普通商品住房、经济适用住房和廉租住房的建设目标，并纳入当地“十一五”发展规划和近期建设规划。

第三，解决房地产市场秩序混乱问题。与强调解决交易、准入等局部环节存在问题的"国八条"相比，"国十五条"强调 "加强房地产开发建设全过程监管、切实整治房地产交易环节违法违规行为。"

(3)探寻建设标本兼治的中国房地产业科学发展之道。连续三年的宏观调控，既反映了中央对房地产发展中出现的突出问题的高度重视以及必须解决的决心，也反映出中国房地产业发展的不成熟及需要探索解决的一些深层次问题。虽然宏观调控综合目标的实现需要一个贯彻落实的过程，但从根本上来看仍要从体制上、机制上的角度探寻建设标本兼治的科学发展之道。即：

第一，加快建设房地产与宏观经济乃至社会和谐发展的总体框架。中国的房地产业不是一个孤立的问题，房地产市场与宏观经济密切关联。近几年，房地产业迅猛发展，由此占用的资源及产生的问题，在一定程度上影响到了整个宏观经济的稳定性。但如果限制房地行业的发展，又不利于经济增长和提高人们的居住生活水平，这是个两难问题。"国六条"指出"引导和促进房地产业持续健康发展，有利于保持整个经济平稳较快增长"。同时强调"房地产业发展和住房建设，必须充分考虑我国人口多、土地少的基本国情和建设节约型社会的要求。"这是追求和谐发展的一个原则体现，但在实践中如何找到一条房地产发展与宏观经济及整个社会相得益彰之路，仍是个需要深入探索并加快建设的命题。

第二，加快建设符合我国实际情况的社会住房保障体系。在中国房地产业的发展过程中，必须把住房保障体系建设列为房地产业发展过程中优先解决的问题。我国虽然早在1998年出台的《国务院关于进一步深化城镇住房制度改革加快住房建设的通知》中，已强调要建立以经济适用房为主体、兼顾廉租房的住房保障体系，但其实践结果并不尽如人意。截止2005年底，70个地级以上城市尚未实施廉租住房制度，占全国四分之一区域。目前所谓的房价问题、供应结构问题，归根结底都与社会住房保障体系没能很好地建立起来有关。回顾以往，就会发现中央的很多政策措施在具体执行中的结果在不同程度上是走调变样的。类似情况可能是导致"国六条"特别是其细则"国十五条"将某些措施进行具体化、量化的一个重要原因。这虽然是一种有益探索，在一定程度上可以保障如中低价位房供应量这些政策措施的实施。但从长期来看，这种过于"硬性"的方法可能并非最佳选择。因此，加快建设社会住房保障体系，是解决所有中国房地产业发展中重大问题的一个需要切实实现的立足点。

第三，加快建设标本兼治的房地产宏观调控模式。近几年来，针对房地产业快速发展过程中出现的矛盾和问题，中央和地方出台一系列的文件，单"国字号"的文件就有五个，各部委的细则以及地方政府的实施办法就更是数以百计。但这些政策的效果如何，还是值得进一步探讨和反思的。从调控手段上讲，运用经济手段比运用行政手段更具长期效用；行政手段当然必须采用，但其范围、力度则需更为准确的把握。从一般原则上讲，经济手段与行政手段、法律手段的良好配合会使宏观调控更奏效。目前的问题是，关于法律手段，由于目前我国房地产方面的立法工作明显滞后，相关法规层次较低，多是"通知、条例、规定、细则"等，直接导致执行中的约束力不强。比如，关于维护房地产市场秩序规定反复出台了许多次，但责任不明或问责太轻，执行效果自然不够好。关于经济手段，凡是需要相关部门协调实施的，原则上的统一与实施中的差异往往是同时并存的，这就容易导致调控的效果不够理想。因此，对房地产而言，必须加快探索建设标本兼治的宏观调控模式与方式。例如“国六条”强调的“坚持突出重点，分类指导，区别对待”是一个发展方向，如何能够使其在调控中得到落实并发挥更佳作用，也是应该给予充分重视的。

1.1.3 2006年上海市政府调控房地产的主要措施

除了贯彻中央发布的房地产调控政策措施外，2006年上海市政府对房地产的调控政策主要包括：

2006年9月23日，上海市人民政府办公厅转发市房地资源局等部门《关于贯彻〈国务院办公厅转发建设部等部门关于调整住房供应结构稳定住房价格意见的通知〉实施意见的通知》（沪府办〔2006〕66号）。主要内容包括：加大住房供应结构的调整力度，继续增加中低价位、中小套型普通商品住房供应量；加大土地供应的调控力度，合理引导房地产市场发展的规模、结构和节奏；加大税收和信贷政策的调节力度，继续鼓励自住性需求、合理规范投资行为、坚持抑制投机炒作；加大房屋拆迁的管理力度，继续适度控制房屋拆迁规模；加大房地产市场秩序的整治力度，进一步规范房地产市场行为；加大住房保障体系的建设力度，进一步强化政府的住房保障职能；加大房地产市场的监测力度，完善房地产统计和信息发布制度。

2006年9月30日，上海市人民政府下发《上海市人民政府关于印发〈上海市住房建设规划（2006—2010年）〉的通知》（沪府发〔2006〕42号），对“十一五”期间上海住房建设的指导方针、目标、主要任务和实施保障措施作出了详尽规定。其中，该规划的主要目标包括：①新建住房。“十一五”期间，预计新开工住房约1亿m^2；重点扩大满足市民自住需求的普通商品住房的建设规模。套型建筑面积在90m^2以下的商品住房占全市新审批新开工商品住房总面积的70%以上。其中，配套商品房新开工2006年、2007年均为200万m^2左右；预计竣工新建住房约1.2亿m^2，预计2006年约2700万m^2，2007年约2600万m^2，其中配套商品房竣工量2006年、2007年均为200万m^2左右；按照“高起点规划、高水平设计、高质量施工、高标准管理”的要求实施住房建设，“四高”优秀小区的创建率不低于40%。不断提高住宅的工程质量、功能质量、环境质量和配套质量。美化居住环境，新增居住区绿地约2900hm^2。②旧区与旧住房改造。“十一五”期间，中心城区完成成片二级旧里以下房屋改造400万m^2。根据旧住房不同情况，完成成套改造、综合整治及“平改坡”等各种类型的旧住房综合改造2000万m^2以上。全市住房成套率达到95%。③住房保障。建立健全与社会主义初级阶段相适应的符合特大型城市特点的分层次、多渠道的住房保障体系。继续扩大住房保障政策覆盖面，能够享受廉租住房政策的城镇生活和居住困难家庭达到10万户左右。④资源节约。新建住房严格按照节能标准实施，推广太阳能等可再生能源的利用，实现建筑节能50%。试点探索旧住房节能改造。大力推进节地、节水、节材和资源的综合利用，进一步减少黏土材料的使用。

该规划的主要任务包括：①加强规划引导，优化住房布局。住房建设布局要与“1966”城乡规划体系的建设相一致。②强化土地供应管理，调控建设规模和节奏。依据住房需求、在建项目和存量土地等实际情况，科学确定全市新增住房用地总量和年度计划。2006年、2007年分别安排1500hm²左右。优先保证中低价位、中小套型普通商品住房（含配套商品房）的土地供应，其供应量不低于居住用地供应总量的70%。继续停止别墅类房地产开发项目土地供应，严格限制低密度、大套型住房土地供应。完善土地出让办法，细化土地出让前置条件。逐步推行净地出让。在土地招拍挂文件、土地出让合同中，严格规定建设进度计划、住房建筑套密度、住房面积净密度、套型结构比例等总体要求，把住房建设进度和供应结构全面纳入可控状态。③优化供应结构，适应多层次需求。重点发展普通商品住房，按照区域控制，总量和项目相结合的原则，严格控制新审批新开工商品住房套型结构比例，确保套型建筑面积90m²以下商品住房占新审批新开工商品住房总面积的70%以上，稳步推进配套商品房建设，引导开发租赁住房。④提升综合性能，提高建设水平。⑤推进旧区和旧住房改造，多渠道改善居住条件。⑥落实新郊区新农村建设要求，推进农民住房建设。⑦加大实施力度，扩大住房保障覆盖面。

此外，上海市有关部门也推出了进一步的相关措施。主要有：2006年1月1日，上海市公积金管理中心发布新的《公积金管理条例》。2月28日，公积金管理中心发布《关于微调本市部分二手房住房公积金个贷政策的通知》，规定借款人申请住房公积金个人购房贷款，其所购房屋的竣工年限在5年以内（含5年）的，参照一手住房的贷款条件，即住房公积金贷款额不超过总房价的80%，最长期限为30年。此前二手房公积金贷款额规定不超过总房价的70%，最长期限为15年。2006年9月4日，上海市政府批转市房地资源局制订的《上海市存量房经纪合同和交易合同网上备案办法》。2006年12月，上海市房地资源局发布了《闲置出让土地处置试行规定》，对闲置出让土地的认定、处置方式与程度作出了具体的规定。

1.2 2006年上海市房地产业的发展与特点

2006年，在政府的大力调控下，上海市房地产市场总体上呈现出稳定发展的态势。

根据最新公布的《2006年上海市国民经济和社会发展统计公报》以及《2006年上海房地产市场综述》，调控政策效应正逐步显现：全市房地产市场快速扩张的势头得到控制，房地产开发投资规模及房地产信贷规模增幅双双回落；房地产开发建设规模指标均有不同幅度的下降；供需双方进入观望相持阶段，新建及存量房屋销售面积均出现下降；商品房空置面积大幅增长，空置一年以上的比重占近三成；房屋销售价格水平总体平稳。

1.2.1 房地产开发投资规模及房地产信贷规模增幅双双回落

（1）房地产开发投资增长趋缓且增幅回落

2006年，上海市房地产开发投资1275.59亿元，比上年增长2.3%，增幅同比回落3.8个百分点；占全社会固定资产投资的32.5%，比重同比下降2.7个百分点；对全社会固定资产投资增长的贡献率下降8.1个百分点（图1-1）。①

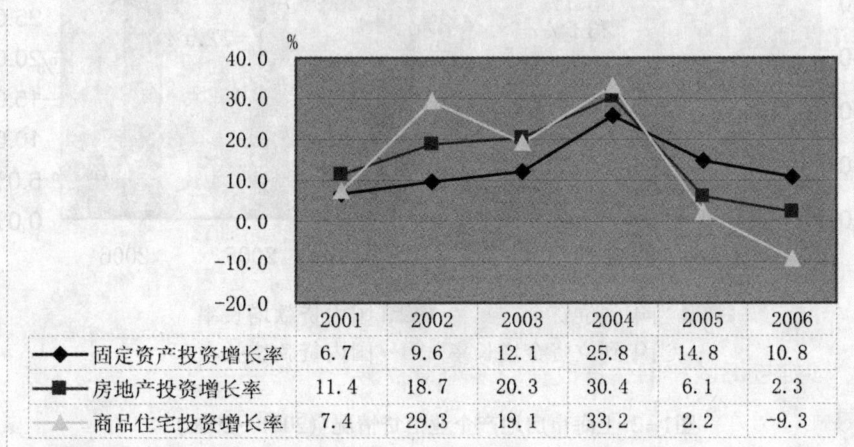

	2001	2002	2003	2004	2005	2006
固定资产投资增长率	6.7	9.6	12.1	25.8	14.8	10.8
房地产投资增长率	11.4	18.7	20.3	30.4	6.1	2.3
商品住宅投资增长率	7.4	29.3	19.1	33.2	2.2	-9.3

图1-1 2000年以来上海市房地产投资增长情况

从房地产开发投资的结构看，商业用房投资规模扩大，商品住宅投资规模缩小。2006年，商品住宅投资835.63亿元，下降9.3%，占65.5%，比重同比下降8.4个百分点；商业用房投资155.07亿元，比上年增长51.1%，占房地产开发投资的12.2%，比重同比上升4个百分点。

从投资主体观察，外商、港澳台房地产企业投资增速较快。2006年，全市国有房地产企业投资99.58亿元，比上年下降15.2%；非国有房地产企业投资1176.01亿元，比上年增长4.1%。在非国有房地产企业中，外商企业投资151.72亿元，增长65.1%；港澳台企业投资110.51亿元，比上年增长43%；而占非国有投资比重较大的股份制和私营房地产企业的投资额均出现了一定幅度的下降。

（2）房地产信贷规模增幅回落

为了贯彻落实国务院有关文件精神，控制房地产的信贷规模，金融部门提高了对房地产企业的贷款门槛。数据显示，2006年，全市房地产开发企业当年到位资金2775.76亿元，比上年增长6%，增幅同比回落11.1个百分点。其中，国内贷款575.1亿元，比上年增长19.1%，增幅回落15.6个百分点。从另一个能反映房地产企业从银行获取间接信贷的指标，即企业其他资金来源中的“定金及预付款”来看，全市房地产企业所收定金及预

① 本章所有数据(包括图表)来源于上海统计局网站，包括2006年之前的历年年鉴、《2006年上海市国民经济和社会发展统计公报》、《2006年上海房地产市场综述》以及相关年份的月度统计。

付款为610.94亿元，比上年下降23.9%，而上年增长1.2%，可见金融调控初显成效（图1-2）。

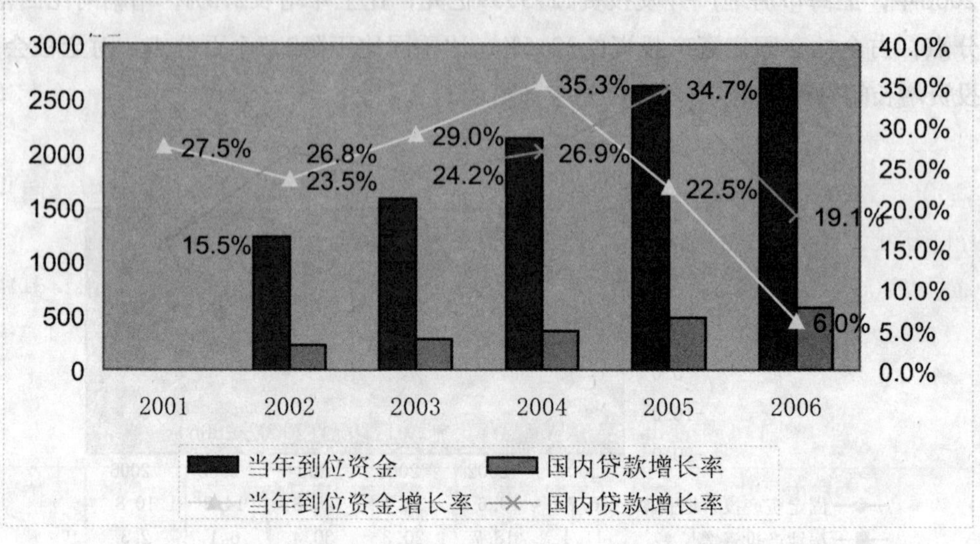

图1-2 上海市房地产企业信贷情况（2001～2006）

1.2.2 房地产开发建设规模指标均有不同幅度下降

（1）购置土地面积、完成土地开发面积双双下降

2006年，受“收紧土地”宏观调控政策的影响，上海市购置土地面积524.56万m²，比上年下降30.5%。同时，在宏观调控背景下，开发商放缓开发建设的节奏，土地开发力度明显减弱，本年完成土地开发面积250.67万m²，比上年下降55.1%（图1-3）。

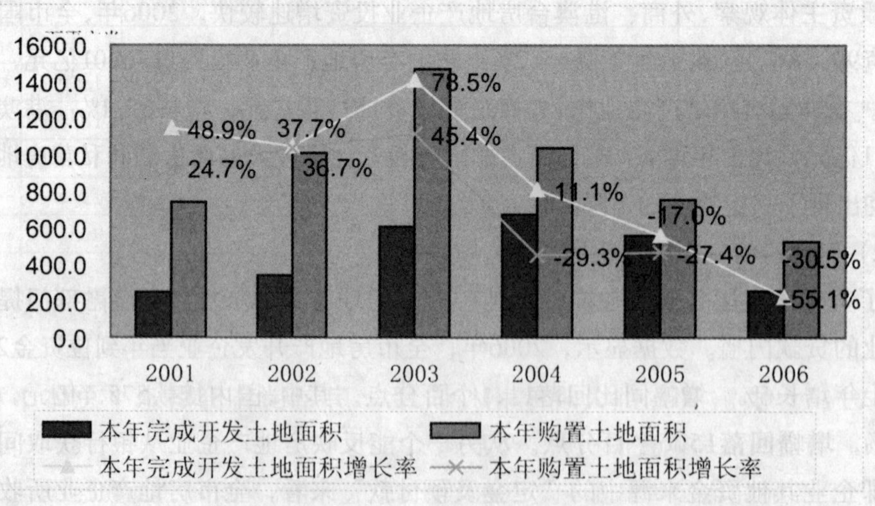

图1-3 上海市房地产企业土地购置与开发情况(2001～2006)

（2）商品住宅施工面积比重下降4.3个百分点

2006年，上海市商品房施工面积10938.75万m²，其中，商品住宅7988.73万m²，占全

部商品房施工面积的73%，比重比上年下降4.3个百分点；办公楼723.78万m²，占6.6%，比重上升0.6个百分点；商业用房1074.06万m²，占9.8%，比重上升0.7个百分点。

（3）商品住宅新开工规模、竣工面积均下降

随着政府宏观调控政策措施逐步到位及市场自身的调节，商品房开发建设速度放缓，新开工面积继续下降。2006年，上海市商品房新开工面积2781.34万m²，比上年下降9%。其中，商品住宅2112.1万m²，比上年下降15%。

2006年，上海市商品房竣工面积3274.27万m²，比上年增长5.8%。其中，商品住宅2699.11万m²，比上年下降1.5%，占商品房的比重比上年下降6.1个百分点。

截止2006年末，上海市商品房累计施工面积10939万m²，比上年增长4.6%。其中，商品住宅7989万m²，比上年下降1.3%，占商品房累计施工面积的比重比上年下降4.3个百分点（表1–1）。

表1–1 上海市商品房与商品住宅施竣工情况（2000～2006）

	商品房竣工面积（万m²）	增长率	商品房新开工面积（万m²）	增长率	商品房施工面积（万m²）	增长率	施竣工比率
2000	1644		1992		5523		
2001	1791	9.0%	2427	21.8%	5986	8.4%	3.34
2002	1985	10.8%	2613	7.7%	6857	14.5%	3.45
2003	2492	25.6%	3135	20.0%	8268	20.6%	3.32
2004	3443	38.2%	3196	2.0%	9482	14.7%	2.75
2005	3096	−10.1%	3055	−4.4%	10462	10.3%	3.38
2006	3274	5.8%	2781	−9.0%	10939	4.6%	3.34
	商品住宅竣工面积(万m²)	增长率	商品住宅新开工面积(万m²)	增长率	商品住宅施工面积(万m²)	增长率	施竣工比率
2000	1388		1782		4264		
2001	1524	9.8%	2161	21.3%	4842	13.6%	3.18
2002	1708	12.1%	2310	6.9%	5727	18.3%	3.35
2003	2140	25.3%	2613	13.1%	6782	18.4%	3.17
2004	3076	43.7%	2669	2.1%	7631	12.5%	2.48
2005	2740	−10.9%	2486	−6.9%	8092	6.0%	2.95
2006	2699	−1.5%	2112	−15.0%	7989	−1.3%	2.96

1.2.3 供需双方进入观望相持阶段，房屋销售价格水平总体平稳

（1）新建商品房销售面积进一步下降

由于受商品住宅销售的影响，2006年上海市新建商品房销售面积连续第二年下降。2006年上海市新建商品房销售面积3025.4万m²（其中现房销售572.23万m²，期房销售2453.17万m²），比上年下降4.2%。其中商品住宅受配套商品房销售量减少的影响，全年销售面积为2615.49万m²（其中现房销售478.16万m²，期房销售2137.33万m²），比上年

下降8.1%。

（2）存量房交易面积下降但降幅有所缩小

2006年，上海市存量房交易面积1706.81万m²，比上年下降13.4%，降幅同比缩小14.3个百分点。其中存量住宅交易面积1375.22万m²，比上年下降14.5%，降幅缩小13.1个百分点。由于受2006年存量房交易税收政策的影响，上海市存量住宅交易面积与新建商品住宅销售面积之比，由2005年的1:1.77上升到2006年的1:1.9。

（3）商品房空置面积大幅增长

2006年底，上海市商品房空置面积786.16万m²，比上年底增长46.8%。其中，商品住宅空置401.18万m²，比上年增长61.5%；办公楼空置88.71万m²，比上年增长13.3%；商业用房空置141.7万m²，比上年增长77.5%。

在全部商品房空置面积中，空置一年以上的有228.15万m²，比上年底下降9.3%，占全部商品房空置面积的29%，比重同比下降17.9个百分点。其中，商品住宅88.08万m²，比上年底增长50.8%，占全部商品住宅空置面积的22%，比重同比下降1.5个百分点。

（4）商品住宅销售价格水平略有下降

2006年，全年商品房销售价格水平比上年下跌3%，其中，商品住宅销售价格水平下跌3.2%。如图1-4所示，全年商品住宅月度销售均价近乎一条直线，基本稳定在7000元/m²。

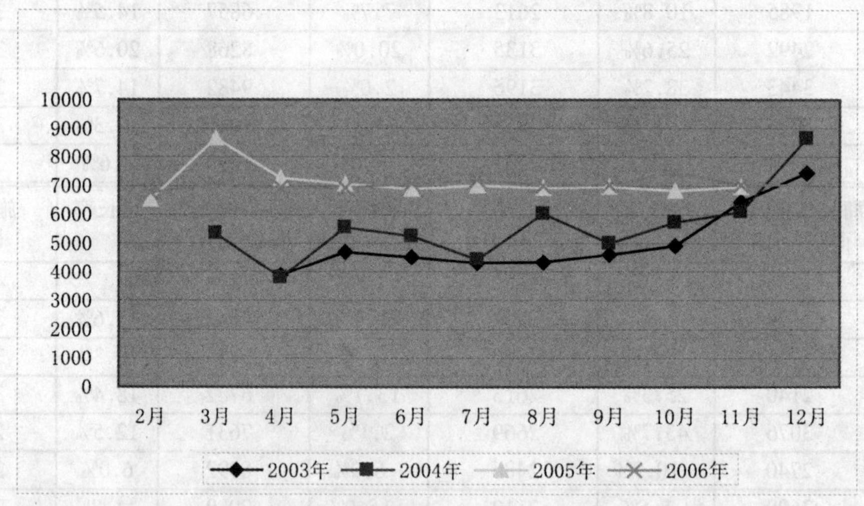

图1-4 上海市商品住宅月度销售均价(2003～2006)

（5）存量房交易价格水平走势平稳

2006年，全年存量房交易价格水平比上年上涨1.8%。各月存量房交易价格水平走势平稳，基本在7000～8000元/m²的区间内波动，仅在±0.3%之间波动。这表明上海存量住宅市场已经逐步走向成熟，并且随着房地产调控的深入，存量住宅需求一般是以自住为主，市场因此表现比较平稳。

1.2.4 居住质量不断提高，住房保障覆盖面进一步扩大

居民居住质量不断提高。全市全年完成住宅建设投资854.15亿元，比上年下降8.8%。建成为住宅配套的公共服务设施面积334万m^2。旧区改造继续保持合理规模。全年拆除住宅建筑面积848.4万m^2，与上年基本持平；动迁居民7.69万户，比上年增长3.2%。至2006年末，城镇居民人均住房使用面积22m^2，比上年末增加0.7m^2；人均住房居住面积16m^2，比上年末增加0.5m^2。居民住宅成套率达到94%。

住房保障覆盖面进一步扩大。至2006年末，享受廉租住房政策的家庭达到22397户。年内完成平改坡综合改造587万m^2，完成旧小区综合整治517万m^2。

2 房价的长期波动：国家层面的经验性分析

从横向的角度看，各国在经济、政治、自然状况、人口、文化、历史及发展阶段等方面都存在着相当大的差异，这使得住房价格波动及其基本决定因素的国际比较往往是比较困难的。从纵向的角度看，房价波动的周期较长，决定了必须要在一个非常长的时间框架下考察才能更好地判定其基本的运行规律，而这会从两方面增加我们比较的难度，一是发展中国家往往缺少系统的、涵盖两至三个波动周期的统计资料，二是缺少发达国家早期发展阶段的统计资料及相关的研究成果。在理解这些差异和困难的基础上，以下将比较对象划分为代表当今主要发达国家的OECD和东亚国家等两组，前一组着重比较研究各发达国家自20世纪70年代以来的长期房价波动规律，后一组以亚洲金融危机为分界点，着重考察与我国背景较为类似的东亚各国在危机前后阶段中不同的房价运动态势及其原因。①

2.1 OECD国家的长期房价波动

2.1.1 经验性描述

(1)周期性波动

经过战后重建和发展，到20世纪60年末大多数OECD国家都基本实现了工业化，城市化进程基本完成或速度明显放缓，住房需求也从战后的短缺转向满足增量需求和提高住房质量的平稳发展阶段。

在1970至1995年期间，各OECD国家的房价波动呈现出一种与宏观经济周期紧密相关的波动趋势。如图2-1所示，OECD国家整体的真实房价的波动周期与宏观经济周期基本一致，并且由扩张到紧缩、由萧条到复苏的转折要滞后于商业周期。在周期的相关性和

① 东亚国家中日本、韩国、新加坡和中国香港本都属于发达国家或地区，且日本和韩国都为OECD成员，考虑到日本经济起飞的时间较早且受亚洲金融危机的影响有限，这里我们将日本纳入前一比较组，而将韩国归入第二比较组，而对于新加坡和中国香港的讨论详见第3章。

时滞长短方面，不同国家有着一定的差异。[1]例如，Pietroetal（2004）发现，丹麦、爱尔兰、英国、芬兰和西班牙的相关性最强，前4国的时滞小于1年，西班牙为1～2年；相关性达到平均水平的国家包括日本、加拿大、法国、德国等7国，其中日本的时滞小于1年，法国、加拿大等国的时滞为1～2年，德国、瑞士等国的时滞达到3～4年；新西兰、美国等6国的相关性较弱，时滞则分别落在上述不同的级别上，如美国滞后期为1～2年。

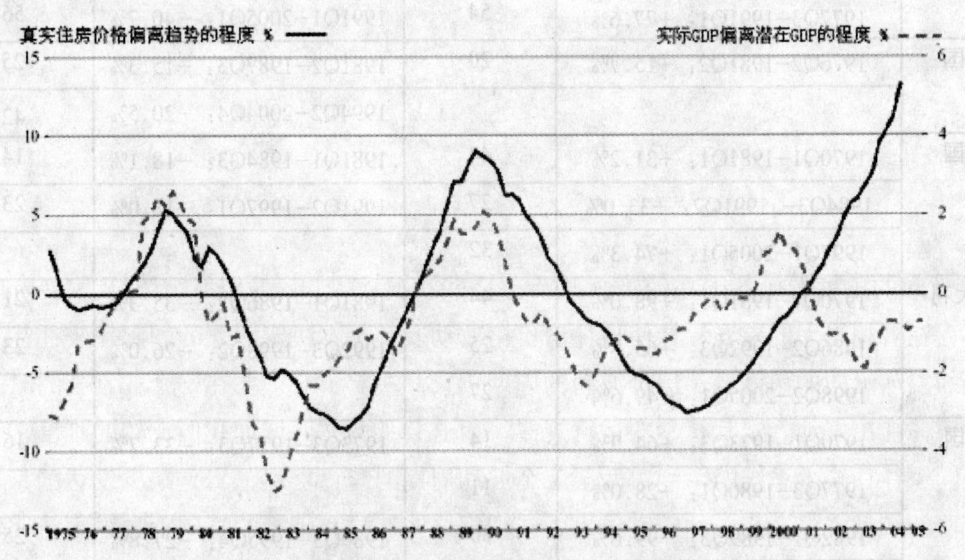

图2-1 OECD国家房价周期与商业周期[2]

Girouard et al（2006）发现，在20世纪70年代至90年代中期，OECD国家整体的真实房价周期长度在10～15年范围内，平均约10年左右，其中扩张阶段约为6年，平均累计涨幅为45.6%；衰退阶段约5年，平均累计跌幅约在25%左右。如果将真实房价至少连续六个月内累计上升或下跌15%以上作为衡量基准，则期间OECD国家总共发生了37次大的上涨和24次大的下跌，其中20世纪70年代、80年代和90年代分别出现了12次、15次和8次大的上涨；各国平均上升2.1次和下跌1.3次，这也反映出真实房价波动的长周期性质。除新西兰出现过4次房价高峰外，其他OECD国家基本上是围绕着两次高峰的平均水平分布，即英国、澳大利亚、芬兰和西班牙各发生3次，美国、德国、荷兰和挪威各发生1次，其他国家各发生2次。在2/3的完整周期中，大的上升后出现了跌幅达到15%以上的大下跌，之前上涨时期的累计涨幅有1/3至100%被抵销掉（表1-1）。

① 在样本组中，房价波动周期与商业周期的相关性系统超过0.65为强相关，0.5～0.65为平均水平，低于0.5为弱相关，参见Pietroetal（2004）。

② Girouard et al（2006）。

表2-1 OECD国家大的房价波动周期与幅度[①]

	上升周期及涨幅	周期（季度）	下降周期及跌幅	周期（季度）
美国	1982Q3-1989Q4：+17.0%	23		
	1995Q1-2005Q2：+52.7%	41		
日本	1970Q1-1973Q4：+56.5%	15	1973Q4-1977Q3：-30.5%	15
	1977Q3-1991Q1：+77.6%	54	1991Q1-2005Q1：-40.7%	56
德国	1976Q2-1981Q2：+15.7%	20	1981Q2-1987Q3：-15.3%	25
			1994Q2-2004Q4：-20.5%	42
法国	1970Q1-1981Q1：+31.2%	44	1981Q1-1984Q3：-18.1%	14
	1984Q3- 1991Q2：+33.0%	27	1991Q2-1997Q1：-18.0%	23
	1997Q1-2005Q1：+74.3%	32		
意大利	1970Q1-1981Q1：+98.0%	44	1981Q1-1986Q2：-35.3%	21
	1986Q2-1992Q3：+65.8%	25	1992Q3-1998Q2：-26.0%	23
	1998Q2-2005Q1：+49.6%	27		
英国	1970Q1-1973Q3：+64.9%	14	1973Q3-1977Q3：-33.7%	16
	1977Q3-1980Q1：+28.0%	11		
	1982Q1-1989Q3：+99.6%	30	1989Q3-1995Q4：-27.8%	25
	1995Q4-2005Q2：+137.4%	38		
加拿大	1970Q1-1976Q4：+46.4%	27	1981Q1-1985Q1：-20.9%	16
	1985Q1-1989Q1：+66.5%	16		
	1998Q3-2005Q2：+39.2%	27		
澳大利亚	1970Q1-1974Q1：+36.3%	16		
	1987:1-1989Q1：+35.9%	8		
	1996Q1-2004Q1：+84.7%	32		
丹麦	1970Q1-1979Q2：+32.1%	37	1979Q2-1982Q4：-36.8%	14
	1982Q4-1986Q1：+56.5%	13	1986Q1-1993Q2：-35.6%	29
	1993Q2-2004Q3：+93.4%	45		
芬兰	1970Q1-1974Q2：+23.6%	10	1974Q2-1979Q1：-30.3%	19
	1979Q1-1989Q1：+111.8%	40	1989Q1-1993Q2：-49.7%	17
	1993Q2-2000Q1：+50.3%	27		
	2001Q3-2005Q2：+23.6%	15		

① Girouard et al（2006）。

表2-1（续）

爱尔兰	1970Q1-1981Q3：+53.9%	46	1981Q3-1987Q2：-27.1%	23
	1987Q2-1990Q2：+27.7%	12		
	1992Q3-2005Q1：+242.7%	50		
韩国	1987Q3-1991Q2：+33.5%	15	1991Q2-2001Q1：-47.5%	39
	2001Q1-2003Q3：+24.5%	10		
荷兰	1970Q1-1978Q2：+98.4%	33	1978Q2-1985Q3：-50.4%	29
	1985Q3-2005Q1：+183.1%	78		
新西兰	1970Q1-1974Q3：+62.7%	18	1974Q3-1980Q4：-37.8	25
	1980Q4-1984Q2：+32.5%	14		
	1986Q4-1989Q1：+15.1%	9		
	1992Q1-1997Q3：+38.9%	22		
	2000Q4-2005Q1：+56.0%	17		
挪威	1983Q4-1986Q4：+56.3%	12	1986Q4-1993Q1：-40.6%	25
	1993Q1-2005Q2：+136.3%	49		
西班牙	1970Q1-1974Q3：+27.5%	14		
	1976Q2-1978Q2：+28.6%	8	1978Q2-1986Q1：-32.2%	31
	1986Q1-1991Q4：+134.8%	23	1991Q4-1996Q4：-18.3%	20
	1996Q4-2004Q4：+114.2%	32		
瑞典	1974Q1-1979Q3：+29.2%	22	1979Q3-1986Q1：-37.9%	26
	1986Q1-1990Q1：+42.5%	16	1990Q1-1996Q2：-28.2%	25
	1996Q2-2005Q2：+80.1%	36		
瑞士	1970Q1-1973Q3：+37.7%	14	1973Q3-1976Q3：-29.0%	12
	1976Q3-1989Q4：+73.5%	53	1989Q4-2000Q1：-40.7%	41
平均	45.6%	22.7	18.5	-23.3%

(2)波动上升的总体趋势

至少自1970年以来，真实房价呈现出一种波动上升的趋势。如图2-2和表2-2所示，1970～1995年期间，OECD国家整体的真实房价累计上涨了57.4%，年均增长2.3%，这通常被认为是源于人均收入增长、人口增长、土地稀缺、规划限制、质量改进、相对较低的建筑生产率等供需因素共同作用的结果。

但是各国之间的差异却非常显著。有7个国家的累计增幅超过100%，其中最高的是新西兰，高达313.1%；有2个国家的累计增幅为负数，最低的芬兰，为-47.2%；德国、挪威和瑞典三国的累计增幅仅一位数，这再次反映出各国在房价基本决定因素上的巨大差异。

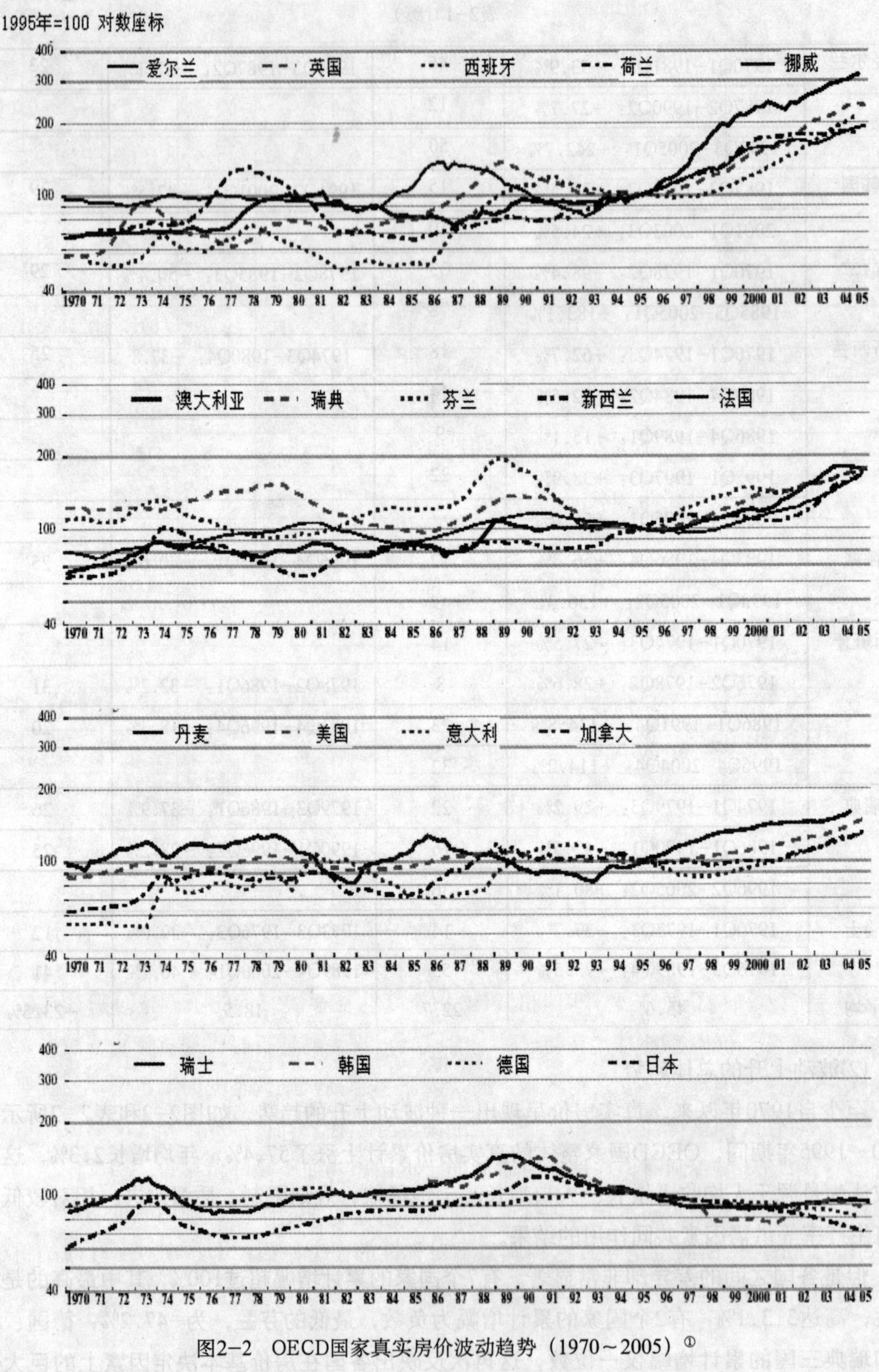

图2-2 OECD国家真实房价波动趋势（1970～2005）[①]

① Girouard et al (2006) 。

表2-2　OECD国家住房真实价格年均变动率（1970～2005）[①]

	1970–1975	1975–1980	1980–1985	1985–1990	1990–1995	1995–2000	2000–2005	1970–1995	1970–2005
美国	1.6	1.4	1.2	1.1	−1.1	2.3	6.4	22.1	79.7
日本	3	2.1	1.2	0.5	−2.9	−2.6	−4.6	18.0	−20.9
德国	0.5	0	−0.4	−0.7	0.8	−1.6	−2.8	0.8	−20.2
法国	1.8	2.2	2.7	3.2	−2.7	2.1	9.4	37.8	123.8
意大利	6.4	6.4	6.6	7.1	−1.8	−0.9	6.6	185.7	262.9
英国	5	4.4	4	3.7	−4.4	8.1	9.9	69.1	255.3
加拿大	6.6	6.8	6.8	6.9	−1	0	5.9	205.1	295.2
澳大利亚	4.6	4.3	4	3.6	−0.2	3.5	7.7	109.5	240.9
丹麦	3.9	4	3.8	3.4	1.8	6.7	5.5	117.6	270.4
芬兰	0.9	0.4	0.2	0	−10.2	7.8	3.8	−47.2	−12.7
爱尔兰	1.3	1.2	1	0.7	1	17.6	7.8	28.8	236.6
荷兰	3	3.4	4	4.9	4.6	10.8	2.6	147.3	330.3
新西兰	8.4	7.8	7.3	6.9	2.8	1.7	9.8	313.1	567.9
挪威	0.5	0.4	0.6	0.7	−0.6	9.3	4.5	8.1	94.0
西班牙	3.8	2.5	2.4	2.5	−1.6	2.6	12.2	55.2	182.3
瑞典	1.2	1.7	2	2.5	−5.8	6.3	6	1.1	72.7
瑞士	0.8	0	−0.6	−1.3	−6	−2.7	1.5	−34.0	−38.6
平均	3.1	2.9	2.8	2.7	−1.6	4.2	5.4	57.4	141.9
不包括日本、德国，平均	3.3	3.1	3.1	3.1	−1.7	5	6.6	64.2	173.1

(3)房价的调整

经验表明，当房价处于上升周期时，增长速度往往很快，但向下调整时则往往较缓慢，特别是以名义价格衡量时尤其明显。同时，当出现大的转折时，通货膨胀率越高，则真实价格下跌速度也越快，反之则越慢；通货膨胀率越高，则调整的时期越短，反之则越长。这一不对称的调整特性主要是由于住房的高度异质性、高搜寻成本和高交易成本等固有特征。当市场环境不利时，住房所有者倾向于退出市场而不是降价抛售。相反，当市场景气时，住房所有者更倾向于快速地提高售价。此外，近期对英国、美国房价的研究表明（Meen，2006），预期也是导致这种调整不对称性的一个原因，即预期对上升时的价格有显著的正面影响，但下跌时却没有显著的影响。

① Paul(2006)。

如图2–3所示，在上世纪70年代的普遍高通胀环境下，德国、日本等国的真实房价向下调整的速度非常快，年均下跌达到9%～10%，调整的周期也较短，大多在3～4年内完成。但是在进入20世纪90年代后，由于各国的通货膨胀率普遍较低，从而使得调整的速度较慢，调整的时间也越长，特别是日本、德国和瑞士三国。

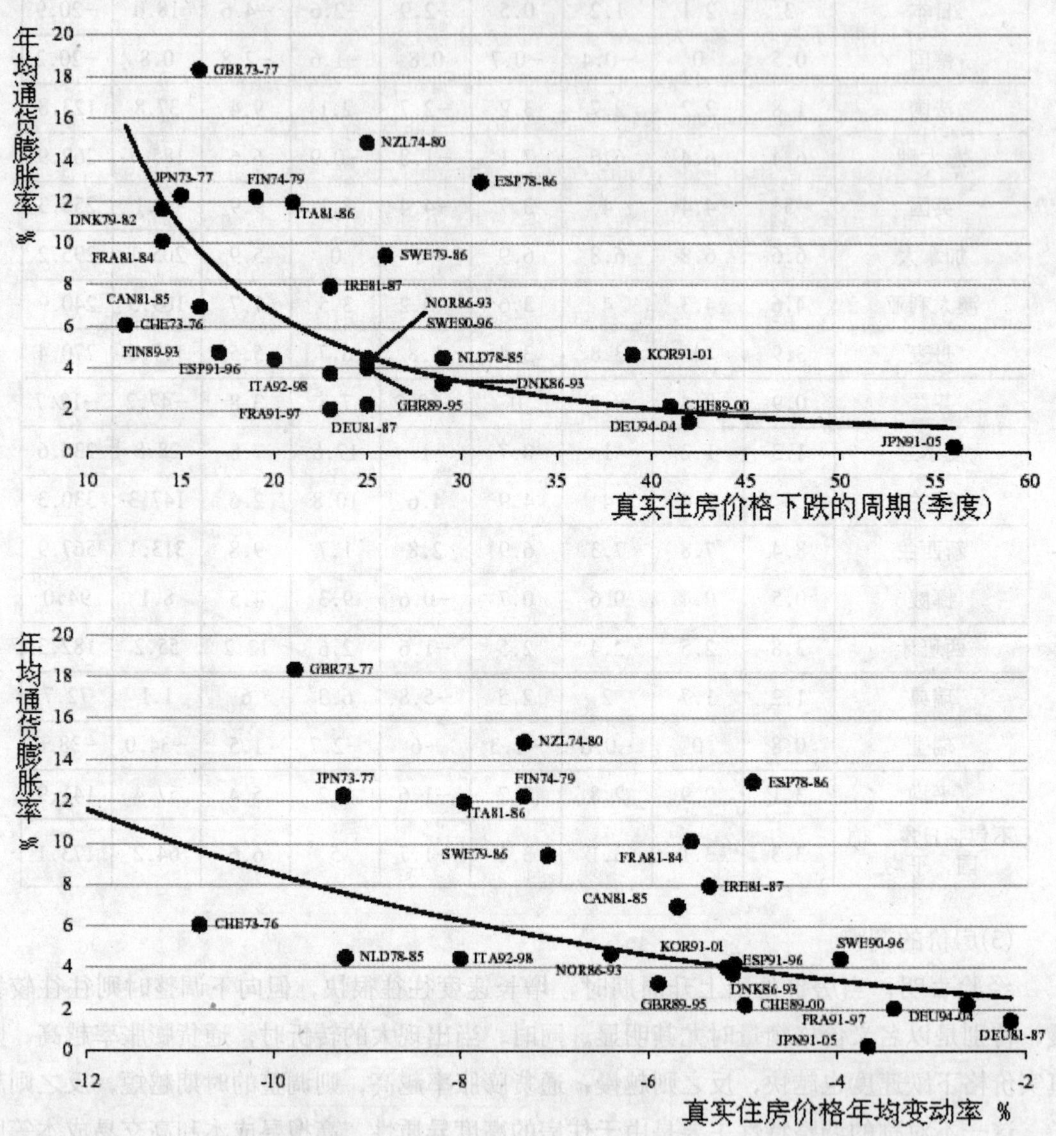

图2–3　OECD国家真实房价的调整与通货膨胀率①

(4)新一轮房价上升趋势

自1995年左右以来，除日本、德国和瑞士等少数国家的房价继续低迷外，其他OECD国家都先后进入了一个延续至今的超周期上涨阶段。与过往20年的经验相比，目前的繁荣表现出四个突出的特征：

① Girouard et al (2006)。

一是上涨幅度惊人。如截止至2005年第四季度，13个成员国的平均累计真实涨幅达到110%，年均增长7.7%；最高的爱尔兰达到265%，年均增长10.3%；最低的芬兰因起动时间较晚也达到了29%，年均增长6.1%。并且除芬兰外，其他国家的累计增长幅度都超过了各自的历史最高水平（见图2-4，表2-3）。

二是上升周期普遍较长，大部分国家都超过了历史水平，如荷兰、澳大利亚、挪威、瑞典和美国的上升时间至少是以往的两倍。特别是荷兰达到了81个季度，累计增长了194%，年均增长5.5%。[1]更重要的是，由于2000年后期发生了由高科技泡沫破灭引发的经济衰退（图2-1），目前房价增长周期明显脱离了前期仅略滞后于商业周期的波动轨迹。

三是各国间房价增长的联动性明显加强。如20世纪70年代中期以来的第一个周期中，17个OECD成员国中，在某年度中五年内真实房价累计增幅超过25%的国家数最高为1976年的5个国家；在20世纪80年代中期开始的第二个周期中，最高的是1990年的9个国家；2004～2005年时则达到13家。考虑到各国房价决定因素的差异性，这种联动性的增强表明一个或多个共同的因素在发生重要的作用。

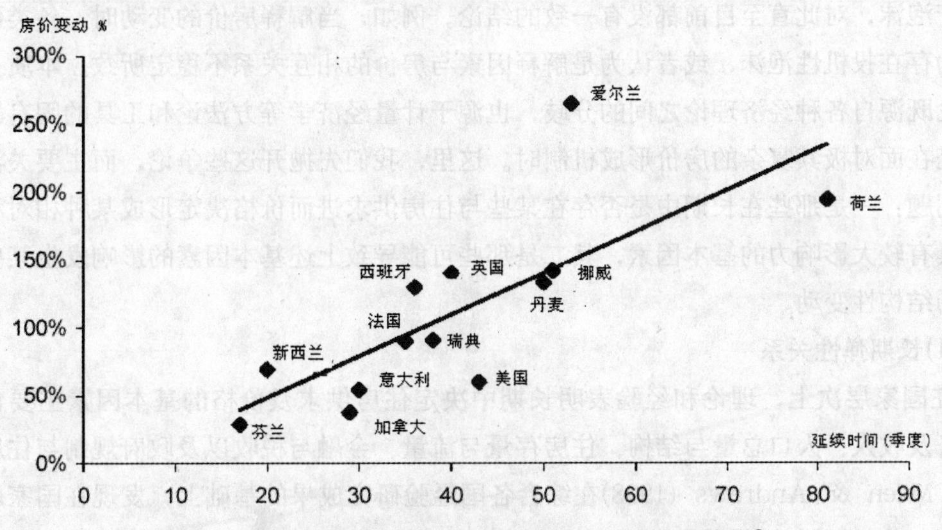

图2-4 部分OECD国家最近一轮未结束的房价上升趋势[①]

表2-3 部分OECD国家最近一轮房价增长持续周期与幅度[②]

	持续时间（季度）	真实房价	
		累计增长	年均增长
爱尔兰	53	265%	10.30%
荷兰	81	194%	5.50%
挪威	51	142%	7.20%
英国	40	140%	9.20%
丹麦	50	134%	7.00%

① 2005年，英国和荷兰的房价增长一度放缓，但2006年后开始再次上扬。

②③ Paul(2006)，真实价格，截止2005年第四季度。

表2-3（续）

西班牙	36	130%	9.70%
瑞典	38	91%	7.10%
法国	35	90%	7.60%
新西兰	20	69%	11.10%
美国	43	60%	4.50%
意大利	30	54%	5.90%
加拿大	29	38%	4.50%
芬兰	17	29%	6.10%
平均	40	110%	7.70%

2.1.2 房价的决定因素——理论与经验

导致最近一轮超越趋势的房价上升周期的原因，现已成为各国政策部门、监管部门和学术界研究的重点，而争论的焦点集中在是基本因素变动所致还是一场最终要回归趋势的房产泡沫，对此直至目前都没有一致的结论。例如，当解释房价的变动时，各类研究或者认为存在投机性泡沫，或者认为是解释因素与房价的相互关系不稳定所致。本质上，这些争论既源自各种经济理论之间的分歧，也源于计量经济学等方法论和工具的固有缺陷，特别是在面对极其复杂的房价形成机制时。这里，我们先抛开这些争论，而主要关注两个基本问题：一是那些在长期中是否存在某些与住房供求进而价格决定形成某种相对稳定关系且具有较大影响力的基本因素，其二是那些可能导致上述基本因素的影响发生某些重大变化的结构性变动。

(1)长期弹性关系

在国家层次上，理论和经验表明长期中决定住房供求及价格的基本因素主要包括国民经济及收入、人口总量与结构、住房存量与流量、金融与税收以及政府规制与住房制度等等。Meen & Andrews (1998)在综合各国经验研究成果的基础上，发现在国家层次上存在着一些长期弹性关系。[①]房价对真实利率的弹性为−0.02～−0.04，即真实利率下降 1 个百分点，房价会上升2～4个百分点；房价对真实收入的弹性为1.7～3.0，即真实收入增加1%，房价上升1.7%～3.0%；类似的，房价对住房存量的弹性为−2.0～−3.0，对家庭量的弹性为2.0～3.0。通常，这些弹性之间是相互影响的，如Meen（2006）指出，无弹性的供给会产生较高的价格收入弹性和价格利率弹性，而在经济周期中收入和利率都是波动的，因此我们可以观察到房价的更大波动。至于住房需求的收入弹性，在截面模型中得到的经验性结果一般为0.5～1，在时间序列模型中可高至1.5，表明相对于收入的增长而言，中短期内住房需求可能缺乏弹性，即消费者在一定时期内可以延迟住房消费，但长期中会随着收入的增长提高自己的住房消费水平；需求的价格弹性在−0.5左右，表明缺乏

① 在区域层面上，各种弹性关系差异很大，反映出区域住房市场的特殊性和复杂性。

弹性。此外，大量的经验研究表明由于存在着高交易成本，住房市场表现出明显的弱有效市场特性，即使是在住房市场高度发达、制度完善的美英等国，其中一个最显著的特征就是历史价格变动对未来价格变动通常都有很高的解释力。

(2)房价生命周期模型与经验解释

在国家房价的相关经验研究中，历史上曾先后出现过四类研究方法。一是只包含有限的经济理论基础的早期特定模型，二是衡量价格与建造成本的加成模型，三是简化形式的住房供需结构方程，四是家庭行为生命周期模型。当代的大多数研究都采用第四种模型，主要是因为它能够较好地把握住房需求的消费与投资二重性。

在常见的生命周期模型中，从一阶条件，住房需求与合成消费品的边际替代率（μ_h/μ_c）由方程（1）[①]给出。

$$\mu_h/\mu_c = g(t)[(1-\theta)i(t)-\pi+\delta-g^e/g(t)] \quad (1)$$

$$\mu_h/\mu_c = g(t)[(1-\theta)i(t)-\pi+\delta-g^e/g(t)+\lambda(t)/\mu_c] \quad (2)$$

式中　$g(t)$——真实房价；

θ——家庭的边际税率；

$i(t)$——市场利率；

δ——住房折旧率；

π——通货膨胀率；

$g^e/g(t)$——预期的房价增长率。

式（1）的右边即自有住房服务的各期真实成本(即住房所有者的资本成本)。如果消费者受到信贷限制，则（2）式成立，其中$\lambda(t)$为信贷配给限制的影子价格。在完美的市场上，通过套利，房价将是未来各期租金的净现值，如式（3）：

$$g(t) = R(t)/[(1-\theta)i(t)-\pi+\delta-g^e/g(t)+\lambda(t)/\mu_c] \quad (3)$$

式中，$R(t)$为住房服务的估计租金价格。

式（3）表明，如果存在信贷限制，则贴现率上升（分母），从而市场价格会低于无信贷限制条件下的价格水平。

式（3）构成了一个传统观点的基础，即房价与租金之间存在着固定的关系，而这需要贴现率保持恒定。然而现实中，我们需要进一步考虑以下影响因素：首付要求和交易成本意味着家庭可能长期处于非均衡状态，即要考虑信贷限制；预期的房价影响贴现率；与住房相关的税收优惠和交易成本（如契税）也会影响贴现率。这些因素变动的总体影响可能是难以识别的，但有理由相信自上世纪80年代以来放松金融规制所带来的影响将是一种

① 这是标准的资产定价模型用于房产定价时的一种变形。

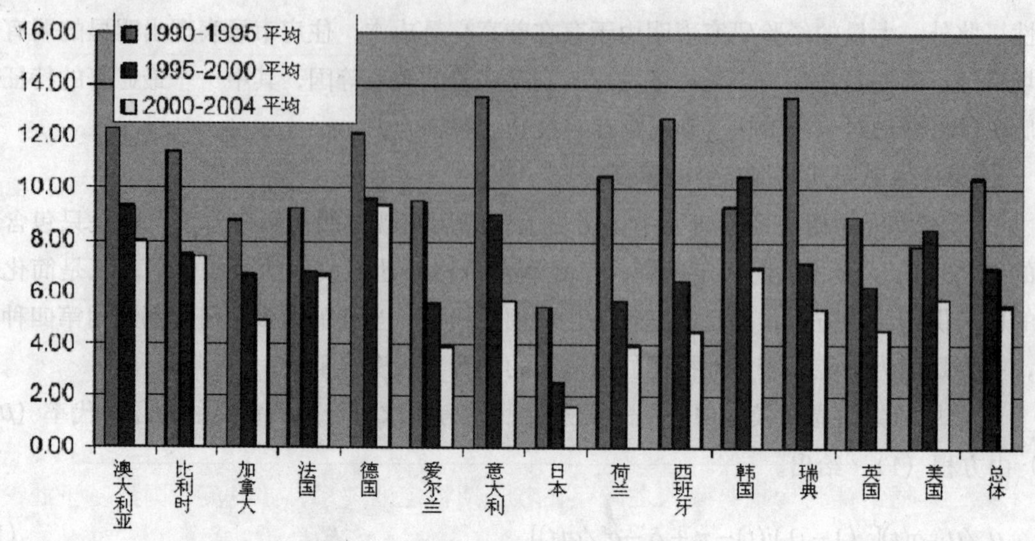

图2-5　全球利率变动（1990～2004）①

长期的结构性影响。由式（3）可知，放松住房抵押贷款限制及相关创新可降低贴现率，从而提高房价租金比。

第二，式（3）意味着是真实利率而不是名义利率决定长期房价。但经验上，名义利率和首付要求（属于一种信贷限制形式）可能都是重要的决定因素，那么这将意味着不存在固定的租金房价关系。如图2-5所示，自上世纪90年代以来，世界各国的利率水平普遍持续走低。Girouard et al（2006）等许多研究都发现尽管房价上升幅度巨大，但低名义利率水平使得实际债务偿还负担并没有明显高于上世纪90年代(见表2-4)。并且，在有着固定利率传统的欧美各国，在本次房价上升周期中，浮动利率贷款的比重明显增加，反映出低名义利率确实影响到购房者的选择。当然，对于这种低通胀、低名义利率条件下的消费者行为是源于货币幻觉还是因为长期的低真实利率趋势，目前仍有相当大的争论。实际上，近期经验研究中的一个共同发现就是房价是否高估及高估程度的经验判断对利率变动极其敏感，即都与所估计的未来长期利率水平高度相关。

表2-4　OECD国家住房抵押贷款情况②

	抵押贷款负债占可支配收入的比重（%）			利息支付占可支配收入的比重（%）			浮动利率抵押贷款占可支配收入的比重（%）
	1992	2000	2003	1992	2000	2003	2002
美国	58.7	65	77.8	4.9	5.2	4.5	33
日本	41.6	54.8	58.4	2.5	1.3	1.4	
德国	59.3	84.4	83	3.9	4	3	72
法国	28.5	35	39.5	1.7	1.4	1.1	20
意大利	8.4	15.1	19.8	0.7	0.8	0.7	56

① Kim(2005)。
② Girouard et al（2006）。

表2-4(续)

加拿大	61.9	68	77.1	5.9	5.7	4.9	25
英国	79.4	83.1	104.6	4.4	3.7	3	72
澳大利亚	52.8	83.2	119.5	4.8	6.4	7.9	73
丹麦	118.6	171.2	188.4	10.6	9.9	8.3	15
芬兰	56.7	65.3	71	7.1	2.9	1.9	97
爱尔兰	31.6	60.2	92.3	2.3	3	2.5	70
荷兰	77.6	156.9	207.7	5	8.4	8.2	15
新西兰	67	104.8	129	6.9	9.3	9.4	15
西班牙	22.8	47.8	67.4	1.6	2.2	1.7	75
瑞典	98	94.4	97.5	5	4.2	3.3	38

第三，通常认为房价与收入之间存在着长期稳定的关系，如美英等国都基于此设定支付能力标准，房价收入比指标也被常常用来判断房地产泡沫，但是式（3）及各国的经验都没有表明必然存在着这种关系（图2-6）。

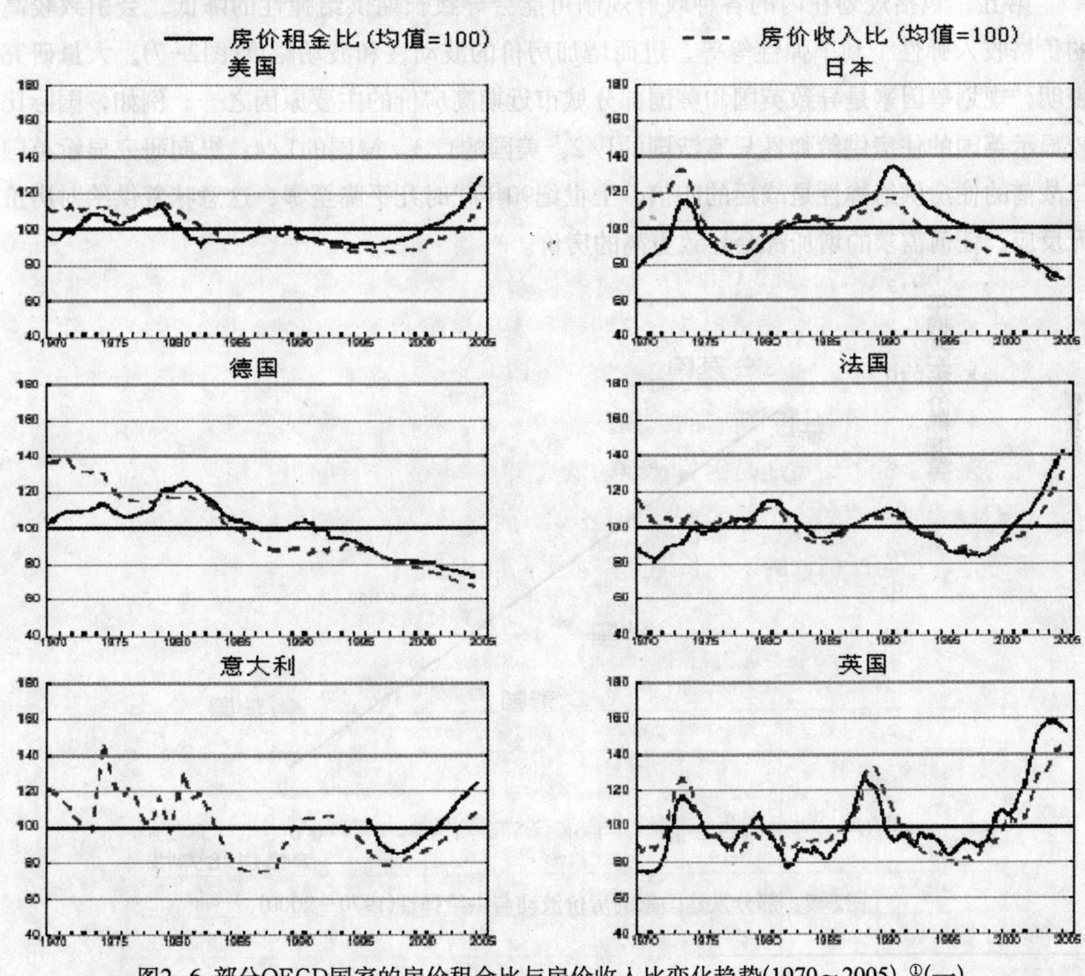

图2-6 部分OECD国家的房价租金比与房价收入比变化趋势(1970～2005)①(一)

① Girouard etal（2006）。收入为包含社保等支出的税前总收入。

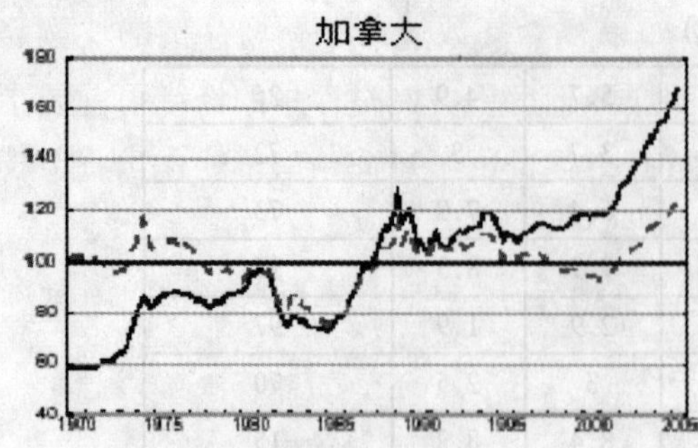

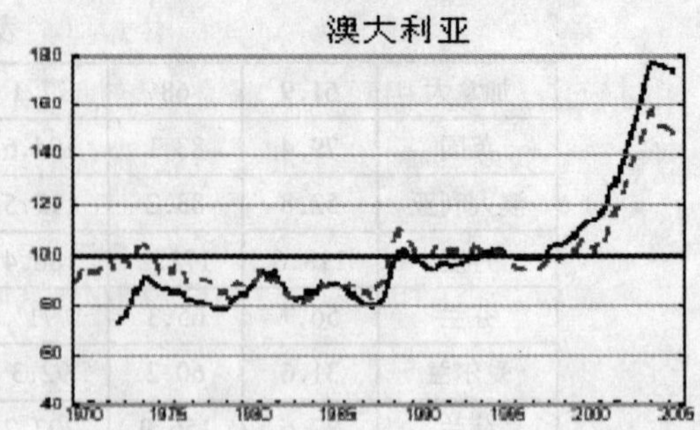

图2-6 部分OECD国家的房价租金比与房价收入比变化趋势(1970～2005) ①(二)

第四，经验表明家庭财富与房价之间存在着正相关关系，而当代各国的住房制度改革往往都伴随着公有住房的私有化以及较租赁而言对自有住房的明显支持倾向（如抵押贷款利息抵税等）。因此，已经拥有住房的家庭往往是改革和高房价的受益者，反之首次购房者或不拥有房产的家庭将面对更高的房价而利益受损。

第五，包括规划在内的各种政府规制可能会导致长期供给弹性的降低，会引致较高的价格收入弹性、利率弹性等等，进而增加房价的波动性和波动幅度(图2-7)。大量研究表明，规划等因素是导致英国和美国部分城市近期高房价的主要原因之一。例如，国际比较显示英国的住房供给弹性只有法国的1/2、美国的1/3、德国的1/4；纵向研究显示英国二战前的住房供给弹性是战后的四倍，上世纪90年代时几乎降至零，这意味着供给对房价无反应，任何需求的增加都会导致更高的房价。②

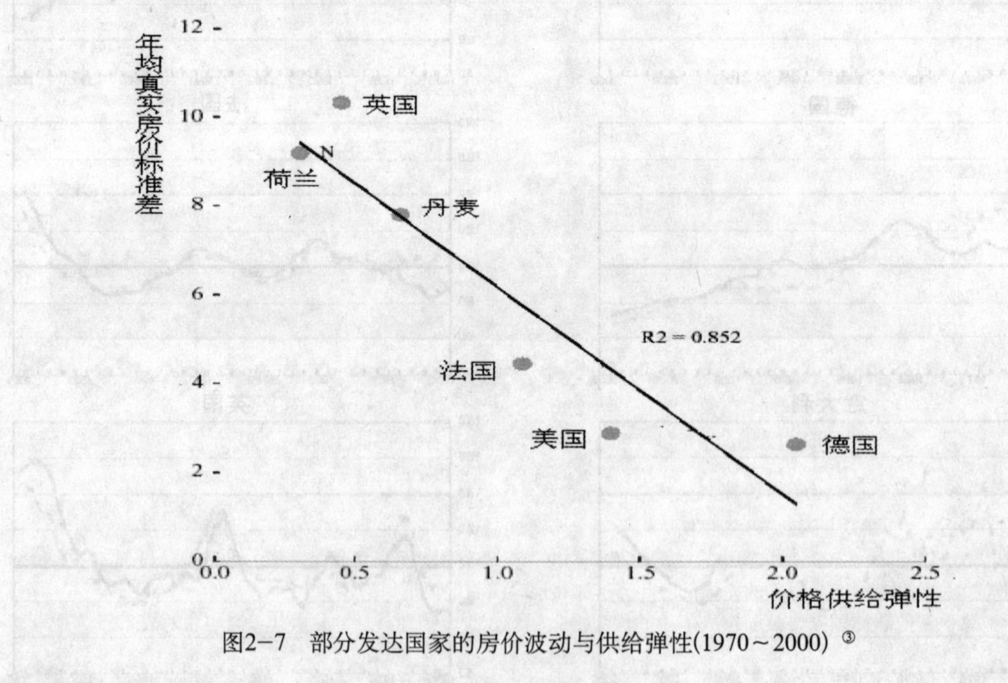

图2-7 部分发达国家的房价波动与供给弹性(1970～2000) ③

① Girouard etal（2006）。收入为包含社保等支出的税前总收入。

② Barker（2003）。

③ Catte et al.(2004)。

第六，较高的房价对住房存量弹性意味着，如果存量基数很大，新增存量的比例将相对较小，即便相对较大幅度地增加供给也不会明显降低房价，此时存量的修缮可能要更为重要；反之，如果存量基数较小，新增存量比重高，促进供给对抑制房价的作用将会比较显著。

最后，不同的地区、不同的发展阶段存在着类似于自然失业率的自然住房自有率，政府的促进住房自有政策有可能导致适得其反的结果。

2.1.3 英国高房价下政府住房政策的回归与创新①

在战后重建中，英国政府承担起了大部分的住房建造活动，加之私营开发活动的恢复，在较短时期内有效地缓解了全国的住房短缺问题。②如图2-8所示，在20世纪50年代，在中央财政的支持下，地方政府开始大规模建造租赁公房，最高峰的年份超过了25万套（仅略低于30万套的计划目标）。③到了20世纪50年代中后期，私营住房开发活动也逐渐赶了上来。进入20世纪60年代后，由于战后婴儿潮的爆发，住房需求再次高涨，出现了英国住宅建设的历史最高峰。特别是在中后期，为了满足需求，之前有所回落的公共住房建设活动再次活跃，由地方政府、注册社会地主（RSL）建造的租赁公房量与商品住房建造量几乎平分秋色（最高峰时各约20余万套/年），并且这种状况一直延续到20世纪70年代末。

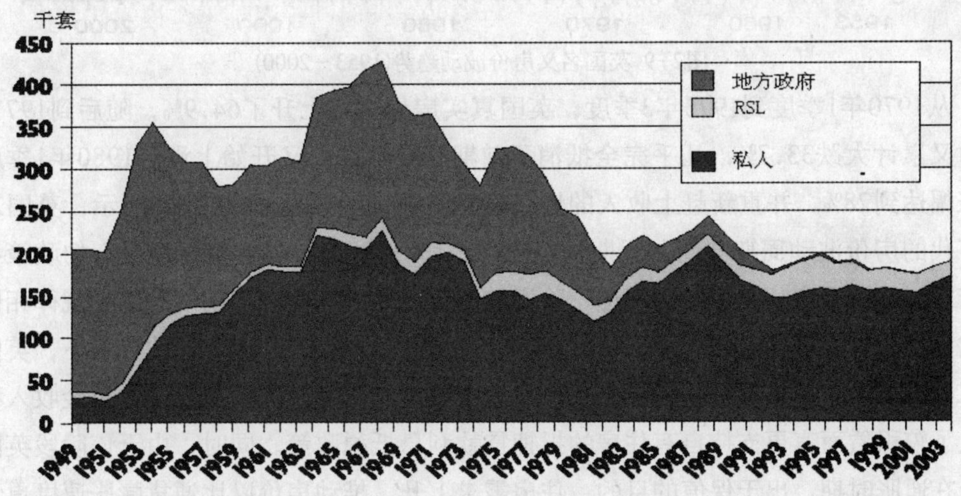

图2-8 按建造主体划分的英国永久性住宅建造量(1949~2003)④

① 二战后，美国的房价波动趋势和住房政策变化与导向基本类似于英国。较大的区别之一是前者的疆域广阔，土地进而住房的供给弹性较高，长期中总体房价增长幅度要低于英国，另一区别是美国的地区差异显著，在某种程度上类似于整个欧盟内部或者OECD的差异，因此分析放在地区层面上要更为恰当。

② 相对于其他欧洲国家，英国在战争中的住房损失相对较少，因此战后的住房建设量也相对较低，尽管早期同样面临着住房短缺问题。

③ 值得注意的是，二战后初期三居室以上的住宅建设量要远大于其他。就拿英格兰和威尔士两地区的建设量来看，1946~1950年三居室的建设量占总建设量的80%，可见即便是在住宅短缺的时期，英国的住宅保障是面向家庭、优先家庭的住宅供应模式。

④ UK HM Treasury(2005)。

此外，1957年出台的《租金法》引入了新的租金管制制度，其后虽几经修改，但直到1986年废止前都有效地控制了公私住房的租金上涨水平。在此背景下，如图2-9所示，从二战后到20世纪60年代，英国的房价与工资收入和通货膨胀率之间保持着相当一致的变动趋势。

然而，进入20世纪70年代后，房价波动趋势开始发生变化，主要表现为房价与收入的趋势开始脱离通货膨胀趋势，并且房价围绕着收入的周期性波动也越来越明显。

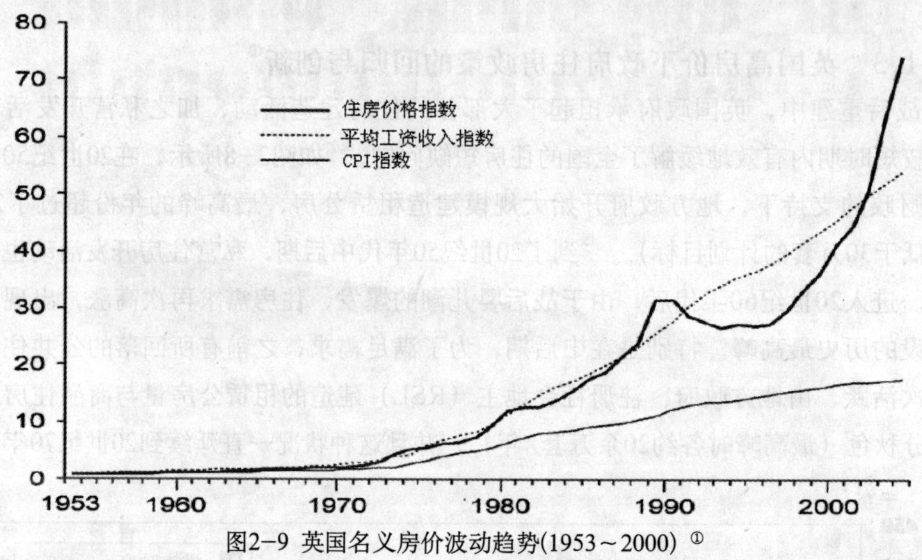

图2-9 英国名义房价波动趋势(1953～2000) ①

从1970年1季度到1973年3季度，英国真实房价大幅上升了64.9%，随后到1977年3季度时又累计大跌33.7%，几乎完全抵消了前期涨幅，接着又开始上涨到1980年1季度，累计涨幅达到28%，并重新赶上收入的增长趋势(参见表2-1)。如图2-10所示，英国20世纪70年代的房价波动周期与商业周期基本吻合。②一般认为，是支持住房自有的政策导向变化与宏观经济因素相结合推动了这一阶段的房价周期，并使之与前期的波动规律相区别。经过前期的大规模建设，英国普遍的住房短缺问题基本得到解决。在此背景下，英国政府自二战以来首次重新促进住房自有化，取消了之前向住房所有者征收估计租金收入税，并引入了较租赁而言更支持自有住房的抵押贷款利息抵税政策。同时，由于该阶段英国经济正处在通胀时期，出于保值的目的，住房需求上升，推动房价以比通货膨胀速度更快地上升，而这又成为加剧通货膨胀的动力之一；另一方面，更高的通胀率也有助于减少实际融资负债，相应的更高利率则增加了利息抵税收益，这又回过头来增加需求和提升房价。总之，它们之间互相推动，最终使得房价呈现出大幅度的顺周期波动特征。③

---

① Peter(2006)。

② 此外，这一时期英国的人口总量变化不大，增量住房需求主要源于由家庭规模缩小引起的家庭总量的净增长，但增长速度也明显较前期放缓。

③ 美国自二战后到20世纪70年代末房价波动的趋势与主要决定因素基本与英国类似。详见Patric & Shiling(1980)等经验性研究。Patric & Shiling(1980), The Economics of Tenure Choice, NBER working Paper No.543。

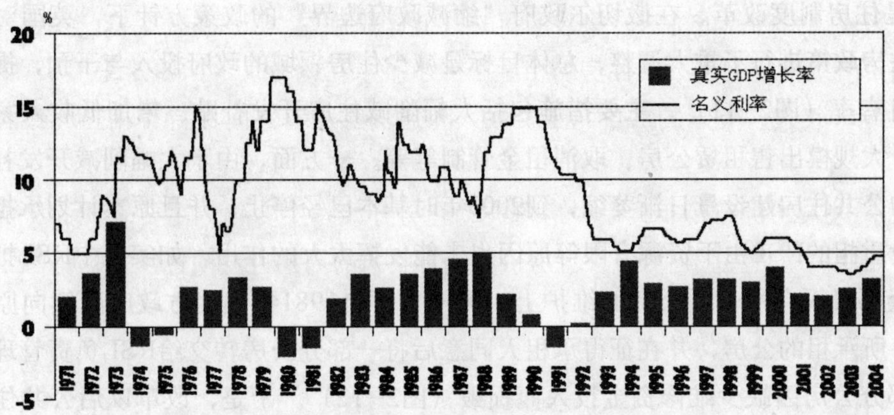

图2-10　英国的经济增长(1970～2004)[①]

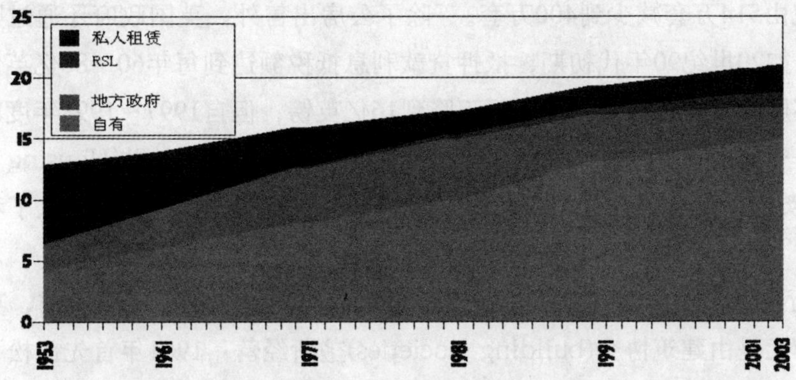

图2-11　按住房占有性质划分的英国家庭数量变化趋势(1953～2003)[②]

在稳定了两年后，英国房价再次高涨，从1982年1季度到1989年3季度的七年半中，真实房价的累计涨幅达到99.6%，随后出现了历时四年的衰退，累计跌幅达到27.8%，抵消了约45%的前期涨幅(参见表2-1)。这一次房价周期仍然与商业周期大体同步，但其波动幅度要明显大于上一个周期。除前述的基本理论与经验解释外，20世纪80年代初期英国引入的两项重大制度变革被普遍认为是引起房价波动加剧并且有着长期深远影响的结构性因素。

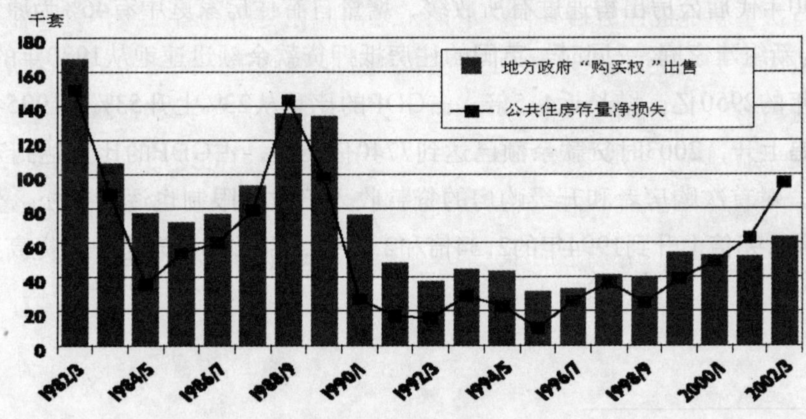

图2-12　英国公共住房存量变动(1982～2003)[③]

①②③ UK HM Treasury(2005).

一是住房制度改革。在撒切尔政府“缩减政府边界”的政策方针下，英国对其二战以来的住房政策进行了重大调整，总体目标是减少住房领域的政府投入与干预，提高公众的住房自有率（图2–11）。主要措施包括大幅削减住房开发补贴、增加低收入家庭的直接补贴、大规模出售租赁公房、取消租金管制等等。一方面，由于大幅削减开发补贴，地方政府的公共住房建设量日渐萎缩，到2003年时基本已经停止，并且原本计划承担起公共住房建设重担的RSL由于资源有限等原因也未能发挥太大的作用，如实践中RSL把绝大部分的资金都投入在所管理公房的维护上；另一方面自1981年起地方政府陆续向原租赁人优惠出售所承租的公房，并在征得承租人同意后将一部分公房转交给RSL负责管理，另外还有一部分公房因缺少维修资金投入而损毁（图2–12）。于是，改革以后公共住房数量持续下降，地方政府持有量从1980年的477.1万套降到2004年的233.5万套，包括RSL在内的公房总量也由514万套减少到400万套。[①]除了公房出售外，英国政府还通过财税政策鼓励自置住房。如20世纪90年代初期，抵押贷款利息抵税额达到每年60～80亿英镑；虽然到1999～2000年度时抵押贷款利息抵税额下降到16亿英镑，但自1997～1998年度以来，另一项税收优惠——资本收益税减免额增加了10倍。此外，目前住房补贴(Housing Benefit)每年达到126亿英镑，由于公共住房的减少，因此有相当一部分住房补贴注入了私人租赁者手中。[②]

二是实行金融自由化改革，放松了对住房抵押贷款的管制。1981年前，英国的住房抵押业务基本上是由建筑协会(building societies)垄断经营；1981年首先放松了对其他金融机构的进入和业务限制，1983年起允许建筑协会从货币市场融资，1986年出台的《建筑协会法》引入了一套自律机制，放松了对抵押贷款利率、首付比要求等方面的管制。鼓励住房自有与放松金融管制相结合极大地促进了住房抵押贷款业务市场的发展。例如到2000年时，英国拥有住房的家庭已达到1440万户，自有率达到70%，这在OECD国家中是相当高的。其中，部分是由于公房出售。特别是在20世纪80年代，由于购买原租赁公房的家庭数量增长非常快，全英国的自有住房家庭从1984年的1090万户迅速增加到1990年的1300万户；20世纪90年代后公房出售速度有所放缓，增量自有住房家庭中有46%为原私房租赁家庭，有30%为新组建家庭。[③]同时，英国的住房抵押贷款余额迅速地从1980年的530亿英镑上升到1990年的2950亿，增长近4.5倍，占GDP的比重从23%上升53%；1995年产业复苏后又继续大幅上升，2003时贷款余额已达到7740亿英镑，占GDP的比重达到72%(参见表2–5)。此外，对首次购房者和升级购房的贷款收入倍数的限制也逐渐放松，分别从1984年的2.18倍和1.95倍上升到1994年的2.34倍和2.24倍，到2003年时进一步提高到2.83倍和2.72倍。

---

① UK HM Treasury(2005)。

②③ Peter(2006)。

表2-5 英国住房抵押贷款变动(1980~2003)[①]

	实际住房抵押贷款(10亿英镑)	按RPI增长率估计的住房抵押贷款(10亿英镑)	按RPI增长率及实际自有率增长估计的住房抵押贷款(10亿英镑)	改革政策影响估计量(10亿英镑)	住房抵押贷款占GDP的比重
1980	53	53	53	0	23%
1985	127	75	81	46	36%
1990	295	100	111	184	53%
1995	390	118	137	253	54%
2000	536	135	162	374	56%
2003	774	144	181	593	72%

总之，上述新制度共同作用推动了住房的真实需求和抵押贷款市场，进而对房价的波动产生了深远的影响。如Baddeley (2004)指出，增加抵押贷款融资的可获得性促进了房价的自我推进式上涨，住房投资需求将随着抵押贷款市场流动性的积累以及更容易获得更多、更优惠的抵押贷款而增长。

1995年后，英国房价一直处于上升通道，到2005年4季度时真实房价水平已累计上涨了140%，并且超越了20世纪初期的经济衰退。对于这一轮超周期的增长是否存在泡沫及泡沫的大小，目前存在着广泛的争论。如Barrell(2004)、OECD(2005)等研究认为2003~2004年间英国房价高估了30%以上，而Nickell(2005)、Meen(2006)等在国家层面上的研究则认为房价符合基本因素的要求，Cameron et al.(2006)对地区截面数据的研究也没有发现存在明显的泡沫。[②]从基本因素角度，自1993年走出低谷以来，英国宏观经济一直表现得惊人的稳定，即使是2001~2002的短暂衰退期也维持了2%以上的正增长(真实GDP)；自1997年以来家庭真实收入增长了20%以上；特别重要的是它始终维持着历史上从末有过的低通胀、低利率水平。在人口因素方面，由于净移民增加及家庭规模持续降低等原因，20世纪90年代英国的家庭总量以年均19万户的速度上升，这要略快于20世纪70~80年代，并且预计到2011年仍会年均增加17.9万户。如前节所述，在这种状况下，一些长期的房价与基本因素相关性关系可能会发生变化，而这无疑增加了判断的难度，因此有理由相信是否存在泡沫的问题仍然会继续争论下去。

不论存在泡沫与否，由于房价的持续上升，不充足的供给和可支付性问题已成为当代英国住房研究与政策的焦点。如图2-7所示，至1991年以来，不论房价如何变动，英国的永久性住宅建造量几乎是一条直线，说明供给弹性几乎为零，并且年均18.3万套的建造量在扣除拆除量后的净增量要低于新家庭的净增量。在可支付性方面，主要是首次购房者的境况再逐渐恶化。虽然在目前的低利率环境下，偿还贷款的现金流问题不大，但近年来首次购房者进入市场的能力却恶化了(即受到贷款收入比限制)。例如2002年时能够购买住

① Peter(2006)。

② Cameron et al.(2006)。

房的新家庭比重为37%，这要比上次房价高峰时的水平(46%)低9%。据估计，按照现有的建造速度，每年的民住房短缺量在3.9万套左右，其中3.1万套为可支付性住房[①]；如果维持上世纪80年代新家庭的支付能力水平，则每年短缺9.3～14.6万套，其中7.3～10.1万套为可支付性住房；为了将年均真实房价增长率降低至1.1%(欧盟近30年的平均水平)，则每年需增加建造14.5万套，这几乎等于目前全英国私营开发商的年建造量(15万套)。[②]

在此背景下，英国政府自1997年以来就开始重新检讨前期的住房政策，特别是在2003年《住房供给评价——确保我们的未来住房需要》(Barker(2003)，以下简称《巴克报告》)公布后，英国政府采取了增加财政投入与土地供给、提高规划效率以及寻求面向中低收入家庭购房困难的金融与体制创新等一系列措施。[③④]

英国政府在与学术界和业界广泛讨论《巴克报告》后，于2003年开始实行的《可持续的社区发展计划》，于2005年又先后提出了《为所有人提供住房》(Homes for All)的五年住房建设计划及政府行动计划《扩大住房所有权》(Extending Home Ownership)。

其中，《为所有人提供住房》提出任何公民都能获得以能够支付得起的价格购买达到可接受标准住房的措施[⑤]。主要包括：

一、到2010年前政府至少帮助八万户家庭购买住房。

二、提出分别适用于二手私房、现有公房和新建住房的创新股权购买方式。其核心设计是允许购买者一开始只需购买50%的股权，并有权在以后增加股权比例直到100%地持有。如果中途选择出售，则所有者按其股权比例享受出售收益。

三、公私联合股权贷款模式。房价的75%比例由购买者通过抵押贷款支付，剩余的25%由政府出资的RSL和抵押贷款人各支付12.5%。出售时如有收益，则按各自的股权比例分配；如果出售价格低于初始购买价格，则按抵押贷款、抵押贷款人股权贷款和RSL股权贷款顺序依次分配。通过该模式，政府有望在5年内向额外的2万户家庭提供购房援助，并且能扩大计划范围，还可以增加近2万套新建自有住房。

四、清理公共机构持有的公共土地，以投标方式在2010年前提供15000套面向首次购房者的新建住房。

五、提高住房交易契税减免上限。

六、赋予地方政府提供社会性住房的新职能：扩大住房私人融资计划、帮助各种住房团体融资建造社会性住房、与私营开发商合伙竞标获取公立住房公司的资金。

---

① 可支付住房相当于我国的经济适用房。

② Barker(2003)。

③ Barker(2003) 。

④ 对于1995年以来的房价上涨问题，《巴克报告》跳出了模型分析的框架，而是基于英国住房供给不足的事实(见前节)，着重从产业竞争、规划、政府可持续发展政策等相互联系的因素来加以考察。该报告一经发表，就被视为“多年以来最重要的住房政策报告之一”，参见Meen(2006)。

⑤ UK HM Treasury(2005)。

七、开发混合收入社区。

八、改革规划系统，提高规划效率，促进住房供给。

九、增加住房公共支出，到2007～2008年度达到72亿英镑，比1997～1998年度翻一番；2004年度预算提供额外的13亿英镑用于2007～2008年度的支出，并达到当年竣工3万套社会性住房的目标。

十、由《可持续的社区发展计划》出资扶持私营开发商在2016年前增加交付20万套住房。

总之，在改革近20年后，当代英国政府的住房政策重新转向加大对住房的公共支持与直接投入的方向，但与20世纪80年代之前的做法不同的是，政策更加强调在鼓励住房自有的目标下，通过各种公私合作创新以提高系统运作效率。

2.2 亚洲新兴工业化国家的长期房价波动

2.2.1 亚洲金融危机前后的房价波动

自20世纪60年代末亚洲四小龙经济起飞以来，亚洲特别是东亚逐渐成为全球经济增长和城市化进程最快的地区。同时，快速的经济增长和城市化必然伴随着日益增长的住房需求及所导致的土地价格、房价的快速上涨，于是从规划到市场(包括土地与住房)的建立与完善、从稀缺的资金配置到住房保障制度改革等等，都成为各国或地区政府所必须面对并设法解决的难题。单就房价而言，在遵循基本经济规律的同时，东亚各国或地区的房价波动又有其独特性，反映出在发展阶段、历史文化、人口和制度等诸多方面有别于欧美发达国家的巨大差异，例如明显的政府干预色彩、新兴市场的高度波动性、土地资源相对短缺等。限于篇幅等原因，以下我们仅初步地考察亚洲金融危机前后东亚各国或地区的房价波动情况。

表2-6 东亚国家或地区住房基本状况①

	普查年度	住宅总套数	住房自有率(%)	住宅租赁比例			
				合计	社会	私人	其他
中国香港	2004	2397000	57	43	31	12	–
印度尼西亚	1995	43500000	83.7	11.8	–	11.8	4.5
马来西亚	1998	4060900	85	13	7	6	2
菲律宾	2000	14891127	71.1	10.1	–	10.1	18.8
新加坡	2005	1049011	92	7	5	2	1
韩国	2000	12988000	56	44	3.5	40.5	–
泰国	2000	15496000	82	18	–	18	5

① http://globalpropertyguide.com。

如图2-13所示，在上世纪80年代至1997年金融危机爆发前，除菲律宾外其他东亚国家或地区都经历了一段高速的经济增长期，其中韩国、中国香港等“四小龙”凭借这一阶段的增长迈入了发达国家或地区阵营，泰国、马来西亚等其他东亚国家则刚处于工业化的起飞与加速阶段。在此背景下，这一时期东亚各国的住房市场都经历了一次或长或短的繁荣阶段。其中，时间最长、涨幅最大的是中国香港和新加坡，大致都从1985年延续到1997年，整个阶段真实涨幅分别达到296%和277%。马来西亚和菲律宾是在90年代初期和中期经历了快速的房价上涨，如马来西亚在1991年和1995年的真实房价增长率分别达到20%和14.5%；因政府的大规模建房运动，韩国房价在1990年时达到最高位，泰国的房价也在1992年达到最高位，这两国的真实房价在20世纪90年代中期实际上是缓慢下降的。

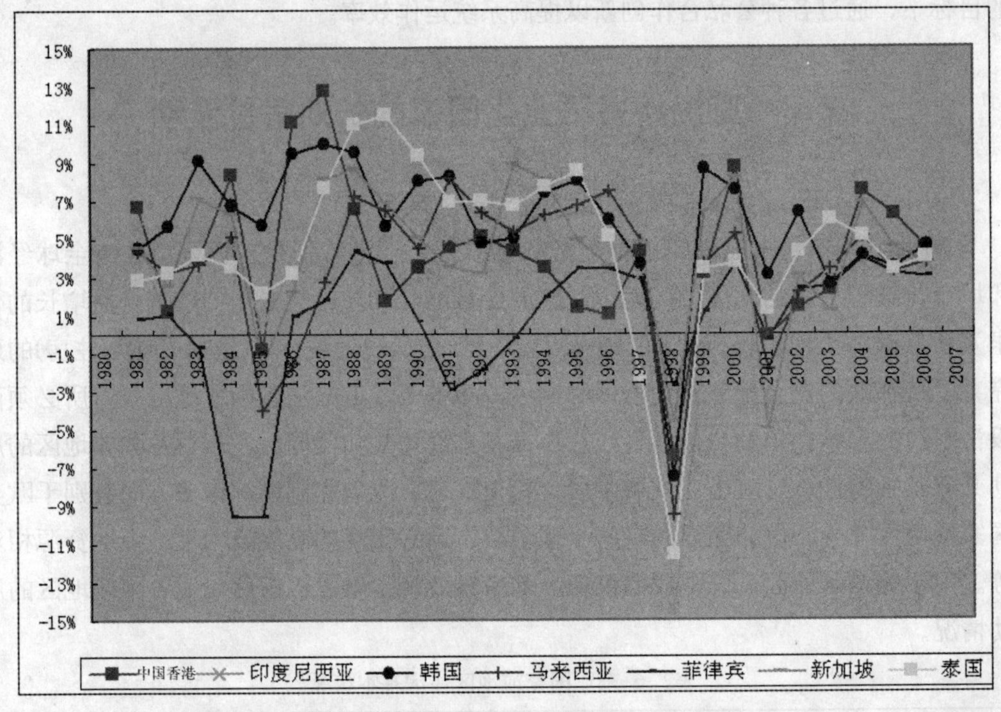

图2-13 东亚国家或地区真实人均GDP增长率①

1997年7月，亚洲金融危机首先在泰国引爆，当年就出现了经济负增长，随后危机扩散到其他东亚国家或地区并重创了各国或地区的经济，到1998年时全部出现负增长(最大的是印尼，-14.7%)。如图2-14、2-15所示，按真实价格衡量，东亚各国或地区的房价都出现了不同程度的下跌，尤其是前期涨幅较高的中国香港、新加坡、马来西亚和菲律宾都受到重创。②如到1998年末中国香港、新加坡真实房价累计下跌40%和43%。相比，此前已经过调整的韩国和泰国则跌幅较小。

---

① 根据IMF经济统计绘制。

② 与其他国家略有不同的是，印尼在1998年、1999年的通胀率高达58%和28%，此后的大多数年份都在10%以上，因此虽然名义房价继续上涨，但真实名义在经过1998年、1999年大幅下跌后就基本维持不变。

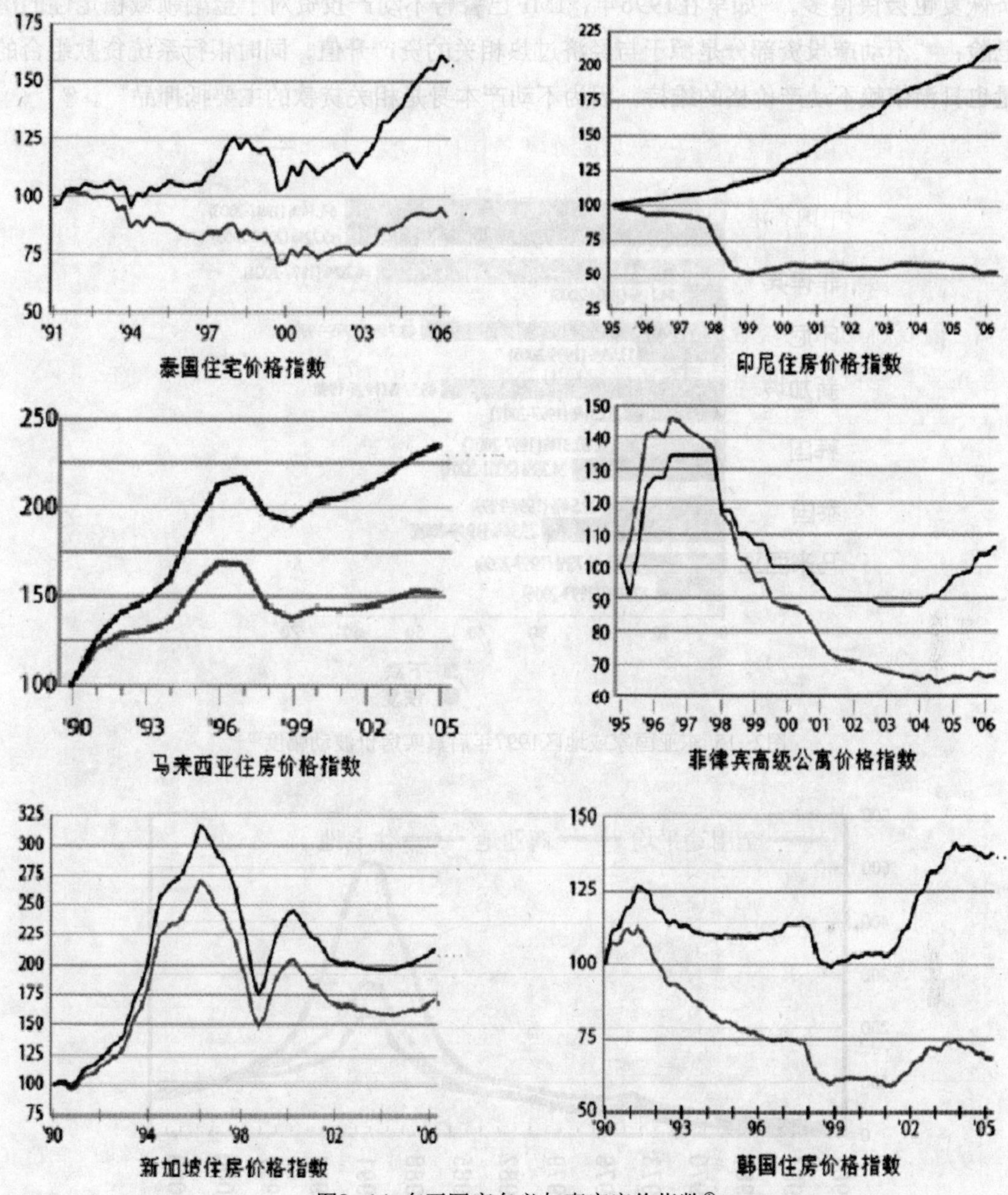

图2-14 东亚国家名义与真实房价指数①

在许多有关亚洲金融危机的研究中，最终都将危机的根源归于东亚各国或地区的金融体系与汇率体制，但同时也都观察到一个显著特征，即受影响最大的国家或地区首先都出现了不动产价格的崩溃及所导致的银行系统弱化，然后再发生汇率危机、金融危机和经济衰退。虽然这种次序并不必然意味着必然的因果关系，但不动产价格的崩溃明显地对最终的金融危机有重大的影响，包括20世纪90年代初期的日本以及后期的印尼与泰国，即如果银行系统没有因不动产投机泡沫破裂而受到损害的话，那么汇率危机本不会那么严重，

① http://globalpropertyguide.com。

经济恢复也会快得多。[1]如早在1996年，IMF已警告不动产投资对于金融领域稳定性的潜在危险："不动产投资部分是源于与经济过热相关的资产升值，同时银行系统贷款组合的质量也日渐依赖不动产价格的维持，因为不动产本身是相关贷款的主要抵押品"。[2]

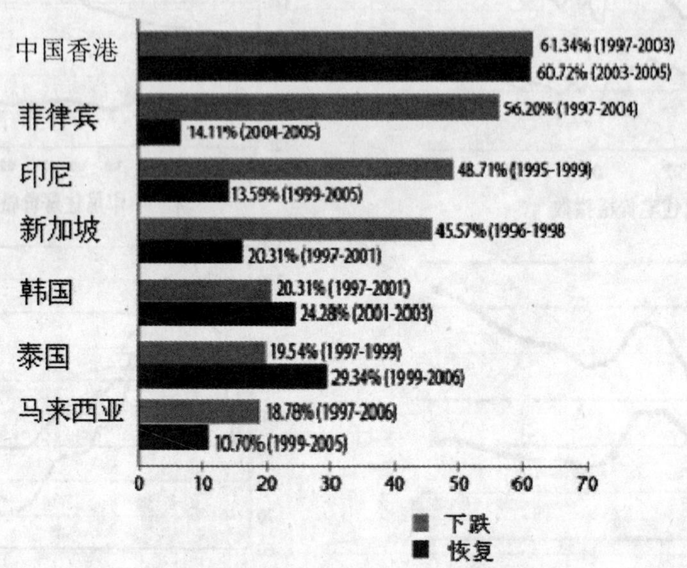

图2-15 东亚国家或地区1997年后真实房价波动幅度[3]

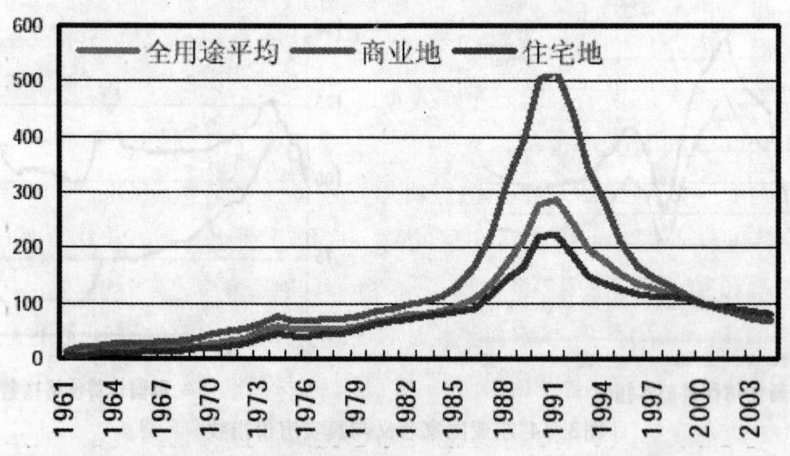

图2-16 日本六大都市区地价变动趋势(1961～2003，2000年=100)[4]

这里需要指出的是，上面所讨论的是整个不动产投资在金融危机中的影响，但是单就住房投资而言，东亚各国或地区之间存在着差异。如中国香港、新加坡等住宅投资在整个不动产投资中的比重较高，相比当时的韩国、泰国等其他东亚国家或地区而言主要是商

① 参见 Mera and Renaud (2000) 和 Quigley (2001)关于不动产产业在亚洲金融危机中的作用的研究。
② IMF World Economic Outlook，December 1997。
③ http://globalpropertyguide.com。
④ www.reinet.or.jp。

业地产、工业地产等占据了高比重，因此在后一类国家或地区住宅市场反而是危机的受害者。类似地，早期推动日本不动产泡沫形成并破裂的主要原因也是商业地产投机。①如图2–16所示，从1985年"广场协议"到1991初泡沫破裂，日本六大都市区商业用地地价上涨了5倍多，相比住宅用地地价只上涨了一倍。

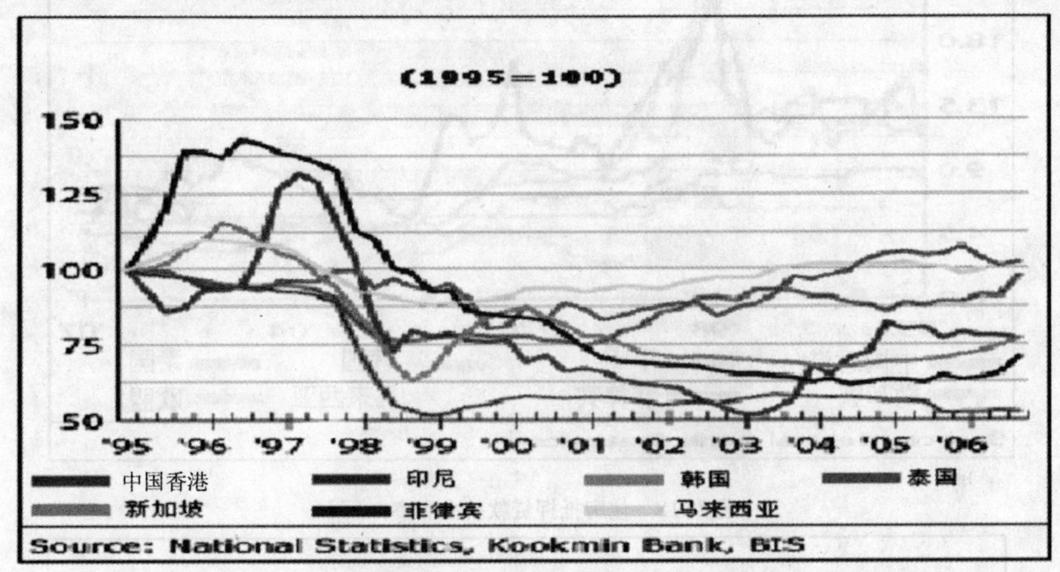

图2–17 东亚国家或地区真实房价指数(1995～2006) ②

1999年后，东亚各国或地区的经济都不同程度地开始复苏，但不久以后又迎来了全球性的经济衰退，因此近期的经济增长速度总体上要明显低于上世纪的"东亚奇迹"时期。在此背景下，直至近期各国或地区的房地产业才重新恢复活力。表面上，泰国、印尼、马来西亚和韩国的名义房价都恢复到了历史最高水平，但如以真实价格衡量，那么仅有泰国和韩国勉强恢复到1997年金融危机爆发前的水平。例如截止2006年末，中国香港、新加坡、韩国、泰国、菲律宾、印尼的真实房价分别比其高峰价格要低61%、37%、38%、10%、55%和50%(见图2–17)。

与欧美各国十余年的住房市场繁荣相比，东亚各国或地区的表现无疑是一种巨大的反差。除了前述的宏观经济因素和消费者信心恢复需要时间外，金融领域中的一些结构性问题可能也是妨碍东亚各国或地区房地产市场较快恢复的潜在原因。③

如前所述，低利率是推动欧美新一轮房价繁荣的主要原因之一，而危机后的东亚各国或地区大多没有享受到这一好处。首先，如图2–18所示，在金融危机爆发后，东亚各国或地区都大幅度提高了利率，然后才逐渐走低，并在2003～2005期间保持稳定，2006年后又随着欧美的加息而开始走高。此外，各国或地区的抵押贷款利率水平仍然要高于欧盟，并且除新加坡外，东亚各国或地区的抵押贷款利率都较不稳定。

① 1960年后日本已经解决了住房短缺问题，且城市化也已基本完成，因此后期日本的房地产增长中并非以住宅的自主需求为主。

② http://globalpropertyguide.com。

③ 除经济因素外，印尼、泰国的政治动荡也是影响其各自经济和房地产市场的重要因素。

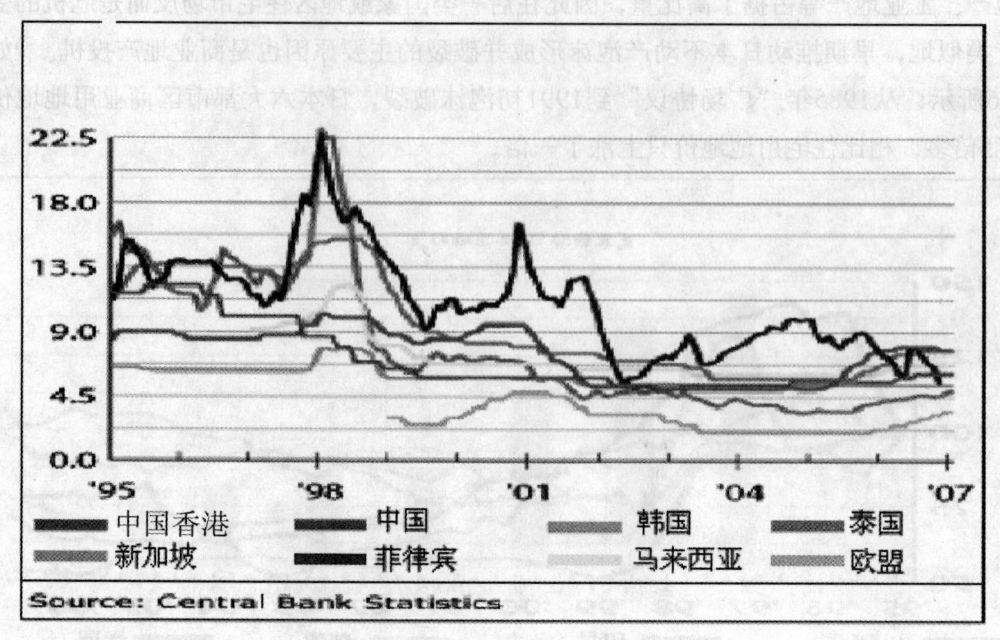

图2-18　住房抵押贷款基准利率(%) ①

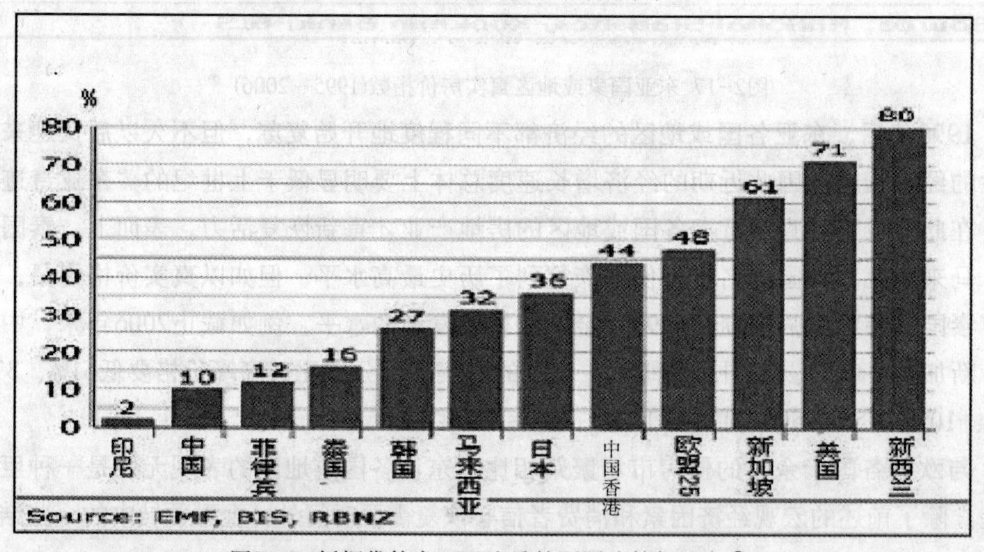

图2-19 抵押贷款占GDP比重的国际比较(2005) ②

其次，多数东亚国家或地区的房地产抵押贷款市场相对不发达。如图2-19所示，只有中国香港、新加坡的抵押贷款市场能够达到欧美发达国家的水平，其他东亚国家或地区的规模水平明显较低，甚至日本和韩国这两个发达国家的抵押贷款市场规模都不大。此外，东亚各国或地区目前全部采用浮动利率贷款模式，最多只提供短期固定长期浮动的混合模式，相比在大多数欧美国家固定利率模式仍是主流模式，这实际上反映了双方在抵押贷款市场上的一种本质差异：在采用固定利率模式的美国、加拿大和欧洲大陆国家，债券

①② http://globalpropertyguide.com.

和抵押担保证券是主要的融资方式；在东亚及英国、爱尔兰等少数欧洲国家，银行储蓄是主要的融资方式。虽然浮动利率贷款能够受益于低利率水平，但其风险也高，特别是在东亚国家或地区，利率水平本身波动就很大，没有选择的贷款人和资金期限不相匹配的金融机构都要面临较大的利率上升风险，这不仅在一定程度上限制了抵押贷款市场的发展，更重要的是使得市场更加容易发生波动。

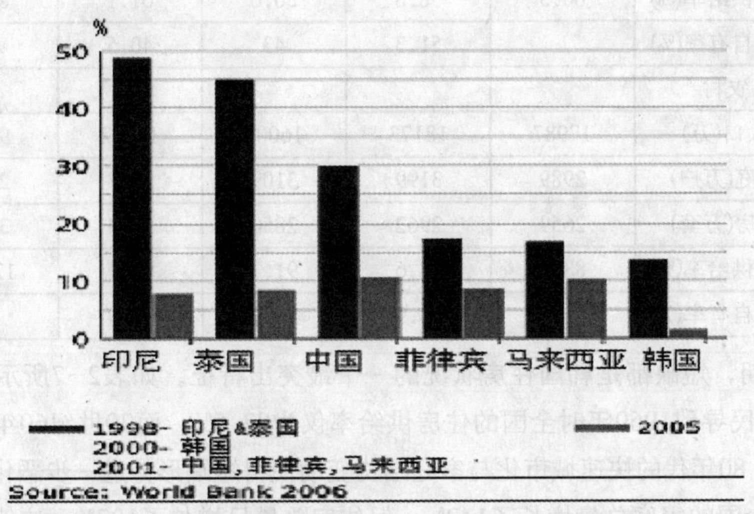

图2-20 东亚国家不良贷款比重①

最后，亚洲金融危机发生后，不良贷款大幅提高，从而限制了银行发放新贷款的能力。如图2-20所示，直至2005年，部分东亚国家的不良贷款率仍然保持较高的水平。到了2006年，情况才基本恢复正常，大部分东亚国家的不良贷款率降到5%以下。

2.2.2 韩国——政府严密干预下的房价波动

作为一个新兴工业化国家，韩国在经济高速发展、收入水平迅速提高、人口规模迅速膨胀以及快速城市化的大背景下，近40年来基本上是政府主导、市场为辅的住房发展道路，为我们提供了一个不可多得的样板。

表2-7 韩国的人口、住房与城市化（1960～2000）②

	1960	1970	1980	1990	2000
全国					
人口(万)	24982	30882	37436	43411	46136
家庭(万户)	4198	5576	7471	10167	11928
住房(万套)	3464	4360	5318	7160	11472
住房供给率(%)	82.5	78.2	71.2	70.4	96.2
住房自有率(%)		74.1	58.6	49.9	

① http://globalpropertyguide.com。

② Koh(2004)。

表2-7(续)

城镇					
人口(万)	6995	12709	21434	32309	36755
家庭(万户)	1209	2377	4362	7604	9459
住房(万套)	805	1398	2468	4646	8393
住房供给率(%)	66.5	58.8	56.6	61.1	88.7
住房自有率(%)		51.3	43	40.5	
农村					
人口(万)	17987	18173	16002	11102	9381
家庭(万户)	2989	3199	3109	2563	2469
住房(万套)	2659	2962	2850	2514	3079
住房供给率(%)	88.9	92.6	91.7	98.1	124.7
住房自有率(%)		84.9	80.7	77.4	

直到近期，短缺都是韩国住房状况的一个最突出特征。如表2-7所示，战争损毁及100万朝鲜移民导致1960年时全国的住房供给率仅为82.5%。而20世纪60年代快速的人口增长以及70、80年代的快速城市化与家庭结构变动使得短缺形势进一步恶化。如在1960～1990期间，全国的家庭总量增长了142%，但住房总量只增长了107%，这使得住房供给率下降到70.4%；城镇家庭总量增长了539%，住房总量增长了477%，住房供给率从66.5%下降到61.1%，1980年时低至56.6%；由于大规模地向城市移民，农村的住房短缺问题逐步改善，到1990年时住房供给率达到98.1%。住房短缺也导致全国住房自有率持续下降，从1970年的74.1%下降到1990年的49.9%，同期城镇住房自有率从51.3%下降到40.5%。

表2-8　韩国住房政策演变（1960～2006）①

20世纪60年代	政府投入相当少，1962～1971期间公共住房只占新建住房的12.5%，全国的住房投资额只占GDP的1.5%； 建立了韩国住房公司（1962）、韩国住房银行等机构（1967）； 修订了《住房银行法》，建立住房贷款制度； 出台了最早的反投机特别法以应对20世纪60年代后期的房价高涨
20世纪70年代	颁布《住宅建设促进法》，制订了十年内建造250万套住房的大规模建造计划，但因政府投入不足而未执行。 面对飞速上涨的房价，政府宣布进行“反投机战”，立法授权政府征收高资本利得税；禁止私营开发商进行住宅土地开发，于1979年组建韩国土地开发公司，代表政府执行土地购置和开发等职能；对新建公寓住宅实行基于建筑成本和公共供给住宅用地价格的价格上限制，使得私营企业的新建公寓售价通常比市场价格低40–70%。 上述措施执行后，房价迅速下跌，市场几近冻结，空置率大幅上升，大量开发商退出

① 根据Koh(2004)、Kim(2004,2005)等文献整理。

表2-8(续)

20世纪80年代	面对产业萧条，政府于80年代早期陆续出台了各种激励政策，如降低不动产交易利得税等，加之宏观经济的恢复，产业迅速复苏，政府再次被迫进行调控。结果，出现了几乎每三年出现一次放松—收紧周期的局面。 颁布了《承租人保护法》、《租赁住房建造促进法》以促进私人租赁住房投资。 多次根据市场状况调整税收政策，规定购房者投标竞买并强制购买国债，将购房者二次购房的允许时间从三年延长到五年。 1983～1998年期间私营开发商新建公寓必须按照政府规定价格出售，受补贴的公共新建公寓价格比市场价格低50%，导致市场不能出清而采取排队式的配给方法进行分配
1988～1992年	颁布并执行“两百万住房建造计划（1988～1992）”：提供2.55亿m²住宅建设用地；起动大都市的新城镇建造计划；放松密度控制和土地转换控制，增加资金投入，四年内翻了三番；确立了根据收入划分的住宅供应机制，包括向10%的最低收入家庭提供19万永久性套廉租房、允许20%～30%低收入家庭自主选择购买小面积公房或租赁受补贴的住房；向公立开发商提供大量生产性补贴，也向建造低成本、低收入住宅的私营开发商提供补贴
1993～1996年	逐渐放松和取消政府规制，转向主要依靠市场解决住房问题； 早先的和新规划的公共援助住房项目要么中止、要么缩减规模
1998～2001年	1997年亚洲金融危机爆发后，房地产业出现大衰退。 政府大规模地放松规制，出台了近140项激励措施，其中近百项直接针对住房市场。其中包括取消价格管制、缩短取低出售期限、允许注册的租赁房投资者购买多套等等。 扩大住房融资规模，向新购房者提供2%～5%的贷款贴息；改革住房抵押贷款体制，进行住房抵押贷款资产证券化
2002年以后	2002年后房价再次快速上涨，政府重新执行反投机措施，首尔等地方政府陆续起动了新的大规模住房建造计划

除人口、城市化等原因外，早期韩国政府抑制住房消费的政策是导致上述住房短缺形势恶化的另一主要原因。在早期发展阶段，为了把大量的稀缺资本投向被视为能够创造更高收益的制造和出口产业，韩国政府凭借对大规模土地的控制，尽可能地限制新住宅的开发水平，同时通过各种规制手段将需求控制在受限制的供给水平上，包括价格上限规制、新建住房面积规制、公建住房配额制、金融压制以及平抑所谓投机性需求的惩罚性税收和交易限制措施等等（表2-8）。

面对日益恶化的住房短缺问题，直至经济条件允许后，韩国政府才开始大量增加住房供给：在1988年起动了所谓的“两百万住房建造计划（1988～1992）”。该计划的主要内容包括大规模地增加住宅用地供给、扩张住房信贷和取消各种住宅开发规制。结果，在接下来的十年中全国年均住房建造量达到55万套，是1977～1986期间年均22.7万套建造量的两倍。[①]凭借这种大规模的集中建设，到2000年时全国、城镇及农村的住房供给率分别

① Kim(2004)。

迅速回升到96.2%、88.7%和124.7%；到2004年时全国的住房供给率已达到102%，只有首尔等少数大城市还存在着10%左右的短缺。①

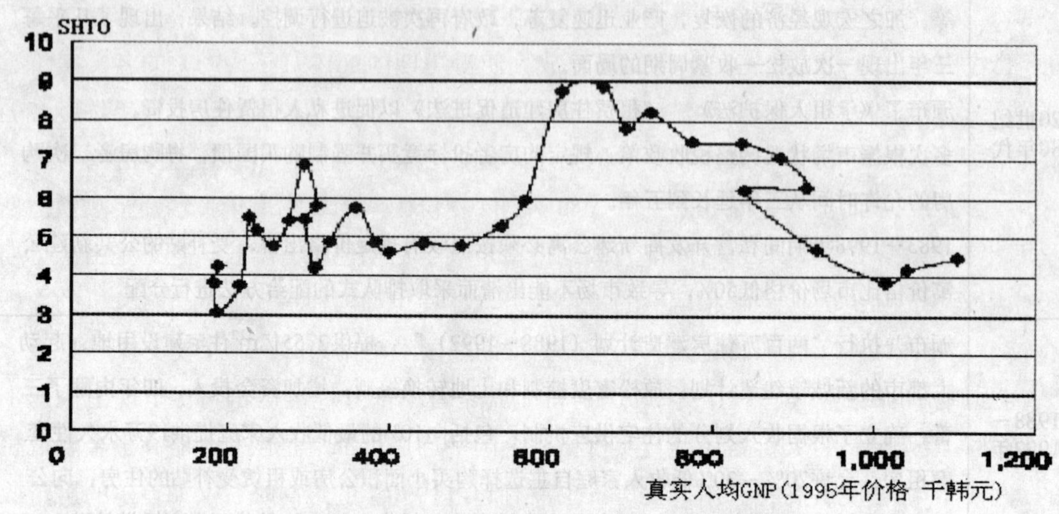

图2-21 韩国真实人均GNP与SHTO(1970～2002) ②

由于长期的供给短缺和政府在供需两方面的严格规制，韩国的住房投资和房价呈现出高度波动性的特征。如图2-21所示，1970～2002年期间，累计住房投资占期间GDP和总投资的比重分别为5.6%和21.1%，波动范围分别在3.1%～8.9%和13.9%～31%。特别是在1988年时有一次大的跳跃式增长，并到1998年时才回落至早期水平，前者反映了政府住房政策的重大调整，而后者则是受亚洲金融危机影响所致。

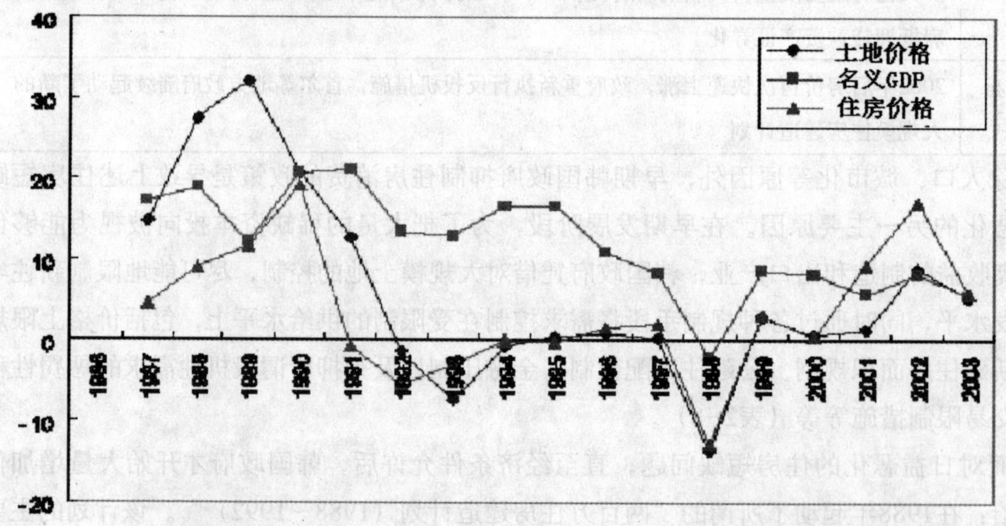

图2-22 韩国的经济增长、土地价格与房价波动(1988～2003) ③

① Koh(2004。

② Kim(2004).SHTO为住宅投资额占总产出百分比的缩写，它是一个用来研究住房投资和国民经济关系的经济指标。

③ Kim(2004)。

在1960～1990期间，韩国房价的上涨和下跌总是分别伴随着政府的强力干预或产业促进，呈现出周期性波动、总体上升的趋势。如图2-22所示，自开始发布官方房价指数的1988年以来，全国土地价格和平均房价先后在1989年和1990年达到最高峰。但是，随着200万套住房建造计划的实施，供给的迅速放大使得短期内（1991～1993）的名义房价迅速下跌；此后至1997年间，虽然住房投资活动和供给仍然维持在较高水平，但仍然存在的短缺和高速增长的经济仍带来比较强劲的需求，因此名义房价呈现出缓慢下降的趋势，直至金融危机的到来而出现较深幅的下跌。如以剔除物价因素的真实房价考察，实际上同期除早两年有轻微下跌外，其余时间都大致维持稳定甚至后期已略有增长。也正是由于早期阶段住房紧缺形势的大大缓解和房价的平稳走势，才使得韩国住房产业受金融危机的冲击相对较小，并在1999年后开始复苏，甚至成为帮助韩国经济振兴的一个主要支柱产业。

需强调指出的是，虽然近年来韩国房价尤其是首尔部分地区房价再次呈现出快速上涨的趋势，但无论是名义价格还是真实价格，全国平均房价都只是恢复到略高于金融危机前的水平，上涨幅度最高的首尔真实房价也没有超过1990年的最高峰；又如首尔的房价收入比1990年时达到最高峰的9.15，1997年时达到最低的6.25，2003年才回升到8.9，因此大多数学者认为考虑到经济与收入增长、住房短缺问题基本解决等因素，政府近期重新大规模干预并没有过多正当的理由，由此导致的投资和房价波动危害性可能更大。[①]

① Kim(2004)。

3 房价的长期波动：大都市的经验性分析

国家层面上的研究，有助于我们识别长期房价决定的基本因素，但它也有意识地忽略了住房市场是区域性市场这一本质特征。城市的自然状况与区位、发展的历史与阶段、规模与经济发展水平、地方政府的发展战略与实际政策执行等因素普遍地对本地住房市场供求及价格决定产生深远的影响，从而也决定了我们必须要回到区域市场层面上，增加考虑这些特定的区域性因素，尽管无论是纵向还是横向的比较都要更加的复杂和困难。[①]鉴于上海将发展成为国际大都市的战略目标，本章将着重考察纽约、伦敦、东京、香港、新加坡等国际大都市的长期房价变动及其影响因素，但同时在比较过程中也会涉及到其他一些大城市。

3.1 城市化

自工业革命以来，城市化进程始终是各国社会经济发展的一个不可或缺的组成部分。作为一个过程，从人口分布和经济职能角度，城市化的核心作用在于实现人口从乡村向城市的转移、就业从农业向非农业的转变。于是，一方面城市化为包括住宅、非住宅的整个房地产业的发展提供了平台和动力；另一方面，城市化必须要依托房地产市场特别是住宅市场的发展。从可持续发展的角度，一国或地区房地产发展水平特别是居住水平总是要与其经济水平和城市化水平的发展阶段相一致，否则就会引起各种经济关系和市场的失衡。

3.1.1 城市化概述

城市最初是由商品交换的需要而产生的。现代城市则通常是由工业生产、商品贸

① 区域住宅市场分析的方法论问题可参见Wallace(2004)。此外，区域住房定价模型主要包括两大类方法，一是强调住房投资性质的宏观(金融)模型和侧重于空间的城市经济学模型，前者即上章讨论过的生命周期模型，后者如住房选址理论，参见Meen. and Andrews (1998)。

易、金融信贷、行政管理、科技文教、交通运输、市政设施、生活服务等多种体系构成的一个复杂综合体，是物流和信息的集散地。

自工业革命以来，城市化成为各国经济社会发展的一个必经过程。如在工业革命以来，世界城市增长是非常缓慢的，1800年时城市人口仅占世界总人口的3%，工业革命以后，这一比重以每50年翻一番的速度增长。作为一个社会经济的转型过程，城市化包括人口流动、地域景观、经济领域、社会文化等诸多内涵，且其内涵随着经济社会的发展而发生变化。在目前对城市化定义具有全球性的解释中，普遍认为反映“城市化”的主体主要是两方面：人口和产业。即城市化是指人类进入工业社会时代，社会经济发展中农业活动的比重逐渐降低、非农业活动的比重逐步上升的过程，且这种经济结构的变动表现为乡村人口比重逐渐降低，城镇人口比重稳步上升，居民点的物质面貌和人们的生活方式向城镇性质转化和强化。

无论是在近代还是现代，国家工业化导致了人口向城市聚集，伴随着这一积聚过程的是产业的空间积聚和产业的结构转换。尽管城市先于工业而诞生，但城市的高速发展则是工业化不断推动的结果。城市化是工业化的产物，工业化推动城市化，是城市化的根本动力。首先，工业发展追求规模化和专业化而产生的企业内外部聚集效应，大大加快了城市化的进程，产生了大规模的城市；其次，工业化还通过与第一、三产业间的连锁反应间接地推动城市规模的扩张，推动农业人口聚集为城市化提供主体；第三，工业化带来了交通革命，使各种资源整合为一个以城市为依托的范围广大的社会经济系统。

当城市发展进入工业化后期阶段时，以劳动密集型、技术密集型为特征的独立第三产业逐步进入自我发展、自我完善的高级阶段，并成为进一步推动城市化的主要力量。以聚集为特征的城市提供了相对密集的人口、企业群和相对收入较高的人群，这诱导了第三产业的发展，从而为城市提供更多的就业岗位、促进城市软硬设施的完善，吸引更多的人口和生产要素进一步向城市聚集。因此，如果说工业化带来的是城市规模的扩张和城市数目的增加，即城市化在量上的扩张，那么第三产业的发展则是促进了城市化软硬件设施的完善和人民生活水平的提高，即主要表现为城市化在质上的进步。

3.1.2 城市化的进程与阶段

“罗马不是一天建成的”，城市化必然是一个长期的进程。当代发达国家城市化水平从30%提高到60%，英国用了100年，德国用了80年，法国、日本、美国等用了60年。按照城市化发展的规律，距离目前的时间越近，城市化发展提高的速度就越快，这主要是由于科学技术、通讯、世界经济一体化、现代产业聚集效应、产业转移等力量作用的结果。

同时，城市化并非呈现出一种纯粹的向心模式；相反，向心和离心这一对方向相反、交织反馈的作用力始终在不断地推动城市化向着更高阶段发展。根据西方城市化的发展规律，这一长期的城市化演变进程大致可分为四个阶段，即城市化、城市郊区化、逆城市化、再城市化。从人口迁移和流动的角度看，各阶段的特征主要表现为：在城市化阶段，以乡村人口向城市集中为主；在城市郊区化阶段，中心城区部分人口迁至城市边缘，城市“空心化”开始出现；在逆城市化阶段，大批城市人口迁到远郊区，城市呈现明显“空心化”；在再城市化阶段，部分郊区人口又重新迁回经过改造后的市中心。其中，郊区化是城市化发展进程中的一个引人注目的阶段，即城市由高密度向离心低密度扩张的转变。

在城市化的初期发展过程中，产业与人口集中在较小的地域范围内，其功能布局也比较紊乱。特别是具有高聚集效应的中心城市，不断吸引着产业和人口的流入，最终使得人口和经济活动走向高密度时代。到了一定阶段后，为了自身的发展、克服空间和结构上的局限，就会出现中心城区人口和产业向郊区扩散的趋势。

从20世纪20年代起，西方发达国家的大城市发生了一次又一次郊区化浪潮。由于这些大城市人口激增、市区地价不断上涨，加上生活水平改善、人们追求低密度的独立住宅和交通设施改善等原因，先后出现了城区人口、就业岗位、工商业、办公等从大城市的中心城区向郊区转移的现象。

人口郊区化首先出现在欧洲南部和英国等国家的大城市。英国伦敦是西方国家中最早涌现出来的人口规模巨大、城市功能多样的典型大都市，也是人口郊区化出现比较早的城市。在其城市人口郊区化中，人口在空间上依次经历了由内伦敦→外伦敦→伦敦地区→伦敦区域的空间扩散过程。其后，人口郊区化浪潮席卷美国，并更加突出。20世纪70年代，这种现象在日本出现。随着日本经济进入高速发展时期，城市人口急剧增加，住宅需求压力使得居住用地向郊区扩展。

一般认为，发达国家大城市人口郊区化的动力机制主要源于特定的生产布局的变动、经济周期、交通工具的革新、规划与政策等。首先，人口的空间分布受制于生产力的布局。在工业化的进程中，各发达国家普遍面临着产业结构调整和升级的问题。特别是20世纪70年代的石油危机导致了传统制造业的衰退，尤其是传统制造业集中的大都市受到的冲击最为显著。在此背景下，部分传统产业尤其是一些大工业从大都市中转移到郊区或者转移到国外，由此导致了人口的郊区化或随空间扩散。第二，交通工具的革新为人口郊区化提供了技术基础。汽车的普及和捷运系统的发展使城市在更大的区域范围内发展成为可能，促使城市布局形态发生分散性的变化，为人口向郊区迁移提供了有利条件。第三，由于中心城区旧房改造成本大，房地产商纷纷转向低密度、廉价土地供给充裕的郊区，建设了大量价格低廉、环境优美的郊区住宅，对市区居民有较强的吸引力。同时，随着收入水平的提高，人们的居住偏好也在发生变化，开始追求一种与都市生活完全不同的生活方式。于是，这种供需的匹配促进了人口郊区化。第四，鉴于一些城市无限制发展、市区过度拥挤、“城市病”日益严重，一种新规划思想逐渐成为以英国为代表的许多国家克服上述问题的规划与政策手段。这种政策奉行分散发展的战略，要求将过度拥挤的市区人口分散至市区周围经规划的卫星城镇和新的开发区之中；要求政府在这一过程中发挥主导作用，如制定住宅和基金补贴、新开发区产业的减免税等各种鼓励开发郊区的政策；要求卫星城镇和开发区能提供充足的就业、消费机会和基本社区设施的服务；要求卫星城镇和开发区内居民的社会阶层、就业结构等要多样化且均衡发展。

3.1.3 国际大都市

作为早期城市化的主要推动力，工业分布具有大城市取向。这主要是由于对于工业而言，它需要城市功能的服务、需要大规模的工业基础设施支持、需要大量的劳动力、需要产业聚集的效益、需要紧靠它的最大用户——在自然状况、区位、发展历史、政治、经济等方面具有比较优势的大城市。而这种工业布局形态又反过来推动了大城市的城市化进程，使其在规模、功能与地位、生产效率等诸多方面进一步领先于其他城市。

当城市化发展到一定阶段，就进入了所谓的大都市区化的新时期，即出现了包括一个大型的人口中心及与该中心有较高的经济、社会整合程度的社区群。例如，美国从1920年城市化水平达到50%以后开始大都市区化，一些规模较大的城市超越原来的地域界限，向周边扩展，将周边地区纳入城市化轨道，并与中心城市紧密相连、融为一体，这反映了工业化向纵深推进并与城市化相互作用进一步深化的必然趋势。到1990年时，美国的11000个城市构成了268个大都市区，而1920年时只有2700个城市58个大都市区。[①]进一步地，随着大都市区的发展，会逐渐形成由多个相邻大都市区构成的巨大城市带，从而进入一个更高的层次。

由于存在着前述比较优势差异，有少数大都市逐渐发展成为本地区、本国的中心城市；随着全球经济的一体化进程，极少数的大都市又进一步发展成为洲际甚至全球的中心城市，即所谓的国际大都市（参见表3-1、图3-1）。

表3-1 大城市的分类

城市等级	城市发展阶段	典型特征	代表城市
区域级	低级	区域资本集散中心，开放程度一般，具备一定的资产存量、要素流量以及内外贸易额，对区域经济有相当大的支撑力和影响力	重庆、天津
国家级	较高级	具有较广阔的经济腹带，国家级的商品、信息、资本集散中心，具备一定的思想、体制、技术创新能力，开放程度较高	上海、悉尼
洲级	高级	具有很高的经济开放程度，生产性服务发达，集中了较多的跨国公司及金融机构，具有很强的辐射力、吸引力及综合服务能力	香港、巴黎
世界级	最高级	对金融资源有决定性的控制能力，新思想、新体制、新技术的创新基地、具有发达的城市群，经济开放程度极高	纽约、伦敦

① 张红(2005)。

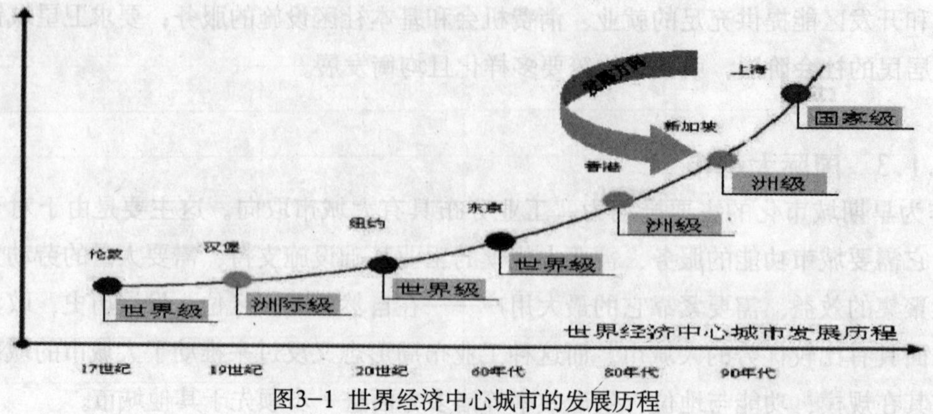

图3-1 世界经济中心城市的发展历程

3.2 大都市的住房状况

相对于有限的空间资源而言，由于对人口迁移的吸引力是如此之大，以至在长期的发展过程中，大都市必须通过市场机制和行政手段来限制其容纳规模，前者包括由高房价等构成的高生活成本，后者包括严格的移民政策、规划政策等等。即便如此，大都市始终是人口密度相对较高、住房质量相对较低的地方，通常还是住房供给最紧张、长期房价增长率最高、波动幅度最大的地区，进而也决定了当地政府在住房供给中必须承担起更大的职责。

3.2.1 中心城区的高人口密度[①]

如表3-2所示，如果以大都市的人口密度（总人口/总面积）衡量，亚洲大城市的人口密度最高，如由于自然状况限制，香港的人口达到每平方公里2.94万人，韩国首尔都市区达到每平方公里1.67万人。欧洲大城市的人口密度次之，如巴黎地区和大伦敦区分别为每平方公里4555人和3550人。地域最为辽阔的北美地区大城市的人口密度最低，如纽约都市区只有每平方公里657人。然而，上述比较结果有着一定的误导性，原因在于比较基准的选择。它部分地反映了前节所述的郊区化和都市区化进程的结果，部分地反映了未考虑地区人口空间分布所带来的偏差。

事实上，如果我们将计算城市人口密度的空间面积单位(分母)缩小，就会发现城市人口密度在空间上表现出极大的差距。如巴黎市中心(105km²)的人口密度是20445人/km²；东京(23个区，621km²)的人口密度是13063人/km²，纽约市的面积是786km²，人口密度为10194人/km²，其中，占地61.4km²的人口密度达到25684人/km²，上海中心9区的面积为

① 这里的中心城区不是绝对的行政区划概念。例如，在已实现大都市化的纽约、巴黎等场合，中心城区分别指纽约市、巴黎市。

② 根据Demographia(2006)以及美国、英国、东京、上海相关年度统计资料整理。

表3-2 部分大都市的人口密度②

	人口(万)	面积(km^2)	人口密度(人/km^2)
伦敦(1997)	718.7	1578	4554
内伦敦(1997)	276.1	321	8613
外伦敦(1997)	442.7	1258	3519
首尔(1993)	1093	605	18047
首尔都市区(2000)	1750	1049	16700
香港(2000)	647.5	220	29400
巴黎市(1990)	215	105	21445
巴黎地区(2001)	964.5	2723	3550
东京市区(2005)	845	621	13063
东京都(2005)	885.6	1781	4972
新加坡(2001)	400	479	8350
纽约市(2000)	800.8	786	10194
纽约都市区(2000)	2149.2	32707	657
上海市中心9区(2005)	654.4	289	22609
上海市12区(2005)	1455	1235	11781
上海市16区(2005)	1550.7	3780	4102
上海市(2005)	1778.4	6340	2805
上海市外环内(2005)	1100	690	15942
上海市外环内(2020规划)	850	690	12319

289km^2，人口密度达到22609人/km^2。①因此，这些大都市的中心城区的人口密度是可比的，它反映出尽管在条件允许时，郊区化和都市区化进程可以一定程度地缓解大都市的拥挤，却不能根本地扭转中心城区由聚集效应所创造的人口吸引力。②当我们在计算分子时加入考虑就业人口(居住人口+就业人口)，这种效应越发明显。例如，1995年东京的四个中心区(Wards)的面积大约61km^2，居住在该区的人口不到52万，人口密度为8600人/km^2。然而四个中心区提供了280万人的就业机会，加上居住人口后，白天(非周末)的总人口为330多万，人口密度高达每平方公里5.48万人，是居住人口密度的6.37倍。类似的，纽约市曼哈顿区提供了200多万的就业机会，白天(非周末)的人口密度为5.52万多人/km^2，是居住人口密度2.28倍。③

① 丁成日(2003)。

② 香港、新加坡除外，它们可供扩张的面积十分有限，因此满足人口增长的途径是充分利用土地的高密度住宅形式。

③丁成日(2003)。

此外，在考察大城市的人口密度时，还需理解不同城市所处的城市化阶段的影响。如近年来城市化进程才开始加速的上海市，中心区和全市人口密度的极大反差恰恰代表了郊区化和都市区化的巨大潜力。同时，上世纪90年代以来，许多大城市的人口密度都重新开始上升，包括纽约、旧金山、洛杉矶、伦敦等，除了外部移民的净增长因素外，也反映了一种对过去低密度的城市发展模式的反思，即试图通过所谓的理性增长(Smart Growth)来实现城市的可持续发展。

3.2.2　相对较差的住房条件

首先，由于高人口密度，大都市的住房状况一般要低于其国家的平均水平。如伦敦的人均使用面积为34m²，全国的平均水平为38m²。又如1995年时，韩国首尔的套均使用面积达到95m²，要大于全国的平均水平，但由于有28.7%的住房由两户家庭共用，使得人均使用面积反而低于全国水平。②

其次，国际大都市的住房自有率普遍较低，特别是在中心城区租赁住房是主流的占有形式。例如1990年时巴黎市的住房自有率只有28.5%，全法国为54.4%；2000年纽约市住房自有率为30%，整个都市区也只有53%，而全美国达到70%；即使是在政府大力支持住房自有的英国，伦敦市的住房自有率只有59%，而全英国平均达到71%（参见表3-3、图3-2、图3-3）。②

表3-3　部分大都市的住房状况③④

城市	恩格尔系数(%)	人均居住面积(m²)	人均使用面积(m²)	套均使用面积(m²)	每户房间数（间）	自有率	家庭规模
巴黎	16		28.5(1990)		3.5(1990)	28.5(市，1990) 0.544(法国，1990)	2.4(市，1990)
香港	12		11.7(2005)	36.3	2.3	0.5(1997)	3.1(2005)
东京都	19	17.3(2003)	29(2003)	63.8	4.2	0.447(2003)	2.2(2003)
首尔	30		22.1(2000)	95(1995)	4.2(1993)	0.409(2000)	
纽约	14				5.2(1985)	0.3(纽约市，2000) 0.532(都市区2000)	

① 在欧洲的大城市中，伦敦的大房型(4房以上)比重最高，达到78.8%，因此它的套均面积也相对较高，这主要与其住房的建造时间有关，有63%的住房是在1949年前竣工的，1950～1976年期间竣工的占21%。

② 上海和新加坡的高自有率水平详见后面的分析。

③ 根据上海社会科学院房地产业研究中心2002年研究资料及各城市最新统计资料整理。

④ 由于统计口径差异，不能直接比较每户房间数指标。如纽约的统计口径包括厨房、客厅，而我国的统计口径只包括卧室。此外，各国对住房面积(Floor area)统计口径也各有不同，如日本是从墙中线计算，多数欧洲国家、中国香港都类似于中国大陆，按室内净使用面积计算，美国则包括外墙面积。美国的住房统计一般不包含面积，而是按套和房间数统计。

表3-3（续）

上海	44.5	11.3 (2000)	16.8 (2000)		2.1 (2000)	0.697 (2003,城镇)	2.78
	35.9	15.5 (2005)	21.3 (2005)	58.4		0.80 (2004,含农村)	2.74
新加坡	20				3	0.92(2005)	3.4(2005)
伦敦			34 (2000)	78.9		0.59(2003)	2.32(2000)

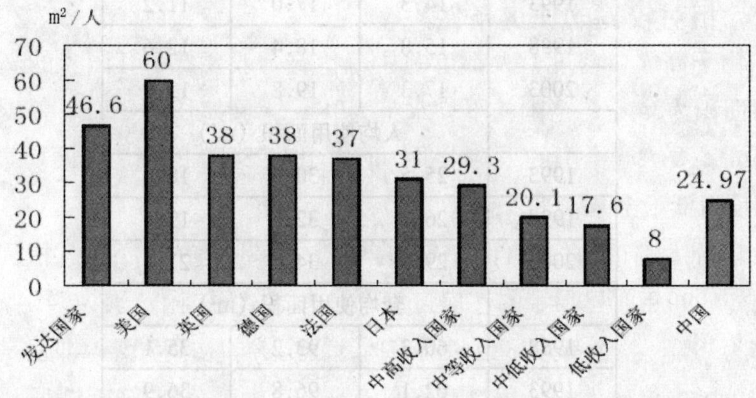

图3-2　人均使用面积的国际比较①

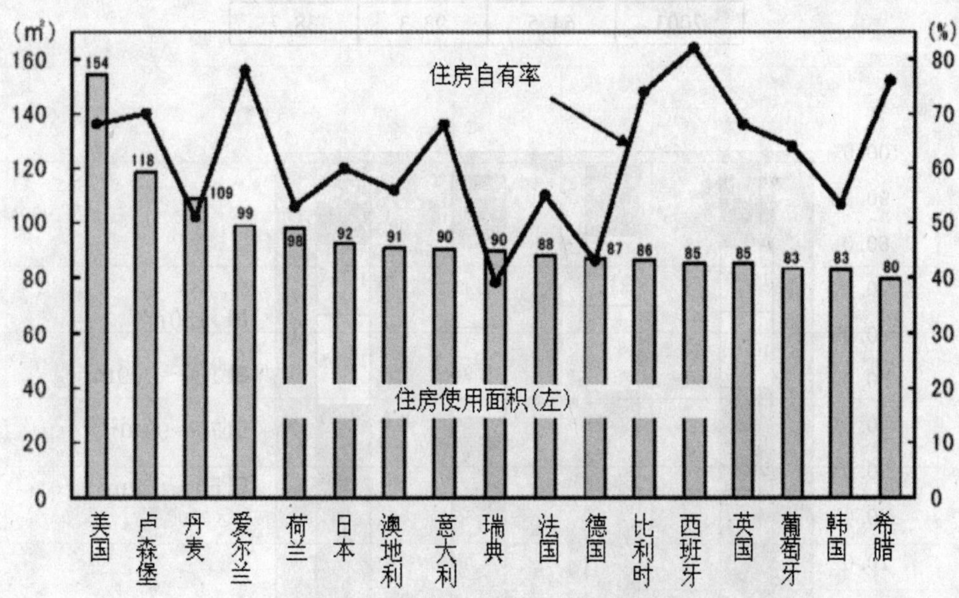

图3-3　部分发达国家平均住房面积与自有率(2001年)②

最后，相对于自有住房而言，大都市的租赁住房面积普遍较小。最典型的代表就是

① 中国人民银行房地产金融分析小组(2005),国外数据为）20世纪90年代初人均居住面积，我国数据为2004 年的水平且为建筑面积。

② Tatsuya(2005)。

日本东京。虽然近年来已有所改善，但是直至2003年，占全部住宅比重55%的租赁住房的人均居住面积、人均使用面积和套均使用面积仍然分别只有自有住房的69%、62%和41%，套均使用面积只有38.7m²(见表3-4)；全部住宅中70m²以下的占64.5%，49m²以下的占44.6%，其中小于30m²的占到23.2%(见图3-4)。

表3-4 东京都按占有性质划分的住房状况[2]

	全部	自有住房	租赁住房
人均居住面积（m²）			
1993	14.3	17.0	11.2
1998	15.8	18.4	12.6
2003	17.3	19.8	13.8
人均使用面积（m²）			
1993	25.5	30.6	18.0
1998	26.7	32.6	19.7
2003	29.3	34.6	21.5
套均使用面积（m²）			
1988	60.3	93.2	35.1
1993	62.1	96.8	36.9
1998	61.9	95.6	36.7
2003	64.5	93.3	38.7

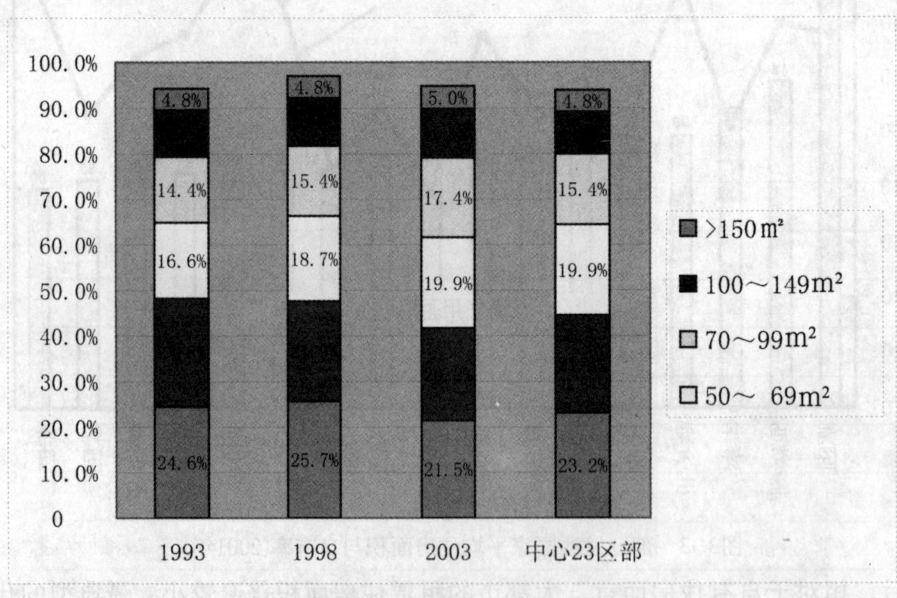

图3-4 东京都住宅面积分布与变动[1]

①② TOKYO STATISTICAL YEARBOOK 2004。

3.3 大都市的房价变动特征

3.3.1 高房价与长期中相对较高的房价增长率

遍观各国，大都市都是各国房价最高的地区，国际性大都市则无一例外地处在全球房价的最高端。

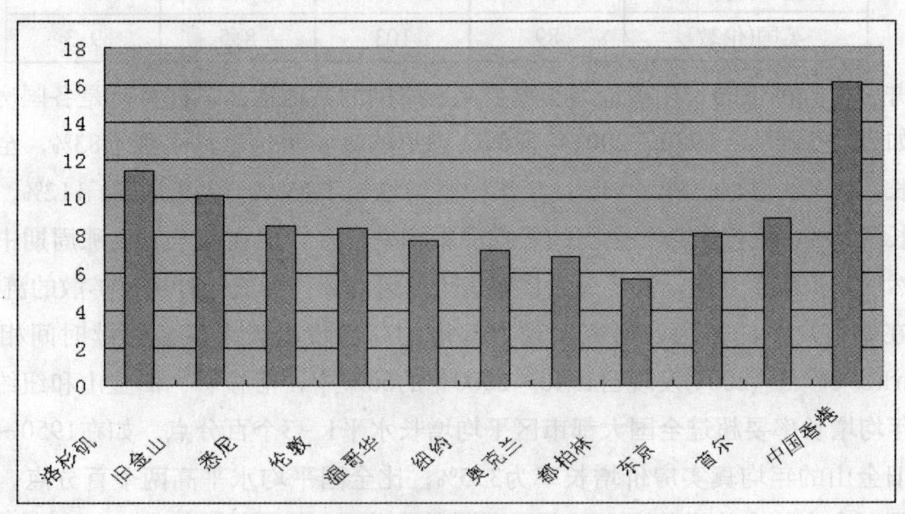

图3-5 大都市的数房价收入比[①]

根据Demographia and Pavletich Properties Ltd (2006)对英、美等6国159个城区市场的研究，2006年各国的最大城市的中位数房价收入比都超过了5.1的最严重支付水平标准。[②]如图3-5所示，其中美国的洛杉矶-橙县大都市区以11.4倍位居第一，伦敦和纽约大都市区分别以8.3和7.2排名第9和第18位。

表3-5 部分国家及城市的真实房价变动[③]

	1980～2001		2000～2001	
	全国	城市	全国	城市
澳大利亚(悉尼)	10	83	6.6	13.1
比利时(布鲁塞尔)	23	58	3	4.1
加拿大(多伦多)	13	−9	0.2	−0.1
法国(巴黎)	15	58	5.1	8.6
德国(法兰克福)	−21	0	−0.9	−1
爱尔兰(都柏林)	95	207	8.6	9.2

① 东京为1992年、首尔为2003年的平均房价收入比，香港为2004年平均房价对中位数收入比，其他城市为2006年度中位数房价收入比，见Demographia and Pavletich Properties，Ltd (2006)。不同计算方法之间不可横向比较。

② Demographia and Pavletich Properties，Ltd (2006)。

③ Kim (2005)。

表3-5（续）

意大利(米兰)	13	—	5	6.8
日本(东京)	15	30	−3.6	−5.3
西班牙(马德里)	124	149	11.4	15.2
瑞典(斯德哥尔摩)	6	54	5.3	7.5
英国(伦敦)	89	103	8.5	9.3

并且，大都市的长期房价增长率要高于本国的其他地区，并且都是各国房价的领导者。如表3-5所示，1980～2001年期间，悉尼的真实房价累计上涨了83%，全澳大利亚只增长了10%；巴黎上涨了58%，全法国平均增长了15%；纽约上涨了112%，全美国平均增长了20%；伦敦虽然与全国的平均涨幅相差不多，但在每一轮上涨周期中都率先上涨，然后才扩散至全国，甚至成为巴黎房价的风向标，形成一种房价扩散的涟漪效应。

在城市众多的美国，研究发现大都市的高房价增长率现象持续时间相当长。如Gyourko et al (2004)发现自1940～2000年的60年中，洛杉矶、旧金山和纽约等大都市区的年均增长率要超过全国大都市区平均增长水平1～3个百分点。如在1950～2000年期间，旧金山的年均真实房价增长率为3.5%，比全国平均水平高两个百分点，这意味着40年间旧金山的房价增长了4.58倍，是排第七位的波士顿的2倍，而后者累计增幅也达到2.12倍，比50个最大都市区平均增长幅度高出50%。并且，1940～1970年期间的年均增长率与1970～2000年的年均增长率之间的相关性达到0.3，前30年中25%的房价增长最快的大都市，在30年中仍有一半排名在前25位，有四分之三仍排名在前50位，这表明都市区之间的房价增长率差异持续时间很长，且不仅仅反应了产业集中或家庭偏好的长期变化。传统城市经济学在解释大都市的高房价时，通常有三种解释。一是消费或生产方面的区位差异。二是补偿差别化理论，即最使人愉快的居住区应永远有较高的土地价格。三是生产率增长差异理论，该理论认为在一个有着较高生产率并且土地供给受限的城市生活，劳动者将抬高土地价格，企业将支付更高的工资，地价将最终资本化于生产率诱导的工资溢价中；如果一地区的生产率持续增长，那么工资进而支付高房价的愿望也随之提高。Gyourko et al(2004)发现了支持第四种解释的证据：房价持续高增长的城市有着更高的平均收入，收入分布也日益向最高端倾斜；并且当全国的最高收入家庭数量增加时，这些城市的房价增长得更快。Gyourko et al(2004)将这些城市定义为具有稀缺奢侈商品性质的“超级明星城市”(superstar cities)。另一种新解释是政府规制论。上世纪60年代以来，大都市普遍陆续实行规划限制，减少了土地供给，阻碍了资本对土地的替代。如在上世纪60年代后，针对郊区化进程中出现的过度蔓延等问题，美国部分地区开始陆续引入“理性增长”规划体系。如在大都市区中，洛杉矶和旧金山于1960～1980年期间率先实行土地限制政策，纽约和波士顿也于1970～1990年期间开始限制过度蔓延。Habans (2004)、Quigley and A. Swoboda(2005)、Glaeser et al(2003)

等大量研究普遍发现了土地使用和密度限制等规划因素抬高房价的证据。①

本质上，无论是哪种原因或者多种因素共同作用导致了大都市的高房价及长期的高增长率，它们都有一共同点，即近城市中心(包括高中心或郊区的副中心)的土地是短缺的，城市发展和经济增长所引致的住房需求将资本化于土地价格之中。

3.3.2 长期中相对波动的房价

大都市的房价波动性也是最高的。如图3-6所示，自上世纪70年代以来的每一次房价波动周期中，纽约和洛杉矶这两个美国最大的都市区的波动幅度都要远远超过全国大都市的平均水平。

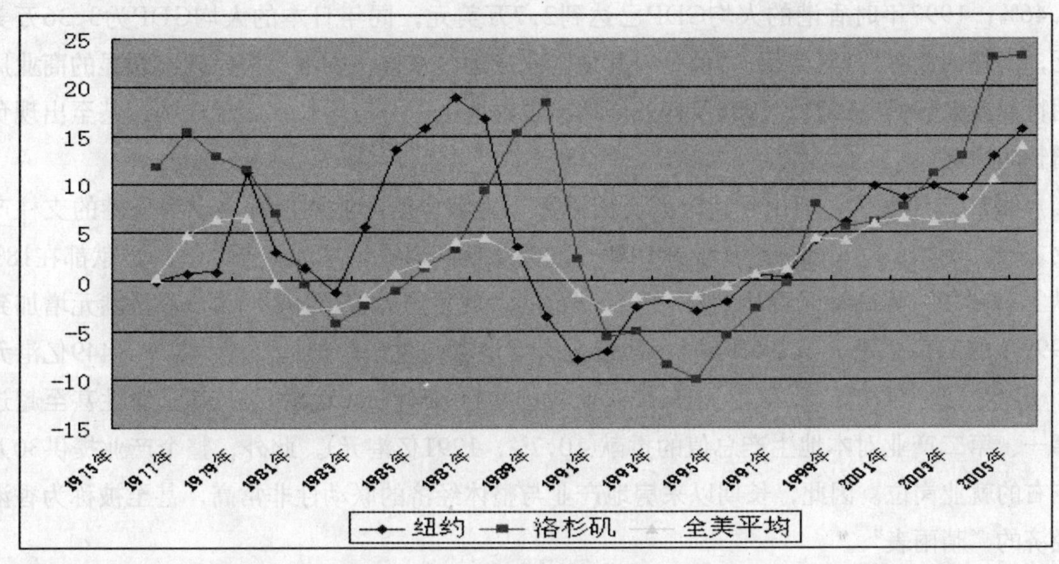

图3-6 美国真实房价变动(1975~2005) ②

高波动性的原因与这些城市房价的长期高增长率密不可分。在房价生命周期模型中，贴现率中有一项是房价增长预期。长期房价增长率越高，则贴现率就越小，从而对于真实利率等其他因素的变动也就越敏感。例如，假定真实利率为4%，平均水平的长期房价增长率为1%，加上资金成本等其他因素最终计算出来的贴现率为5%，则理论上的房价租金比为20；如果一城市具有较高的长期房价增长率，比如为3%，则贴现率为3%，于是房价租金比将为33.3。假定此后真实利率变为5%，其他因素不变，则上述两类城市的贴现率分别上升至6%和4%，则平均增长率城市的房价租金比降至16.7，降幅为3.3%，而高增长率城市的房价租金比降至25%，降幅达8.3。

① 此外，最早引入土地功能分获的伦敦、首尔等大城市也常被举证。例如，首尔实行严格的土地功能分区、绿化带和土地重划，这些刚性的政策措施严重地限制了土地与资本之间的替换，使得城市发展的密度不能根据土地价格加以调整。结果，土地供给和开发限制成为首尔房价飙升的重要原因之一，如首尔的土地价格在1974~1989年间以年均24.2%的速度上涨。

② 根据Morris and Wang (2006)数据绘制。

3.4 香港与新加坡的长期房价变动

作为亚洲的两大国际都市，香港和新加坡的土地面积狭小，且都是在上世纪60年代后开始经济起飞并成功进入发达国家或地区阵营的。在这一经济增长的过程中，房地产业都成为了支柱产业，但是它们却选择了不同的发展模式建立起大规模的住房保障体系。

3.4.1 香港的长期房价变动[①]

20世纪60年代以来香港经济的基本特征是总体上持续增长，经济发展水平在短短30年赶上发达国家水平。如1980～1997年期间，香港的人均真实GDP年均增长率达到6.46%；1997年时香港的人均GDP已达到2.7万美元，同年日本的人均GDP为3.36万美元，而韩国只有1.1万美元。[②]但是与其他国家或地区一样，香港经济呈现出明显的商业周期特征。如1967、1975、1985及1998年均出现本地生产总值增长率大幅放缓，甚至出现负增长的情况。

虽然几经起伏，但由于特定的历史原因，香港房地产业逐渐发展成为香港的支柱产业之一。例如，广义的房地产业在1980～2003年期间对香港本地生产总值的贡献都在18%以上，在1997年高峰时曾达到26.8%；创造的本地生产总值由1980年的377亿港元增加到1997年的3457亿港元。2003年时，建造业对香港本地生产总值的贡献为3.7%(449亿港元)，房地产业为4.0%(485亿港元)，楼宇业权则为11.2%(1346亿港元)，其重要性甚至超过第一、第二产业对本地生产总值的贡献(10.7%，1291亿港元)。此外，整个产业提供30万左右的就业岗位。因此，长期以来房地产业与整体经济的联动性非常高，甚至被称为香港经济的“晴雨表”。

从战后至2003年，香港房地产业共出现了五次周期，都与香港的商业周期高度吻合。第一个周期是1946年至1958年，第二个周期是1959年至1969年，第三个周期是1969年至1975年，第四个周期是1976年至1984年，第五个周期是1985年至2003年。每个周期经历的时间长短不同，周期最短的约6～7年，最长的是第五个周期，历时19年。

第一个发展周期与战后香港人口剧增密切相关。1946年时，香港人口仅为60万人，1949年增至186万，到1959年已超过了300万。人口的快速增长使住房需求急增，房价急剧上涨，从而促进了大量资本的涌入，出现了一波房地产建设热潮。到了1958年，房地产市场开始供过于求，房价、地价一度下跌了70%。

到了1959年，香港经济迅速复苏，加上来港的外国人、国际商业机构增多，对商业楼宇、住宅的需求增加，刺激房地产业迅速回升。然而，由于银行对房地产业的过度贷款及其他因素，1965年春香港爆发了银行信用危机，信贷大幅收紧，最终引发了房地产价格

① 本小节数据除特别注明外，全部引自香港官方统计数据。

② IMF经济统计。

暴跌，许多地产公司倒闭，并一直延续到1969年才有所好转。

1969年，香港的经济和房地产市逐渐复苏。特别是港府于1972年制订了“十年建屋计划”，令投资者信心迅速恢复。到1973年初，香港楼市、股市达到高峰。但是随着港府推行租金管制、收紧信贷、向股票交易征税等调控措施，以同年3月的假钞票事件触发股票抛售为起点，香港楼市、股市双双开始调整，而1974年爆发的石油危机则进一步加速了调整的速度和深度，在 1 年多时间内地价下跌了40%，楼价下跌了30%～40%，股市更是下跌了90%以上，整个经济和房地产业都陷入了低谷。

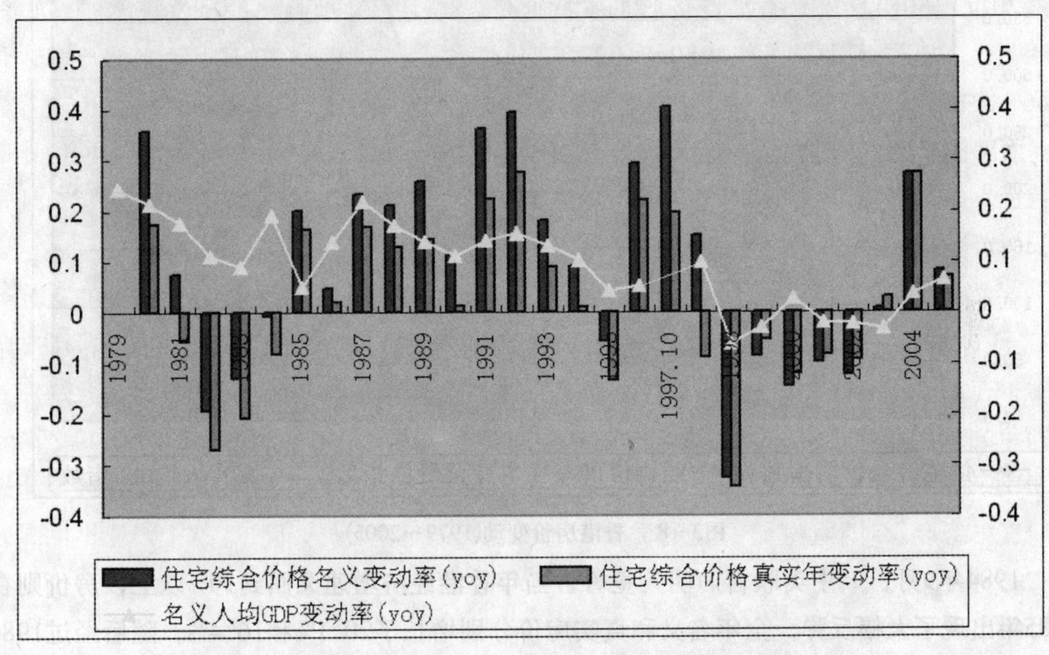

图3-7　香港的名义与真实房价变动(1979～2005)

香港经济在1975年底复苏后迅速回到高速增长的路径。1979、1980年时的名义GDP增长率高达24.3%和21.4%（图3-7）。香港的房地产市场也同步上扬，期间港府还推出了两项促进房地产业发展的重大决策。一是于1976年开始有助于提升城市土地价值的地铁修建计划，二是于1978年推行解决普通市民住房问题的“居者有其屋计划”。同时，香港人口也保持稳步增长的态势，到1977年时超过450万人，1979年达到500万人。此外，高通货膨胀率是这一周期及后一周期房价大幅波动的主要贡献因素之一。[①]如在1979至1997年，年均通货膨胀率高达8%以上，仅1983年、1984年两年的通胀率低于5%，这无疑大大刺激了对于具有“保值”功能的房地产的需求。[②]在此背景下，香港房价快速上涨，仅1980年住房综合指数就上涨了36%，并在1981年达到最高峰。随后，受1980～1981年期间全球性经济危

① 1965～1980年期间，香港人口年均增长率达到2.3%，家庭增长率为5.5%；1981～1990年期间人口和家庭年均增长率分别降到1.4%和4.9%。

② 1947～1967年间，香港的物价相对平稳，零售物价指数在20年间只上升50%。

机的影响，加之中英香港问题谈判前景的不明朗，香港经济增速持续下滑，到1983年时名义GDP增长率已降到7%(真实增长率仅为2.8%)，基本利率也一度被提高到20%，楼市也同步陷入衰退，到1984年末复苏前房价指数累计下跌30%，经物价调整的真实房价累计跌幅达46%。

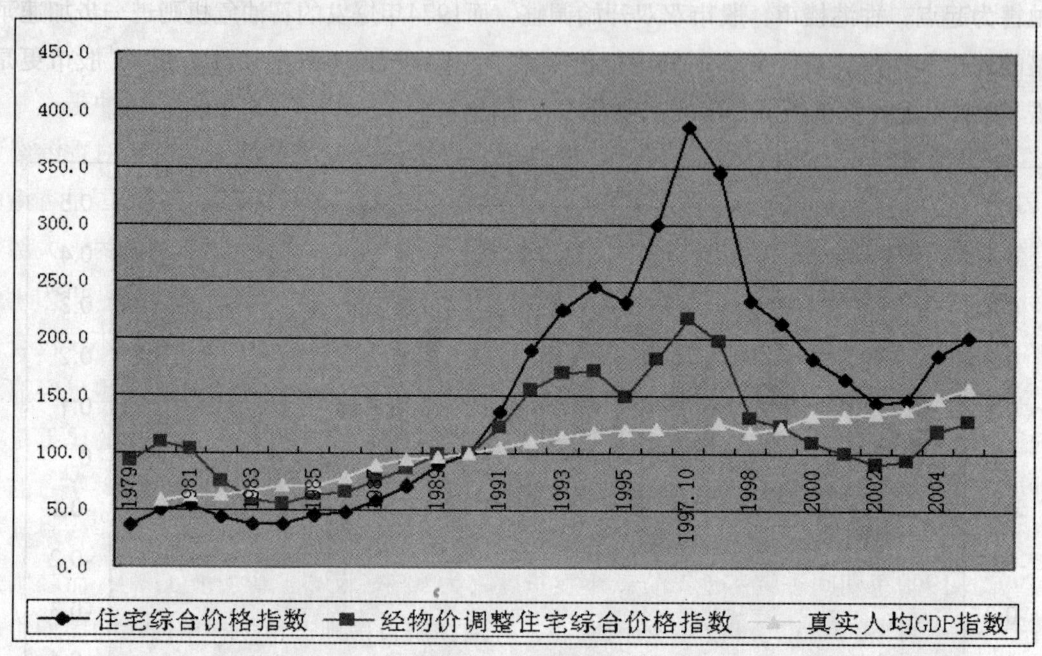

图3-8　香港房价变动(1979～2005)

1984年9月，“中英联合声明”签署，当年香港经济增速又回到10%以上，房价则在1985年出现了大幅反弹，全年名义和真实房价分别增长了20.1%和16.4%。随后经过1986年的短暂滞涨后，房价开始了直到1994年的长达八年的快速上涨行情。在1985～1994年期间，香港住房综合价格指数累计涨幅为552%，真实价格累计涨幅为212%，相比同期的名义和真实人均DGP累计涨幅分别为266%和66%（图3-8）。更为惊人的是，市场仅在1995年做了有限的调整(下跌5.6%)，房价就再次暴涨，1996年全年上涨29.5，到1997年10月顶点时再涨40.5%，这使得整个上涨阶段的累计名义和真实涨幅分别达到923%和296%。此后，香港房价一路掉头向下，直到2003年才止跌势(同比增长0.9%)，名义和真实房价累计跌幅分别达到62%和57%，并回到了1990年时的真实房价水平。其中在1997年10月至1998年末，名义和真实房价累计跌幅都达到40%，占到总跌幅的2/3左右，尽管香港特区政府于1998年6月宣布了减免抵押贷款利息税等9点救市措施。同期，香港的经济也陷入了泥潭，6年中除2000年外，其它年份的名义GDP增长率都为负数，即便考虑到通货紧缩因素，期间的年均真实GDP增长率只有2.35%。

一般认为导致这次大衰退的原因主要有三。首先，前期房地产价格大幅上升，明显脱离了基本面因素的支撑，从而积累了过高的泡沫和极大的风险。一旦泡沫破裂，下跌的能量和冲击也会很大。这一点在图3-7和图3-8中表现得很明显，即便考虑到房价波动一般要大于商业周期波动，不管是真实价格还是名义价格，1991年后偏离GDP增长路径的程度越来越高，特别是在转折前的最后两年。又如，1976～1996年香港住户每月收入中位数由1425港元增加到17500港元，增加12.3倍，而同期港岛40～69.9m^2私人住宅单位每平方米实用面积价格由2853港元增加到62125港元，增加21.8倍。以住户每月收入中位数计算，1996年一般住户需要16.3年才能用全部收入购买一个55m^2的单位，购买一个85m^2的单位则需要30.2年。[①]

1997年第三季度爆发的亚洲金融危机对整个香港经济造成了一次大的负冲击，并是引发房地产市场泡沫破裂的导火索之一。然而，许多研究发现亚洲金融危机对香港经济及房地产市场的冲击并没有像泰国、韩国等国家那样严重。由于中国大陆和美国是香港的主要经济联系地区，危机发生后它们为香港提供了强有力的支撑。例如香港的另一大经济支柱——对外贸易在1999年时已明显复苏，到2000年时已恢复到危机前的水平；更为重要是，由于港府在股市、汇市保卫战中的胜出，香港的金融系统没有发生崩溃，不仅没有一家银行倒闭，而且到1998年1季度时利率已经开始下降，一度动荡的金融环境也已经显示出稳定的迹象。此外，在东亚诸国或地区中，虽然香港的房地产贷款占GDP的比重是最高的(76%)，但由于有着较健全的金融监管制度，房地产贷款大多严格遵守70%左右的抵押上限规定且执行较高的贷款利率(从而没有积累起很高的流动性)，因此高曼银行最初估计1997～1999年期间香港房地产贷款不良贷款率为20%，仅高于新加坡(11%)，而韩国、泰国则高达34%和50%。[②]此外，如前所述，香港经济及房地产市场在前四次的周期中都表现出相当强的抗冲击能力和自我恢复能力，并且经过大幅急跌，房价在1998年末就回归到经济增长趋势线水平，表明至少大部分的泡沫已被挤出，那么为何这一次未能像新加坡(1998)、韩国(1999)那样迅速地复苏，显然还有着其他的原因。

危机前后的政府政策失误可能就是其中潜在的原因之一。1997年7月1日，香港回归祖国，第一届特区政府正式履职。为了抑制明显过热的房地产市场，特区政府于当月宣布了10年内将香港的住房自有率从50%提高到70%的目标，同时还宣布了每年新建8.5万套住房的计划，其中公共住房和私房分别为5万套和3.5万套，而之前10年中年均建造量仅为7万套。同年12月8日，港府提出了一项公屋私有化计划：允许指定街区的承租人以低于市价12%的价格购买所租赁的公屋。与“八万五计划”相比，公屋私有化计划打压房价的影响要更加迅速和直接，尽管其中也混合着金融危机冲击的影响，而这与香港现有土地与住房制度背景下形成的市场格局相关。

香港总面积只有1078km^2，并且由于地形原因，能够开发利用的土地不到总面积的30%，如2000年时香港的总建成区面积只有210km^2。在此背景下，为了满足经济发展和生

---

① 中国社会科学院(2006)。

② Quigley (2001)。此外，2003年时，香港的住宅抵押贷款项目出现负资产情况的计10.6万宗，涉及金额1650亿港元，占住宅抵押贷款余额和全部抵押贷款余额的22%和31%。而在2001年时，只有6.5万宗和1270亿港元，参见Hui and Wong(2004)。

活需要，港府建立了一套以土地政府所有制为基础的高地价、低税收的发展政策与制度。

首先，香港的土地由政府拥有，土地是以“批租”方式卖出，年期一般到2047年6月30日。[①]政府仍然拥有土地所有权，征收地租，相当于物业应课差饷租值的3%。[②]1947年以来，港府从房地产业获得的相关收入占政府财政收入的比重为10%～30%。[③]如图3-9所示，自20世纪80年代以来，土地和不动产处置收入占政府总收入的25%以上，20世纪90年代房地产繁荣时期普遍占到30%以上。[④]在早期阶段(1947～1962年)，差饷、物业及投资收入为重要收入来源，远高于卖地收入。据不完全统计，1851～1970年，政府卖地总收入为13.11亿港元。1982年以后，由于土地价格大幅上升，卖地收入开始大大超过差饷、物业及投资收入。例如1997～1998年度政府的差饷收入为62.58亿港元，物业及投资收入为71.59亿港元，二者合计占政府财政收入的4.8%。卖地收入则达到破记录的659.31亿港元，占政府总收入的23.4%。

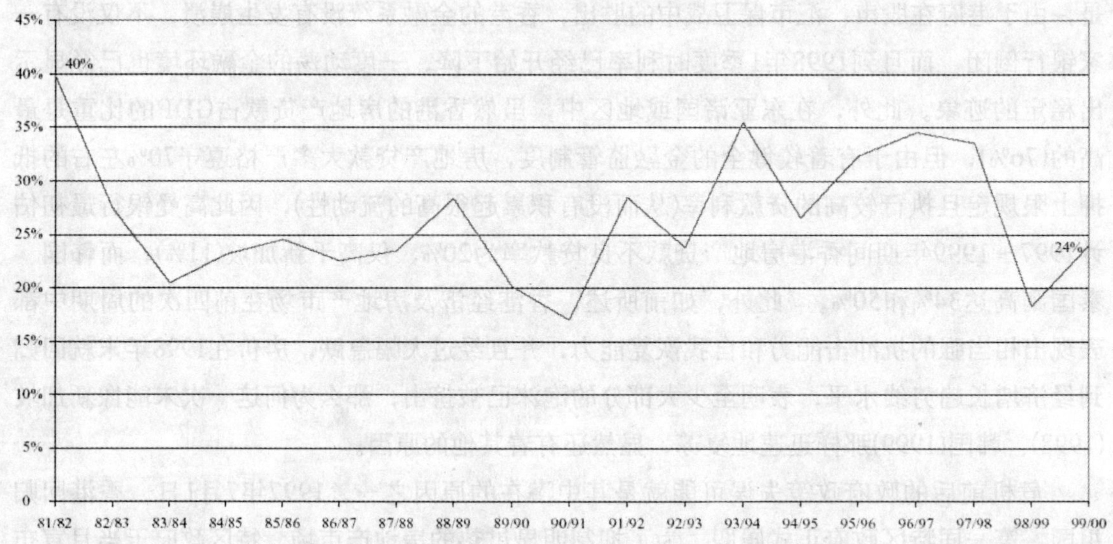

图3-9 香港土地和不动产处置收入占财政收入的比重

其次，香港实行简单的低税率制度。简单的低税率制度有助于促进货物、资金自由流动，降低企业的交易成本，使企业和个人有极大的积极性争取最高的生产率和收入，在某种程度上抵消了物业价格和工资偏高的影响。例如2004～2005年度香港的利得税率为

① 政治因素在香港政府土地供给中的影响很大。如20世纪60年代末期，受“文革”的影响，1966～1967年间完全没有新土地供应；20世纪70年代后期，香港政府大幅增加土地供给，从1979到1981年间，供给增加了3倍，即便是在此后的产业衰退时期，仍维持着历史高水平的土地供给。直到1985年，中英联合声明才规定了每年0.5km²的土地批租上限。参见Peng and Wheaton(1994)。

② 差饷是对物业征收的间接税，用作维持公共服务。政府会定期进行评估，确定物业的应课差饷租值(即合理的年租)。2005～2006年财政年度，差饷征收率为应课差饷租值的5%。

③ 中国社会科学院(2006)。

④ 1982年以后，卖地收入是香港政府的重要收入来源之一，但其波动性较大，同房地产市场的波动紧密相关。1997年楼市下跌以后，政府卖地收入大大减少，2003～2004年度政府卖地收入仅为65.49亿港元，只为政府提供3.2%的收入。

17.5%，个人所得税率最高不超过16%。

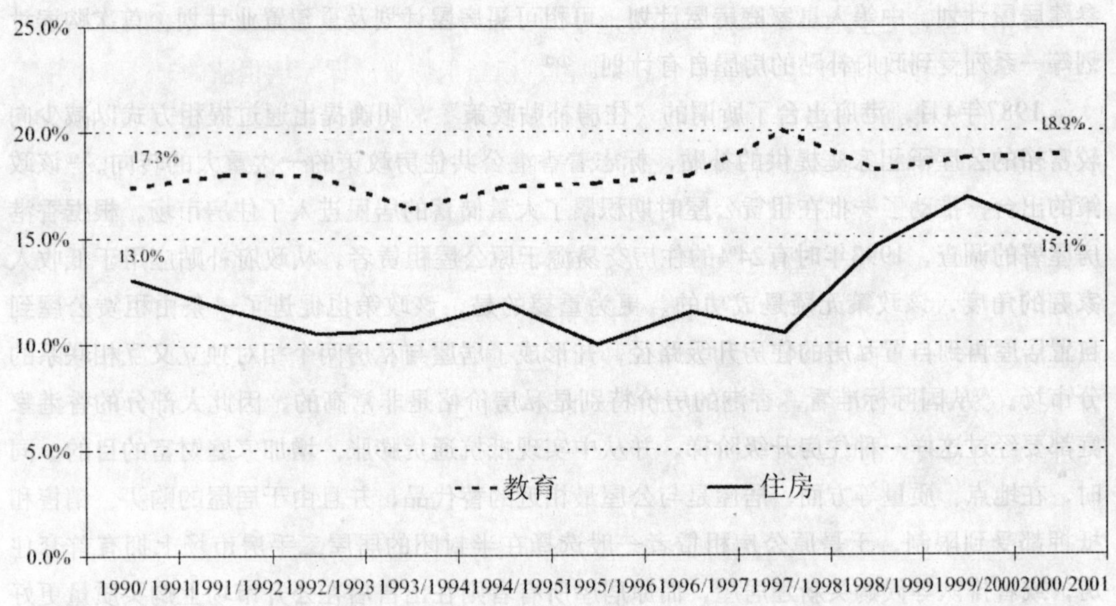

图3-10 香港住房与教育支出占财政支出的比重

最后，当将这两种制度相结合时，就形成了一种促进经济增长的正反馈效应。土地和不动产处置收入弥补了政府因低税收政策所带来的财政收入不足，政府用这笔收入投资于基础设施、教育、住房等领域（参见图3-10），由此吸引更多的资源注入，从而进一步促进经济的增长。当然，某种意义上高地价是变相对企业和居民的一种税收。以2005年9月28日牛池湾地皮的拍卖为例，预计楼价为100128港元/m²，其中地价为58519港元/m²，占58.4%。普通家庭如果购买250万港元的单位，以地价形式缴给政府的"税收"达146万港元。[①]并且这种税收是累进制的，即政府对购买私房的高收入家庭征以高税，而回过头来对低收入家庭进行补贴，因而又有着转移支付的功能。

由于高地价也就意味着高房价，据估计香港商品住房房价中地价占到70%以上的比重，因此为了保障中低收入居民的住房需要，自1953年石硖尾大火开始，港府开始大规模兴建低成本公屋，并逐渐建立起一套覆盖近一半家庭的住房保障制度。如到2004年，香港共有219.4万个家庭，其中51.9%居于私人房屋，48.1%居于政府资助的房屋。

香港的住房保障制度主要由租赁性质的公屋和居民自有的居屋构成。在早期阶段，港府致力于建造和分配低成本、低租金的公屋，这一方面为低收入居民提供住房，改善居民的住房条件，另一方面拆迁的旧楼与木屋区又为工业、经济和城市发展提供了宝贵的土地。

随着经济的增长，类似于许多国家的做法，港府出于促进居民财富积累、减少政府公共支出等方面的考虑，于1976年提出了"居者有其屋"计划，开始建造居屋，并以低于

① 中国社会科学院(2006)。

私人市场一半左右的价格出售给收入水平在一定标准以下的家庭，此后又陆续演变出私人参建居屋计划、中等入息家庭房屋计划、可租可买房屋计划及重建置业计划、首次购房计划等一系列受到政府补贴的房屋自有计划。[①②]

1987年4月，港府出台了所谓的“住房补贴政策”，明确提出通过提租方式以减少向较富裕的公屋承租家庭提供的补贴，标志着香港公共住房政策的一次重大的转向。[③]该政策的出台，推动了一批在租赁公屋时期积累了大量储蓄的居民进入了住房市场。根据香港房屋署的调查，1993年时有24%的住房交易源于原公屋租赁者。从政府补贴应用于低收入家庭的角度，该政策无疑是成功的。更为重要的是，该政策也促进了一条由租赁公屋到自置居屋再到自置私房的住房升级路径，并形成了居屋与私房两个相对独立又互相联系的分市场。[④]从国际标准看，香港的房价特别是私房价格是非常高的，因此大部分的香港家庭都要经过这样一种住房升级阶梯，并从中实现抵抗通货膨胀、增加家庭财富的目的。同时，在地点、质量等方面，居屋是与公屋最相近的替代品，并且由于居屋的购买、销售和抵押都受到限制，于是原公房租赁者一般选择在半封闭的居屋二手房市场上拥有首套住房，或者排队等候购买新建居屋，而原居屋所有者则在出售后在公开市场上购买质量更好的私房。

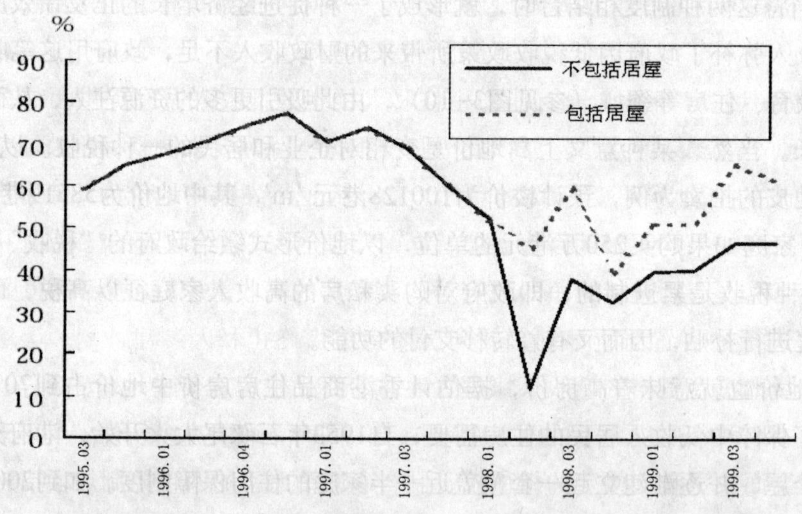

图3-11 香港二手住房交易量占总交易量的比重(1995年3月～1999年3月)[⑤]

---

① 居屋如此低价的原因是政府无偿或低价提供土地。

② 从1976年至2002年，香港累计建造了31万套居屋，占永久性住宅总量的1/6左右。

③ 居住满10年且家庭收入达到公屋租赁资格收入上限3倍以上的支付双倍租金，家庭收入超过最大规定收入标准以上的按照市场标准支付租金。

④ 居屋交易都限制包括：购买5年内(1999年前为10年)禁止变更居屋所有权和再抵押，购买2年内可以原价归还住房署；购买3～5年内既可选择由住房署按市场评估价格扣除初始折扣后的价格回购，也可选择在居屋二手市场上出售而无须支付增值溢价；5年期满后，所有者可选择在居屋二手市场上出售或者在退回评估溢价条件下在公开市场上交易，后一情况下居屋性质变为私房。在此背景下，实际上居屋形成了自己独立的市场。

⑤ Lok Sang Ho(2000)。

1997年末出台的公屋私有化计划无疑打乱了这一市场结构，尽管政策的本意是要帮助居民实现住房自有。如图3-11所示，政策出台后，由于原公房租赁者不再有必要选择购买二手居屋，难以卖出原居屋的所有者也就没有能力购买私房，原一般私房的所有者也不能进一步升级。进一步地，由于需求不足，私营开发商被迫大幅调低私房售价，结果私房与居屋的价格差被大大缩小，虽然此时原公房租赁者可以选择直接升级到私房，但是衰退时期预期往往使得他们也不愿意进入市场，最终各类住房的交易都受到负面影响，从而延长了衰退的时间。[①]在某种程度上，港府的公房私有化政策本身并无太大的缺陷，只是执行的时机选择不当，或者说政府在对潜在的政策效果的把握上存在着偏差，此外在政策执行的灵活性上也存在着明显不足。[②③]

鉴于房地产市场的低迷已经严重影响到香港经济的恢复与增长，2002年港府对前期的政策作出了重大调整。[④]

政策方向包括：①政府的资助房屋政策，应重在帮助那些没有能力租住私人楼宇的低收入家庭，为他们提供租住公屋；②政府今后的主要角色应集中于供应土地及提供租住房屋资助两方面，并应尽量退出其他房屋资助计划，把干预市场的程度减至最低；③政府必须维持一个公平和稳定的环境，让房地产市场能够持续健康发展。政府应根据市场需求供应土地，并提供有优良配套的基建设施。至于私人楼宇的建成量，则应由市场按需求决定。

具体措施包括：①继续为没有能力租住私人楼宇的低收入家庭提供租住公屋，致力维持轮候时间于平均三年的水平，并以此为基准根据实际需要来调整确定公屋建设量。②取消自置居所比率在2007年达到70%的目标。③政府退出发展商的角色，除了出售少量剩余单位之外，自2003年起无限期停售居屋，同时停建居屋；至于已落成和兴建中的居屋单位，则会在不与私人市场直接竞争的原则下，改作其他居住用途。④全面停止推行混合发展计划和房协的资助自置居所计划，并向房委会建议终止私人参建计划。⑤继续推行置业贷款计划，帮助符合资格的低收入家庭置业。⑥终止租者置其屋计划。⑦停止定期拍卖土地，并取消本财政年度内余下的两次土地拍卖。同时，政府亦会暂停“勾地表”制度至2003年底。⑧全面放宽私人楼宇的租住权管制。⑨取消余下的两项控制炒卖措施，

总体上，2002年的香港住房政策是一次大的逆转，从救市的角度而言其功效可能是显著的，但是否会成为一种长期的住房政策仍有待观察。

---

① 如1987年时港岛的居屋平方米单价为同地区私房的72%，1992年、1997年分别下降到43.2%和34.2%，到2001年时又重新回到72.7%。

② 可以设想，如果这一政策在1995年左右而不是在房产泡沫达到顶峰时出台，可能会有更好的干预效果。当然其中存在着政治因素方面的制约。

③ 由于价格差的缩小，新建居屋的认购量也急剧萎缩。

④ 参见《房屋及规划地政局局长于2002年11月13日就房屋政策发表的声明》。

3.4.2 新加坡的长期房价变动

自1959年获得自治权后，新加坡的住房价格随着经济的增长与住房政策的调整大致经历了三个阶段。

第一阶段是1959年至1978年的稳定阶段。独立后的新加坡政府面临着发展经济和解决住房短缺两大问题。例如，在当时的200万人口中，90%以上的人口未能拥有像样的住房，40%的人口居住在贫民窟与棚户区中。为此，新加坡政府于1960年成立以提供普遍住房服务为宗旨的建屋发展局（HDB）。在运作初期，HDB基本上完全以建设受政府补贴的廉租公房为主（新加坡被称为“政府组屋”，下简称组屋），而在1964年基本解决住房危机后，新加坡政府提出并开始推行出售组屋的“居者有其屋”计划。1968年，为推动进展缓慢的“居者有其屋”计划，新加坡立法批准“中央公积金”成员提取公积金购买组屋，包括20%的首付和其后的抵押贷款偿还。这一政策立即发生了巨大的效用，当年的组屋申请者中就有44%选择购买（1964年时仅为20%），到1970年时已达到63%，1990年时达到90%以上。[①]在这一阶段，组屋的建造、出售及租赁基本上与市场相分离。首先，1968年颁布的《土地征用法》赋予政府代表国家发展的利益、以法定固定标准征收土地的权利，旨在控制土地投机和降低征收成本。例如，直到1986年政府认为已经储备了足够的开发用土地之前，1973年确定的补偿价格一直保持不变，并且直到1995年才完全按照市场价格进行补偿。因此，HDB能够长期保持很低的组屋用地成本。其次，组屋售价是由政府（国家发展部）根据经济状况和不同房型的公众支付能力确定的，并且是远低于市场水平的固定价格，如1964年确定的售价一直维持到1974才首次调整，组屋租金调整更是延迟至1979年。最后，在政府的大力支持下，组屋迅速成为新加坡的主要住房模式，HDB也成为近乎完全垄断的发展商并延续至今，相比私营开发的商品住房市场容量被大大压缩，主要服务于不能享受组屋待遇的最高收入阶层，因此虽然同样面积的商品住房可达到组屋售价的三倍，但较小的规模使得商品住房市场对整体住房价格的影响有限。在此背景下，第一阶段的住房价格几乎没有太大的波动。

第二阶段是1979至1986年间的首个波动周期。如图3-12、图3-13所示，在1980~1984的繁荣阶段，新加坡的经济迅速增长，并且政府进一步放松了中央公积金规制，包括于1981年允许用于偿付商品住房的抵押贷款、购置中等收入住房及支付住房更新贷款等等，并建立了强制性住房保险制度，这些都进一步促进了需求，如1986年时组屋购买比例达到了90%。此外，该阶段的通货膨胀水平也较高，特别是劳动力和建筑材料短缺也一定程度上推动了房价的上升。在此背景下，组屋的固定售价也受到很大的上调压力，于1980年初期上调了40%，这又激起了大批担心进一步涨价的组屋申请人。结果，从1979至1983年，新加坡的住房价格上升了139%，组屋定价方式也改为年度式调整。到了1985年，新加坡发生了自独立以来的首次经济衰退，房价下跌了27%。总体上，这一阶段的住房价格

① Chua Beng-Huat(1996)。

是相对理性的，经济基本因素和组屋定价的适度回归可以解释大部分的波动。

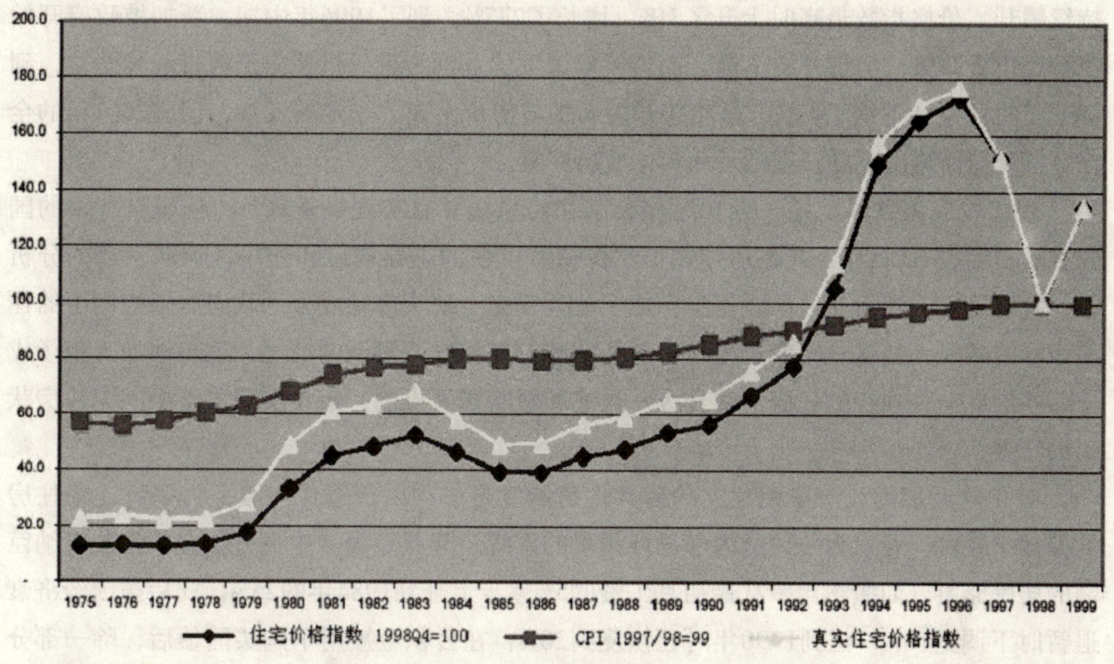

图3-12 新加坡房价变动趋势(1975~1999)①

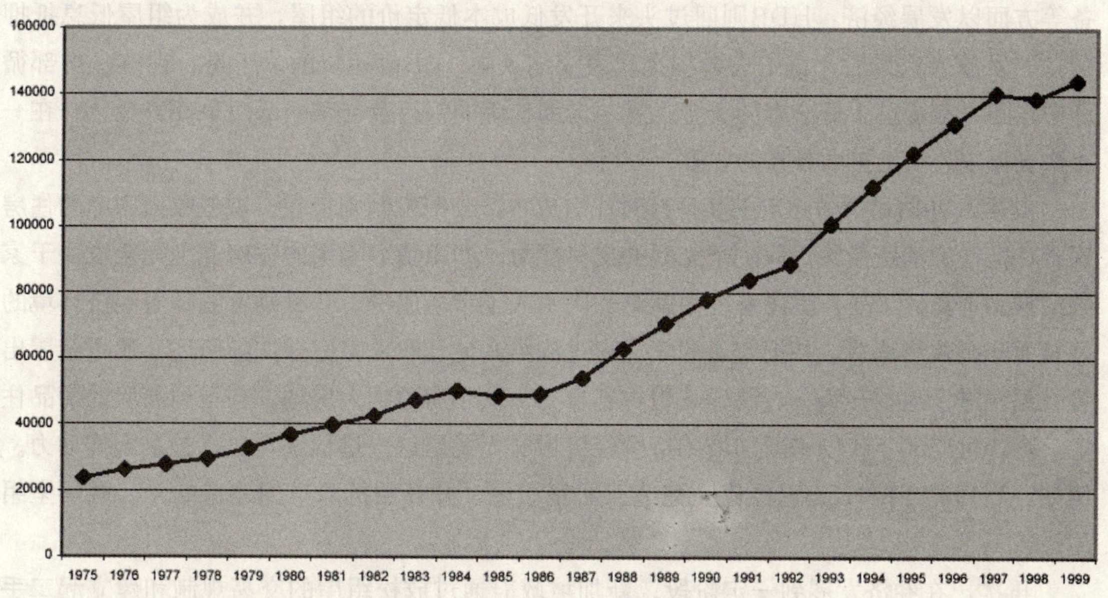

图3-13 新加坡的经济增长（真实GDP，新元）②

第三阶段是1986至今的第二个波动周期。在该阶段的初期，新加坡政府通过大规模的组屋建设来拉动经济、促进就业，因此住房价格得以保持稳定上升的趋势。随着1987年经济走出低谷并开始了延续近十年的强劲增长，并伴随着新加坡政府更为明确的公民住

①② Sock-Yong Phang(2002).

房财富积累政策的执行，如放松对二手组屋的交易与融资的规制，1987～1996期间的住房持续攀升，价格指数最高时上升了3倍，增长了277%。到了1996年中期，新加坡政府开始执行反投机政策，房价开始下跌，而1997年爆发的亚洲金融危机使得形势进一步恶化，到1998年时已累计下跌了43%。虽然1999后新加坡房价出现了一定的反弹，但因2001年的全球经济衰退而再次下跌，直到近两年才有所恢复。

新加坡成为世界上唯一成功运作公共住房系统并且实现高达90%的住房自有率的国家。虽然目前HDB和公共住房体制仍然保持着以住的主导地位和作用，但从上述的分析中，我们可以看到新加坡已经逐步完成了从近乎完全缺乏市场成分到政府有限控制下的住房市场的转变。在这一转变过程中，新加坡政府根据经济发展的情况，逐步地加入市场成分，并形成一种独特的住房消费升级—过滤和财富积累机制，最终实现了整个国家住房状况的升级。

首先，新加坡政府早期建立的公共住房制度是一种以普遍住房服务为宗旨，集住房的储蓄、融资、开发为一体的内部循环积累的系统。起点是由“中央公积金”强制吸纳巨额的居民储蓄，如缴纳比率从最初月工资的5%逐步上升到1984年的25%，此后虽因经济衰退暂时下调到10%，但到1990年时已恢复到20%；在公积金被用于购买国债后，除一部分被用于HDB的融资和补贴外，新加坡政府主要将资金投入于发展基础设施、建立外汇储备等方面以发展经济；HDB则回过头来开发低成本低定价的组屋，并成为组屋低息抵押贷款的发放人；最后，由中央公积金代表交纳人向HDB偿还贷款。于是，在这一内部循环中，各方都受益于低成本的资金，无须借助传统的银行及与其他部门争夺资金，并在一次次循环中逐步地扩大各方的积累。①

其次，补贴和价格固定主要是针对住房成本，分配机制则旨在实现低收入家庭的住房保障，但住房消费最终仍取决于家庭的支付能力，即租赁或购买的住房类型完全取决于家庭的自主选择。于是，上述系统中就第一次引入了市场成份，它激励家庭随着经济环境的好转而升级住房消费，并把空出的旧住房过滤给其他低收入家庭。如前所述，通过组屋出售计划促进了这种升级—过滤，从租赁到自有，从小房型到大房型，甚至到高级的商品住宅。自20世纪60年代以来新加坡的持续经济增长无疑是这一过程顺利执行的最大推动力。例如，到1987年时HDB已经停止建造三居室组屋，并开始拆除早期建造的一、两居室组屋。

再次，在经济发展到一定阶段，新加坡政府通过放松组屋的交易规制和建立起二手市场，进一步推动了升级—过滤，并以此实现居民积累财富的目标。例如，组屋在购买5年后转让，可自由地按照市价出售给适合组屋居住规定的所有人（目前资格主体已扩大到90%），并获得免税的全部资本收益。②于是，公共住房就成为了一种投资品，从而实现

① 随着经济的发展，政府的贷款数目也越大，如1986～1992年期间，政府向HDB提供了126亿新元的贷款。

② 每个家庭只可出售一次组屋，如第二次出售组屋则必须购买商品住房。

了居民的财富积累而不是被排除在不动产投资市场之外。

最后，由于房型越大、越高级，补贴也越少，因此通过上述过程，HDB和政府得以逐步减少了补贴。如1975年以来，政府提供的住房补贴只占到国家年开发预算的2%左右。

当然，随着市场成分的扩大，房价的周期性波动也越明显。为此新加坡政府制定了细致、周全的法律法规，对房地产市场进行严格监控。例如，HDB的政策定位是“以自住为主”，对居民购买组屋的次数作出严格限定；居民购买组屋后一定年限内不得整房出租，仅允许房主与租户合住；组屋在购买后5年之内不得转让，也不能用于商业性经营，否则将受到法律严惩；新加坡公民购买商品房后如不愿退回已购组屋，就必须继续在组屋居住，否则将受到严厉处罚。此外，新加坡已开始征收房产税。按照规定，业主出售购买不足一年的房屋，要缴纳高额房产税，这对平抑商品房价、杜绝“炒房”可起到一定的作用。另一方面，在低收入家庭住房完全得到保障、近乎完全实现住房自有的背景下，政府是否继续高程度地干预市场现已成为各方争论的焦点，如1996年后的干预与此后大衰退的关系、可能存在住房过度消费等等。

最后，需要指出的是，由于其发展历程、国家规模、制度环境等方面的特殊性，决定了完全复制新加坡模式的可行性较低。

4　上海市的长期房价波动：第一个完整周期的经验

自1979年推出首批侨汇商品房以来，经过长期的改革和探索，上海市的住宅配置机制已从完全的公有分配转变为近乎完全的市场化，除部分实行政府限价的配套商品房外，大部分商品住房的定价也由早期的政府定价转变为完全的市场定价。在这一渐进式的住房配置市场化过程中，经济、人口、预期等基本因素对住房供需及价格决定与波动的作用经历了一种由弱到强的变化并逐步建立起相对稳定的联系，住房价格也经历了一个逐渐发现的过程，并且通过试错方式并最终实行的各项重大制度变革可能不是以突然性的冲击形式出现。因此，对于上海市最近一轮的房价上升周期，只有放在一个更长的时段、一个制度变革的框架内加以考察才能获得更为深入的认识。①而自1987年有正式的价格纪录以来，上海市的住房价格波动大致经历一个完整的周期(1987～1999年)和2000年以来的新一轮上升阶段。②本章将着重考察上海市第一次完整波动周期的经验，从定性的角度回顾与讨论上海市住房市场的形成和早期房价波动的影响因素。

4.1　1987～1994年的繁荣阶段

1987～1999年为上海市房价波动的第一个完整周期。其中，1987～1994年为繁荣阶段，1995～1999年为衰退阶段。

由于统计原因，图4-1中以个人购房均价反映出来的衰退周期只到1996年，此后就开始缓慢地回升，但如果我们考察中房指数（图4-2），则可以清晰地看到这一衰退周期的低谷出现在1999年。③④⑤

① 例如，我们在考察短期的房价波动时，必须要假定一个均衡点，而不同的选择往往会得出差异悬殊的结论。

② 1987年4月，上海市房地产交易所成立后才开始有较系统的住房价格记录，因此我们选择1987年作为分析的起点。

③ 第4、5、6章节除特别注明外，其他数据来源(包括图表)全部为上海统计局网站和上海房屋土地资源管理局网站。

④ 上海统计局公布的商品住宅销售价格指数1999年同比下跌3.8%，2000年继续微跌1.4%，和这里的判断基本一致。

⑤ 目前反映上海市住房价格的统计指标主要包括两大类。第一类是反映可供或实际销售住宅（含商品住宅和经

这一时期上海市的商品房实行内销和外销双轨制，其中内销商品房又分为侨汇房（高标准内销商品住宅）和一般商品住宅。[①②]此外，私房也开始进入市场交易，如1987～1995年市区每年成交量平均在4000笔以上（表4-1）。因此，当时的市场上实际上存在着四大类商品住宅价格。

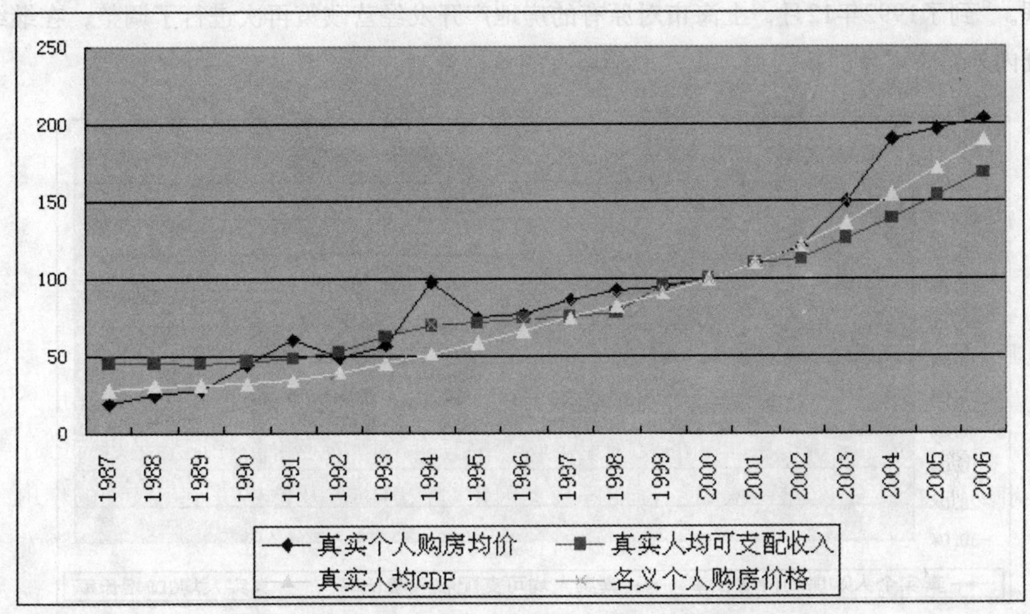

图4-1 上海市个人购房均价(1987～2006,2000年=100)[③]

济适用房）的平均价格指标，如上海统计局公布的销售均价(月度和年度)、上海房地产交易中心按照预售登记统计的预售均价。其中，根据统计口径，销售均价为当期交付的前期预售交易加上当期现售交易的平均售价，因此并非完全的即时交易价格；预售均价虽然能够更好地反映即时交易价格，但也受到事后取消预售登记的影响而出现失真。更为重要的是，这两种平均价格指标主要反映的是价格结构问题，即不同时期的平均价格差异反映了整体住房供给结构的差异，如通过增加中低价位、中小套型住房供应，改变住房供给结构，可降低住宅平均价格。第二类是采取一些质量控制技术、相对能够反映同质住宅价格水平变动的房价指数，包括中房上海住宅价格指数、上海住宅销售价格指数及上海二手房指数等。房价指数的优势在于有助于进行纵向的比较，但也存在着一些缺陷：一是建立时间较短，中房指数的基期为1995年，商品住宅销售价格指数基期为期为1997年，因此未能提供早期的房价变动情况。二是都不同程度地存在着样本选择等方面的问题。三是普遍采取的重复交易估计技术仍然受到供给结构的严重影响，特别是在目前新建商品住宅为主的背景下，中房上海住宅价格指数、上海住宅销售价格指数等实质上仍然是经部分质量调整的平均价格的指数化。总之，不完善的住房价格统计已成为目前房价研究的最大障碍之一。在以下的讨论中，对于早期阶段的房价变动情况，我们采用唯一可用的销售均价指标，而对于1995年后的房价变动情况，我们主要采用中房上海住宅价格指数，必要时也会结合其他房价指标。

① 外销商品房指在1988年后通过批租或补地价而获得的受让地块上建造的房屋，用于向境内外销售的商品房。

② 1979年，上海市建设委员会从统建公房中拨出20套出售给归侨及侨眷，因按侨汇结算，故称“侨汇房”。自1984年起，售房对象扩大到港、澳、台胞在上海市有常住户口的亲属或代理人，还包括上海市有支付能力的居民，故改称“高标准内销商品住宅”。1990年进一步放宽侨汇房的买卖对象范围。一般商品住宅出售试点始于1979年。出售的对象是市区常住户口的居民，基本定价建筑面积每平方米360元，给予分期付款和低息优惠。1984～1987年为扩大试点时期，改为补贴出售方式。1988年之后，各企事业单位自建的住宅向职工按优惠价出售，称为"优惠价房"。房地产开发经营企业通过房地产市场出售的商品房，大部分出售给企事业单位，少量由个人购买。

③ 图4-1、图4-2因统计口径和数据来源关系，1987～1994的个人购房均价以私房交易价代替，1995年后为历年统计年鉴公布的个人购房均价。采用个人购房均价指标是为了更真实地反映个人决策下的长期价格变动，尽可能地剔除早期阶段中占较大比重的企业团体购买影响。

同时，上海市商品住宅价格管理的模式也在逐渐变化。1988年以前，商品房价格是严格按照计划商品定价的方式确定的，在企业扣除成本与管理费之后按政府规定加上一定比例的法定利润，即标准的成本加成定价。1988年，为使商品住宅价格管理适应房地产市场发展需要，上海市的内销商品房定价开始由国家定价向国家指导价转轨，实行最高限价管理。[①]到了1992年12月，上海市对原有的房地产开发经营政策再次进行了调整，在继续区分内外销售对象的基础上，正式取消所有的价格管制。

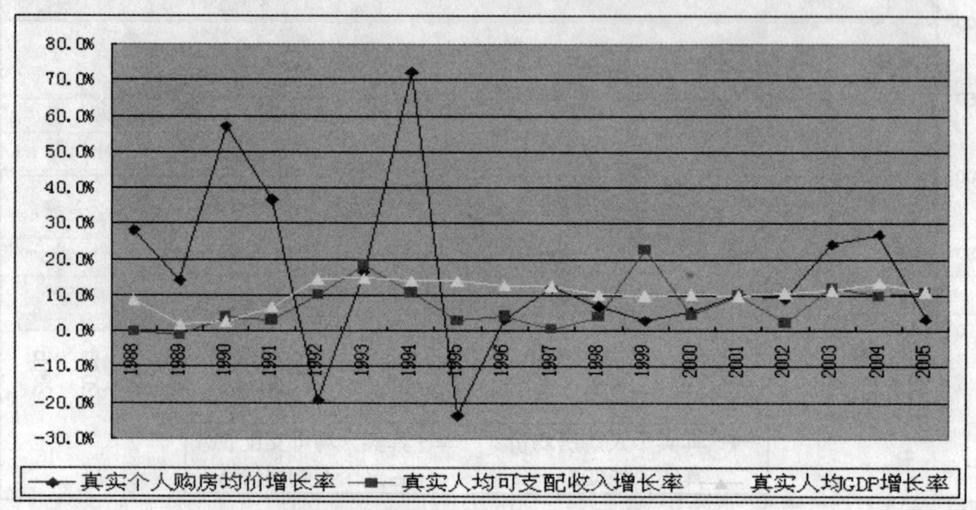

图4-2　真实房价与真实可支配收入：增长率(1988～2005)

表4-1　四类商品房平均价格指数(1985～1993)[②]

年份	成交笔数	建筑面积(m²)	金额(万元)	平均单价(元/m²)
1987	3889	106840	1821.0	170.40
1988	3945	104800	2747.7	262.20
1989	3734	100000	3469.7	347.00
1990	3463	95000	5504.7	579.40
1991	3450	100485	8790.8	874.80
1992	6486	222837	17313.6	776.90
1993	5052	183371	19913.3	1085.90
1994	2306	188000	20387.6	2316.80
1995	3898	205309	44747.2	2182.30

① 1988年10月12日，上海市政府批准房管局《土地使用权有偿转让房产经营管理实施细则》，将批租地块上的建筑物(不论住宅与非住宅)，其价格可由买卖双方协商决定。

② 《上海房地产志》。

表4-2 四类商品房平均价格指数(1985～1993)[2]

1986～1992年一般商品房平均价格指数									
年份	1986	1987	1988	1989	1990	1991	1992		
指数	100	100	100	144	167	157	277		
1985～1992年市区高层高标准内销商品房平均价格指数									
年份	1985	1986	1987	1988	1989	1990	1991	1992	
指数	100	133	137	167	235	235	336	774	
1985～1992年市区多层高标准内销商品房平均价格指数									
年份	1985	1986	1987	1988	1989	1990	1991	1992	
指数	100	90	148	190	256	291	417	742	
1987～1993年市区私房交易平均价格指数									
年份	1987	1988	1989	1990	1991	1992	1993	1994	1995
指数	100	153.87	203.64	304.02	513.38	455.92	637.26	1359	1280

由于处在土地使用和住房的行政分配与市场交易双轨并存的过渡阶段，在这一轮上升周期中，各类商品住宅价格上涨幅度非常大，远远超过了同期GDP和收入的增长幅度（参见表4－2、图4-1、4-2）。其中，一般商品房自取消政府定价后的四年间上涨了277%；1985～1992年期间高层和多层高标准内销商品房分别上涨了774%和742%；1987～1993年期间市区私房交易价格上涨了637%，1994年时每平方米均价达到2316元，为1987年170元的13.6倍。

导致商品房价如此大幅上升的原因是多方面的。首先，期间通货膨胀率较高，如1987～1992年期间的CPI由147点上涨到265点，物价上涨了1.79倍，因此剔除通胀因素后一般商品房实际上涨153.9%。其次，在土地有偿使用制度改革后，住房建造成本中增加了一大块土地出让金等成本项目。作为一种让人们可以有期限使用土地、使住房变成私有财产的必要代价，收取土地出让金的合法化，无疑改变了购房者的预期和住房的潜在价值。再次，这一阶段商品住宅的销售对象是弹性较低的高收入人群和企业团队，而期间供应量却相对较低，如1986～1992年期间累计竣工量只占到全市住宅竣工量的14%。[1]第四，1992年在党中央、国务院关于开发、开放浦东的战略决策和邓小平南方重要谈话的推动下，境内外投资者大量涌入，市场急剧升温。例如，除私房外，1992年其他三类商品住宅价格同比增长了70%～130%，远高于前期的增幅。最后，从政府定价到最高限价再到市场定价，商品住宅的价格需要有一个重新发现和回归真实价值的过程。由于市场形成时间较短，规模相对较小，而住房的搜寻与交易成本又非常高，从而决定了在这种薄市场条件下（thin market）的价格发现过程需要较长的时间，并且与短期内的经济及收入增长的关联性相对较低，价格波动也会非常大且频繁。

① 《上海房地产市场》(2003)。

② 《上海房地产志》。

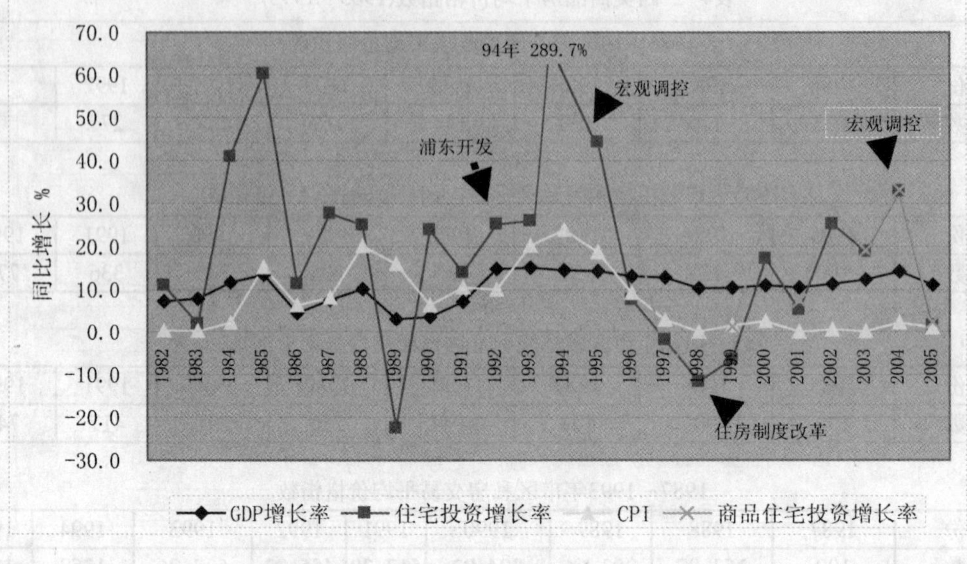

图4-3 上海市住宅投资增长率(1982～2005)

然而，随着市场的继续升温，出现了投资过热的趋势，如1994年时上海市的住宅投资同比增长了289.7%，1995年又增长了44.3%（图4-3），住宅投资占GDP的比重分别上升到15.1%和17.4%，而且1993时仅为5%（图4-4）；房地产开发公司从1991年底的94家迅速猛增到1996年底的3282家，房地产开发经营资金达到714亿元；在1992年土地审批权下放区县后，受房地产开发投资热的影响，住宅建设用地一再突破计划，1991～1994年间仅各区县就批准住宅用地2551宗，土地面积24万亩，其中因各种原因土地闲置的达10万余亩。①②与投资相比，虽然1994年时商品住宅均价同比上涨了一倍左右，但已显露出见顶的迹象。到了1995年，随着国家宏观调控力度的加强，加之供给的持续增加，如1995年的商品住宅竣工面积比增65%，全市住宅竣工面积比增45%，于是房价开始转头步入下降通道。

应强调指出的是，虽然这一时期市场机制在上海市住宅配置中的作用日益提高，但1991年出台并执行的《上海市住房制度改革实施方案》的基本原则是建立国家、集体、个人三结合筹资建设住宅的机制，改变由国家、集体包下来的建房办法，逐步实现住宅商品化和自住其力。因此，在1995年之前商品住宅总供给量的比重仍然相对较低，而包括单位建房、个人建房等在内的其他城镇建房仍是最主要的住宅供给来源。如图4-5所示，1993年时商品住宅竣工面积占全市住宅竣工面积的比重一度从1986～1992年期间的14.4%

① 1992年起上海旧区改造和城市基础设施建设出现热潮，对动迁用房的需求激增，极大地刺激了土地征用和新辟居住区开发。从是年起到1996年，市和区（县）共审批征用住宅建设用地15600hm^2，其中，市统一征用开发2333hm^2，14个区实际投入开发的建设用地为11000hm^2，相当于20世纪80年代全市审批住宅建设用地的4倍，虽然在数量上适应了住宅建设大规模推进的要求，但同时由于房地产投资过热，宏观调控经验不足，一度也带来了土地供应总量失控，配套建设滞后等负面影响。参见《上海改革开放二十年》。

② 自1988年第一幅土地批租至1996年底，全市实际批租地块1313幅，土地面积10295.7万m^2，可建外销商品房3661.8万m^2，其中住宅721万m^2，占19.7%。参见《上海改革开放二十年》。

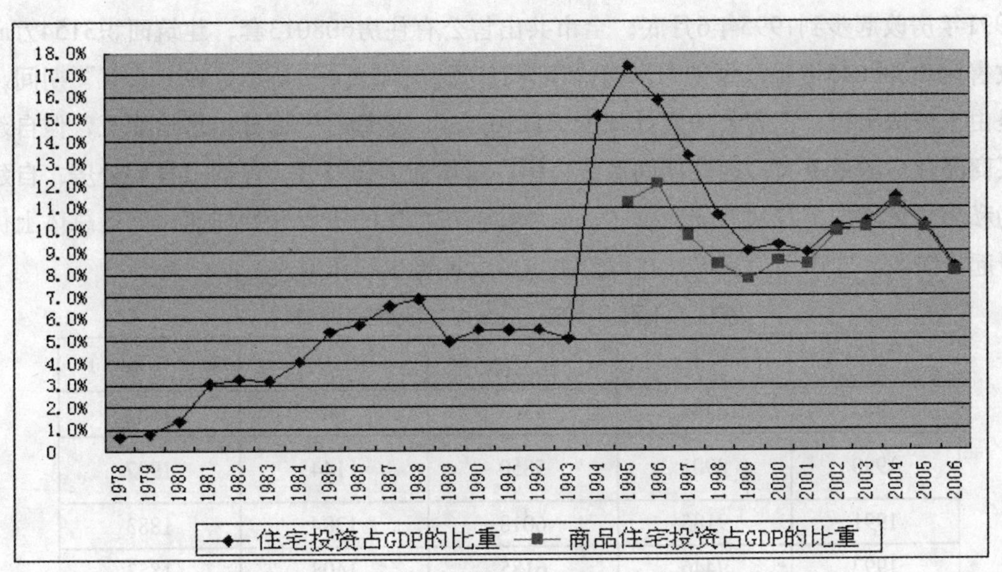

图4-4 上海市住宅投资占GDP比重(1978～2006)

迅速上升到49.8%，但1994年、1995年全市其他城镇建房增长得更快，其竣工面积是商品住房的1.74倍和1.4倍，商品住宅所占比重也由此下降到36.6%和41.8%。[①]并且，如图4-6所示，当时商品住宅的主要购买者仍然是单位，如1995年时比重达到65%。与个人购买相比，单位购房的消费模式是有着巨大差异的，虽然事后所购商品住宅大多以福利房形式分配给职工。此外，还有另一部分人群则按照远低于市场价格的优惠价购买公房。例如

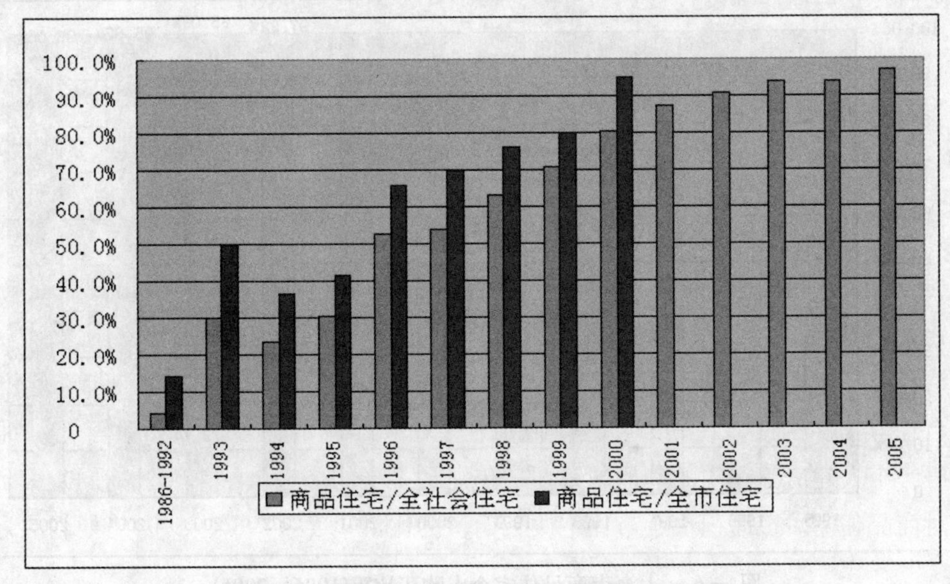

图4-5 上海市历年商品住宅竣工比重(1986～2005)

① 单从资金投入角度，商品住房开发投入已经逐渐占据主要地位。如1991至1996年的6年中，共完成住宅投资1278亿元，年度住宅投资从1991年的35.7亿元增加到1996年的434亿元。其中企业自筹资金投资占29%，商品房开发经营资金投入占60%，市政工程动迁用房投资占2%，房改资金投入占7%，地方财政投资占2%(参见《上海改革开放二十年》)。但比较时，应考虑到企业及私人自建投入中没有包含或只有较少的土地、税费等成本项目。

从1991年房改起步到1995年6月底，全市共出售公有住房608013套，建筑面积3154万m²，回收售房款68.645亿元，每平方米均价仅为217元。[①]如表4-3所示，在“八五”期间，主要是由于公房出售，直管公房累计减少了1110万m²；尽管有一部分出售给职工，但自建和购买商品住房的量更大，因此期间系统公房存量增加了1891万m²；加上售后公房、自建在内的私房总量增加了2224万m²。总之，虽然住宅市场化的进程开始加速，但是总体上仍然处于起步阶段，非市场因素仍然在房价决定中发挥着主导作用。

表4-5 上海市市区住房结构（1990～1995）[②]

	合计（万m²）	直管公房（万m²）	系统公房（万m²）	私房（万m²）
1985	6444	4313	549	1582
1990	8901	5850	1144	1907
1991	9185	6018	1284	1883
1992	9446	6185	1408	1853
1993	10564	6473	1857	2234
1994	11049	5885	2480	2684
1995	11906	4740	3035	4131
“八五”期间累计增长	3005	−1110	1891	2224
“八五”期间增长率	33.8%	−19.0%	165.3%	116.6%

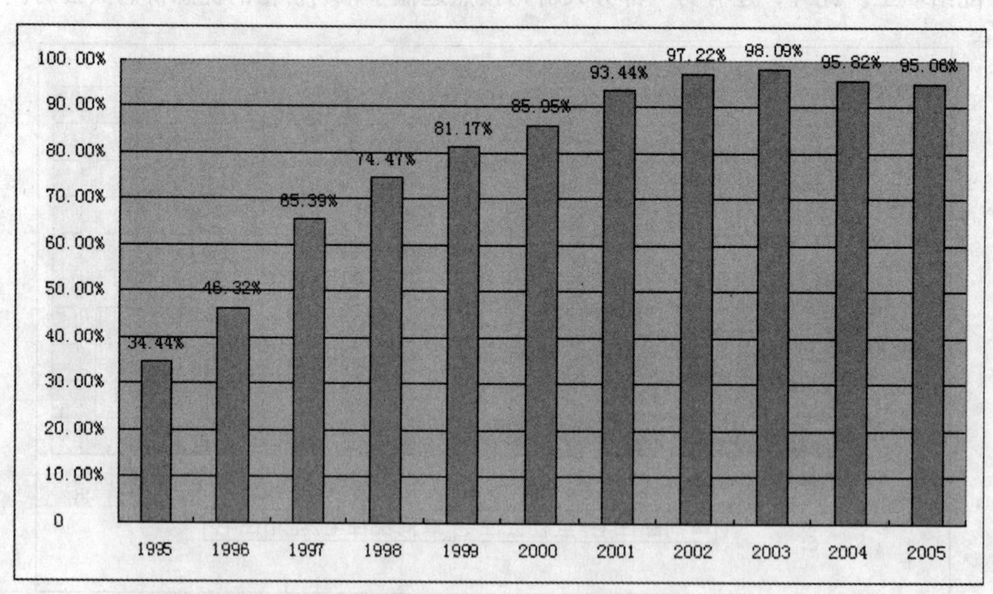

图4-6 上海市商品住宅个人购买比重(1995～2005)

① 1994房改年度（1994年7月1日至1995年6月30日）的成本价为每平方米建筑面积902元，实际计算售价时再乘以成新折扣、地段、层次、朝向系数和一系列优惠折扣。参见《上海改革开放二十年》。

② 《上海房地产志》。

4.2 1995～1999年的衰退阶段

这一期间，中房上海住宅指数从1995年2月的835点一直降到1999年10月时的最低640点，累计跌幅达到23.4%，剔除物价因素后实际跌幅高达43.6%。如此大幅的下跌，主要是受到国家第四次宏观调控（1993年6月至1996年）及其后发生的亚洲金融危机的影响，也是对之前背离基本因素的过高涨幅与过度投资的一种修正。

1993年6月，国务院发布了《中共中央、国务院关于当前经济情况和加强宏观调控的意见》，采取16条措施，以整顿金融秩序为重点、治理通货膨胀为首要任务的宏观调控。这次宏观调控采取了财政、货币双紧缩政策。存款利率一度提高到11%，3年保值补贴率达到20%。经过三年多的调控，到1996年时国内物价回落到6.1%，成功地实现了"软着陆"。其中，受调控影响最大的就是房地产行业。由于严格控制贷款规模，导致沿海地区如海南、北海、深圳等地"烂尾楼"大量出现，银行不良贷款大量增加。与这些地区相比，在浦东开发的带动下，调控初期上海所受影响还相对较小。但是随着调控的深入与持续，特别是货币政策的进一步收紧，上海受调控的影响也越来越大。例如，1993～1995年三年间的CPI分别达到20.2%、23.9%和18.7%，1996年时迅速地下降到9.2%，1997年进一步降到2.8%。

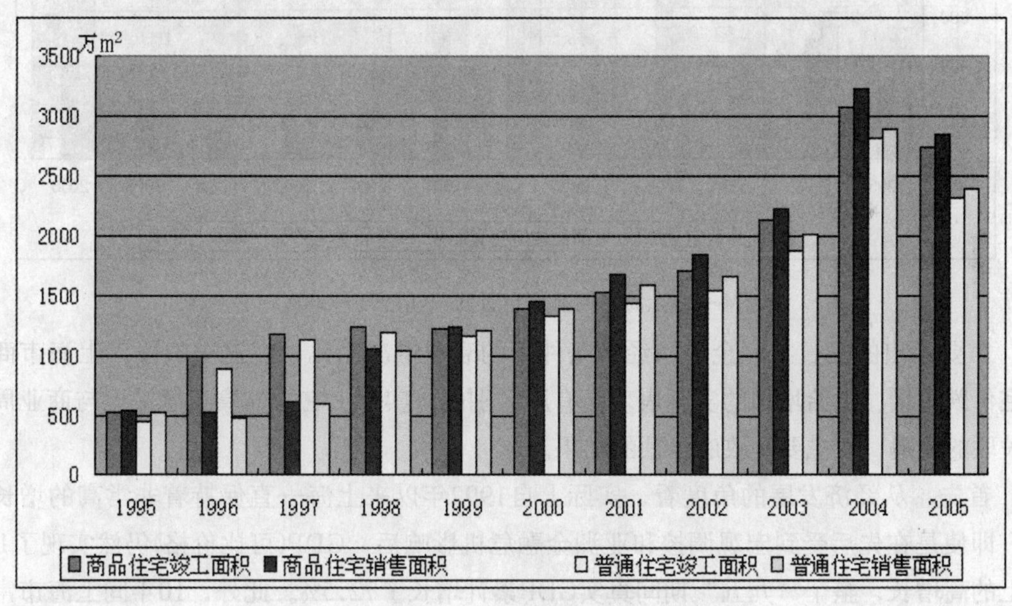

图4-7 上海市商品住宅竣工与销售情况(1995～2005)

作为调控的重点领域，上海的房地产业也受到重挫。由于投资惯性与建设时滞的原因，面对领先一步下跌的房价和疲软的需求，供给却在不断地增加，最终导致房价的进一步下跌和空置量的日益攀升。如图4-4所示，商品住宅投资占GDP的比重从1995年的11.2%继续冲高到1996年的12%，然后才滑落到1997年、1998年的9.7%和8.4%。同时，如图4-7所示，1996年和1997年两年的商品住宅竣工面积分别比上年增加87%和19%，其中普遍商品住宅增长97%和26%。[①]相比，1996年、1997年两年市场需求明显不足，商品住宅销售面积分别比增-1.5%和17.6%，普通商品住宅分别比增-8.8%和23.9%。结果，如图4-8所示，到1996年末商品住宅空置量已达到507万m²，此后一直上升到1999年末922万m²的高峰水平。图4-9更清楚地反映了该阶段的供大于求问题。尽管期间房价大幅下跌、促进政策不断出台，但商品住宅空置率一直维持在25%以上的高水平，同时各年份实际供给超过有效需求的比例达到40%-60%。此外，虽然1998年时，商品住宅销售量（主要是普通住宅）有一个大的跳跃(参见图4-7)，然后开始相对稳定地增长，但如从总需求的角度看，由于政策限制等原因，其他城镇建房于1996年起开始持续下滑，如1996年时其他城镇建房竣工面积为517万m²，到1999年时下降到303万m²，2000年时已大幅降到71万m²，这使得实际总需求量(商品住宅销售面积加其他城镇建房面积)在1997年达到高峰后一直下滑到2000年。[②]

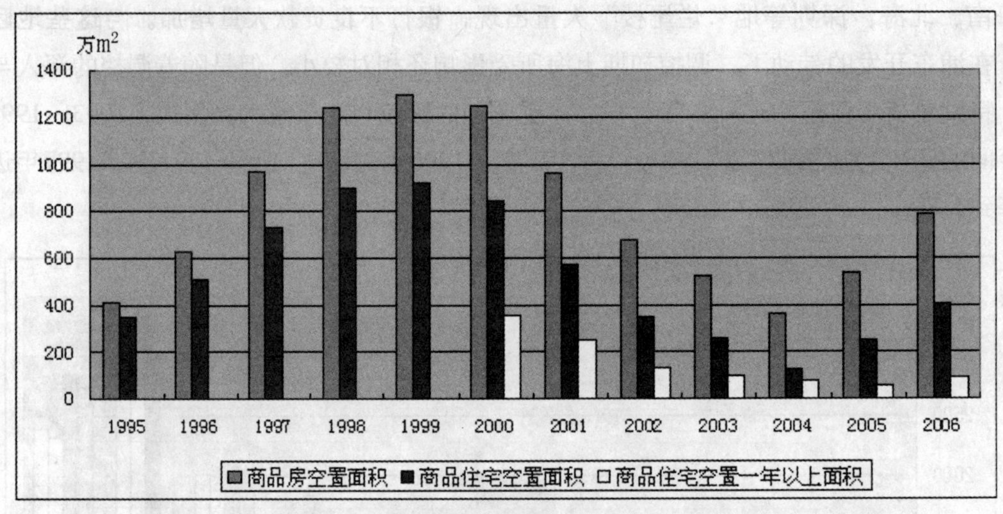

图4-8 上海市商品房空置面积（1995～2006）

需要指出的是，与完全市场经济条件下的衰退情况相比，在这一阶段，上海市商品住宅价跌量增、供给增加的实际表现是有所区别的，实际上它并非真正意义上与商业周期相关联的衰退，而主要是政府干预的结果。

首先，从经济发展的角度看，实际上自1992年以来上海一直保持着非常高的增长水平。即使是在先后受到宏观调控和亚洲金融危机影响后，GDP(可比价格)仍然实现了10%以上的高增长，整个“九五”期间真实GDP累计增长了72.5%。此外，10年间上海市常住总人口（不包括外籍人士）增加了292.6万，年均增长2.2%；其中半年以上外来常住人口增加了254.9%，年均增长5%。

---

① 1995年商品住宅竣工与销售面积分别同比增长66%和380%，总量上基本达到供需平衡。

② 由于商品住宅销售面积统计指标中包含了以前年度预售和当年现售两部分，限于数据原因，我们难以判断1998年销售量的大幅增加是否源于住房制度改革带来的正冲击。

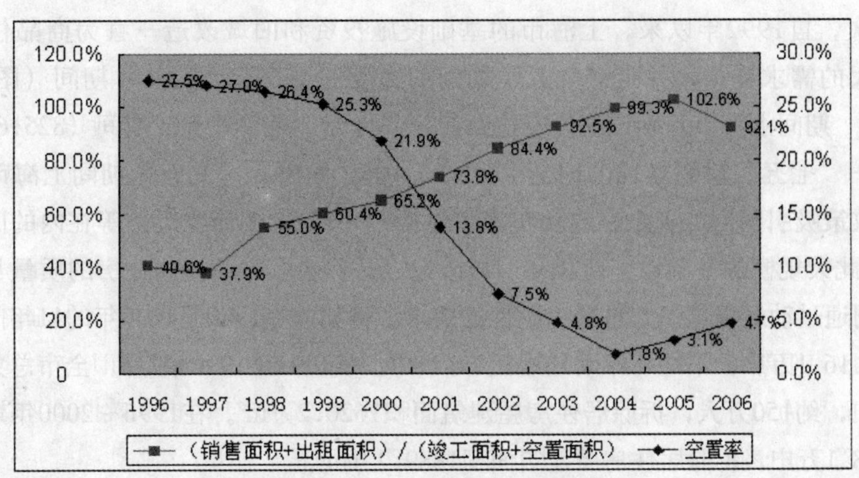

图4-9 上海市新建商品住宅供需比与空置率(1996～2005)

其次，早在1995年下半年时，上海市委就确定了要在“九五”期间加快商品住宅建设的决策，并出台和执行了一系列的需求促进和供给扶持政策。其中包括1994年的《蓝印户口管理规定》、1995年的《上海市利用外资开发经营内销商品住宅规定》，1995年的《上海市实施〈城市商品房预售管理办法〉细则》、1996年的《关于搞活本市房地产二、三级市场若干规定》、1997年的《上海市房地产转让办法》、1998年起实施的购房退税政策、1997年后多次大幅下调公积金利率、1995年后三次上调租金以及限制非商品住宅建设等等。①

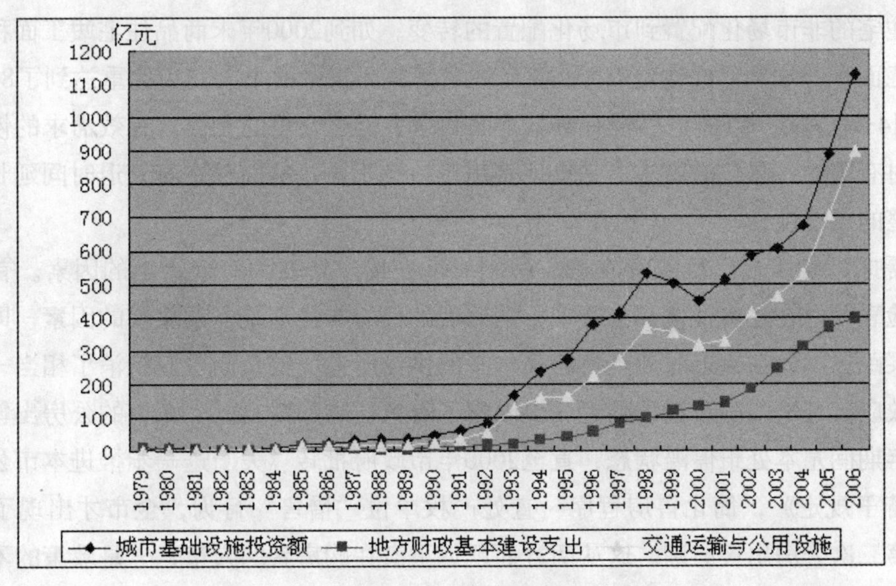

图4-10 上海市基础设施投资(1979～2006)

① 1996年8月，上海市政府于批转《关于搞活本市房地产二、三级市场若干规定》，该规定提出8项措施：（1）扩大新建内销商品房的买受对象；（2）降低房地产交易税费；（3）推进房屋租赁市场的规范发展；（4）调整公有房屋租金；（8）进一步规范房地产开发企业的经营行为；（6）建立市和区县房地产交易中心；（7）改革住房分配制度；（8）扩大银行抵押贷款业务。

再次，自1992年以来，上海市的基础设施投资和旧城改造一直为商品住房市场提供了强大的需求支撑，并且“九五”期间的力度还要高于“八五”期间（图4-10）。“九五”期间上海市基础设施投资达到2274.3亿元，是“八五”期间（825.63亿元）的2.75倍，“七五”期间（130.6亿元）的17.4倍。同时，“九五”期间上海市还通过各种优惠政策吸引国内外资金，成功实施了包括“365”危棚简屋拆除等在内的旧城改造计划。[①]如此大规模的基础设施建设和旧城改造，必然会一方面提高住房的质量与价值，另一方面则通过动迁提供了大量最为刚性的需求。例如，在1980至1990年的11年间，全市动迁居民共16.1万户，平均每年动迁居民1万余户。从1991至1996年7月，全市总共动迁居民38.8万户，约150万人，拆除居住房屋建筑面积1620.2万m^2。在1996～2000年期间，共动迁居民38.1万户，拆除居住房屋建筑面积1889.2万m^2。

最后，1998年后发生了重大的制度变革，出台新修订的《土地管理法》，正式建立土地有偿使用和市场化转让制度；国务院下发《关于进一步深化城镇住房制度改革，加快住房建设的通知》，正式确定了取消实物分房制度和逐步建立住房倾向化分配制度的方针，并规定我国从1998年下半年起停止住房实物分配。人民银行于1999年下发了《关于扩大住房信贷投入支持住房建设与消费的通知》，正式放松了对住房信贷业务的管制，明确提出了加大投入、扩大业务范围、促进住房消费等促进政策。此外，财政部和国家税务总局也相继出台了免征交易营业税、契税减半征收等一系列住房交易税收政策。

在此背景下，一方面，上海市在衰退期间成功地建立起一个商品住宅市场，基本完成了从住宅的非市场化配置到市场化配置的转变。如到2000年末商品住宅竣工面积占全市住宅竣工面积的比重已经达到95%，商品住宅销售面积中的个人购买比重达到了86%(见图4-5，图4-6)。另一方面，尽管有着基本面和众多促进政策的支撑，有效需求的恢复应该说是相对有限的，恶化的供求不平衡使得房价持续下跌，从而存在着衰退时间延长和价格过度调整的可能性。

从需求的角度看，确实存在着一些阻碍潜在需求转变为有效需求的因素。首先，理论和经验表明，在住房消费和投资中，消费者的信心与预期是非常重要的因素，即所谓的买涨不买跌，因此在衰退时期维持较高水平的供给所造成的负面效应抵消了相当一部分需求刺激效应。其次，房改进程的迟缓也限制了有效需求的恢复。上海市的公房出售在1996～1999年期间基本处于停滞状态，直至2000年市政府批转《关于进一步推进本市公有住房出售的若干规定》，简化售房程序、查处产权单位“惜售”行为，全市才出现了1994年以来的第二次公房出售高潮。这从两方面延迟了潜在购房者的入市，一是政策的不明朗性

① 例如，1995年8月上海市政府正式颁布了《上海市利用外资开发经营内销商品住宅规定》，凡列入市政府旧区改造计划的危棚简屋、二级旧里密集的地区，利用外资开发经营内销商品住宅均可享受规定的优惠政策，在土地使用权出让价格给予优惠的基础上，自三级地段起，按不同地段等级适当减少出让金。至1996年底，上海市共出让外资内销地块42幅，土地面积154.91万m^2，可建住宅497.94万m^2，总拆迁建筑面积86.92万m^2，其中危简棚屋55.39万m^2，拆迁居民25016户。参见《上海改革开放二十年》。

使得部分潜在购房者(主要是部分尚未分配有公房的家庭)持观望态度，二是未购买所住公房的家庭在等待房改，并且经验表明房改后出售公房的收入是一般上海家庭购买商品住房改善住房条件的主要资金来源之一。三是部分前期已购买公房的家庭因二手市场的低迷而推迟了升级计划。例如在市场略微回暖的2000年，公房上市量为最低潮的1999年的2.2倍(4.34万套对1.98万套)。第三，期间的收入没有与经济同步增长，潜在购房者难以形成收入稳定增长的预期。随着住房改革的深入，上海商品住宅的主要消费群体开始由中外高收入家庭开始逐渐向中高及中等收入家庭扩散，此时房价与收入的相关性要明显高于前期。但是，“九五”期间上海城镇家庭的真实人均收入累计增长了40%，相比真实GDP累计增长了72.5%，并且还主要是1999年大幅加薪的结果(同比增长了22.3%)，而1996～1998年期间仅累计增长了9%。第四，虽然上海市住房抵押贷款业务期间起步较早、发展很快，但主要由于前期的高利率水平、信贷额度控制和较严格的信贷条件，住房抵押贷款的总体规模水平仍然很小，与逐渐占据主导地位的商品住房市场的潜在融资需求还相差甚远，刺激需求的作用有限。如1999年末含公积金贷款在内的个人住房贷款余额为300.4亿元，其中商业贷款余额为159.3亿元；当时占上海住房贷款市场份额80%以上的建行上海市分行历年累计为29.6万户居民发放个人住房贷款270余亿元，支持居民购房面积达到2400余万m^2，而商品住房只占其中的一部分。①

在供给方面，虽然宏观调控后商品住宅投资增幅迅速下滑，但投资绝对量却维持在较高的水平上，商品住宅投资占GDP的比重最低时也达到7.7%(1999年)，竣工面积从1995年的530万m^2一路上升到1998年的1242万m^2，仅在1999年减少13万m^2。持续上升的空置量和恶化的财务状况迫使房地产开发商不断地降价出售，如1996～1999年期间，房地产开发企业的营业利润总额下降了91%。

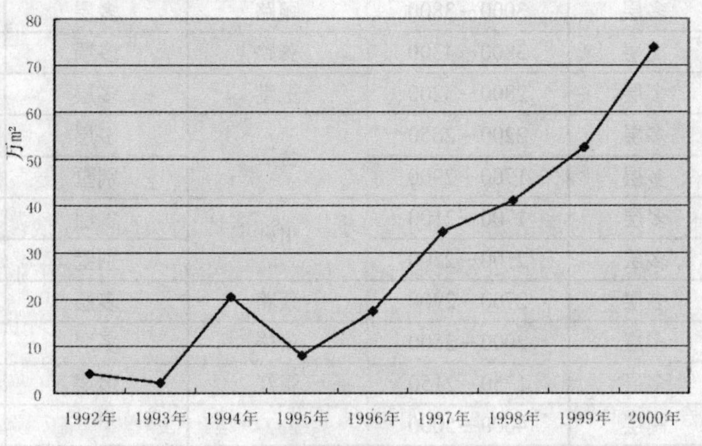

图4－11 上海市外销商品住宅（1992～2000）②

① 从1991年起，由建行负责发放公积金贷款；1996年起由建行试点个人住房商业贷款业务，并在1998年扩大到另外五家商业银行，同时将按揭对象扩展到市郊农民和外省市来沪人员，推出了不可售公有住房使用权担保贷款、空置二手房置换贷款、住房装修贷款等新品种。

② 陈杰，郝前进(2006)。

外销商品住宅的销售情况间接提供了可能存在着过度调整的证据。如图4–11所示，在最高端的外销商品市场上，经过1995年的短暂下滑后，需求就呈现出明显的上升趋势。虽然其中有售价降低的原因，但总体上还是能够反映出不受上述需求抑制因素影响的国外投资者对上海住宅市场的看好，特别是1997年中期爆发的亚洲金融危机都没有对外籍人士造成太大的影响。由于在双轨制下外销商品住宅的价格要远高于内销商品住宅，两个市场的巨大反差或多或少地表明后者的价值被低估(见表4–4，4–5)。①

表4–4 1999 年部分外销商品住宅销售价格②

项目名称	1999年销售价格		2006二手房挂牌价格	区位
	价格(美元/m²)	价格(元/m²)	价格(元/m²)	
九龙花苑	1269	10504.8	11600	静安
爱都公寓	1100	9105.8	12900～13900	长宁
鸿发苑	2300	19039.4	21476	长宁
华尔登广场(一期)	2450	20281.1	24000(办)	徐汇
欧阳大厦	918	7599.2	12600(办)	虹口
龙柏花苑	1700	14072.6	14000(普通)～25000(别墅)	长宁
罗马花园	2000	16556	17000	长宁
同年销售均价		3102	7039	

表4–5 1994年10月浦东新区内销商品住宅市场价格表(元/m²)③

地段	类别	价格	地段	类别	价格
陆家嘴	多层	3500～5000	张桥	多层	2100～2350
	高层	4500～6000	凌桥	多层	1500～1700
周家渡	多层	3200～3800	梅园	多层	1500～1800
洋泾	多层	3000～3800	顾路	多层	1450～1600
	高层	3800～4300	龚路	多层	1400～1650
花木	多层	2800～3200	王港	多层	1500～1600
杨思	多层	2200～2650	合庆	多层	1200～1400
六里	多层	1700～2900		别墅	2000～2700
三林	多层	1700～2100	川沙	多层	1450～1850
东沟	多层	2100～2500		别墅	2000～2700
庆宁寺	多层	2700～2900	蔡路	多层	1400～1600
金桥	多层	2000～2500	黄楼	多层	1400～1600
高桥	多层	1750～2150	张江	多层	1700～2100
	高层	4000～5000			

① 表4–4表明在2001年内外销售商品房并轨后，即便考虑折旧因素，原外资商品住宅价格上涨幅度要明显低于市场统一后的新建商品住房，这潜在地反映出至少在并轨初期相对较低价格的商品住宅对于外籍人士的吸引力，而这也意味着并轨前内销商品住房价值被低估。

② 1999年数据来源：《上海房地产市场，1999》，按当时美元汇率1：8.278 进行换算；2006年数据为相关房地产网站。

③ 《上海房地产志》。

5 上海市的长期房价波动：新周期与基本因素

自2000年市场复苏后，上海市的住房价格进入了新一轮波动周期中的上涨阶段。虽然前期因受到国家宏观调控的影响，房价较阶段性高点已有所回落且目前处在一种较稳定的盘整状态，但是从当前影响市场供需和房价决定的基本因素和结构性变革考察，上海市的房价运行整体上仍然处在上升周期当中，并没有显示出步入衰退阶段的迹象。就此而言，目前的市场形势反映出上海住房市场在宏观调控后成功实现了软着陆，房价正通过盘整方式来等待基本因素的赶超。于是，认识前一阶段房价变动的成因和未来的变化趋势，仍必须立足于住房的现状与发展阶段、经济与收入增长、人口结构等主要基本因素和宏观层次上的金融制度改革、住房制度改革、土地制度改革等重大结构性变革。①

5.1 新一轮房价波动：初步的观察

2000年，上海市的商品住宅市场开始复苏，全年销售面积增长了16%，空置面积五年来首次下降，中房上海住宅价格指数上涨了3.6%。②之后，上海商品住宅市场开始步入加速上升的通道，2001、2002、2003、2004四年中的新建商品住房价格年增长率分别达到10%、15.5%、33%和17.5%，到2005年5月时又较上年末增长了10.3%，这样自2000年1月至2005年5月的累计涨幅达到127%，剔除物价因素后的真实累计涨幅达到114%。2005年7月后，随着国家进一步加强宏观调控，从2004的调控供给转向同时调控供给与需求，上海市的房价开始逐月走低，到2006年2月最低点时累计下跌15%，到2006年末累计下跌

① 本章将首先考察住房的现状与发展阶段、经济与收入增长、人口结构等三大基本因素，有关金融制度改革、土地制度改革的讨论放在第6章，同时在讨论这些基本因素和制度改革时我们都始终结合住房制度改革及其影响，如房改对家庭收入与财富的影响。需要强调的是，金融制度改革和土地制度改革最终通过以下基本因素来影响住房供需及价格决定：资金的成本(利率)及可获得性(信贷限制)、住房生产最重要的生产要素——土地的供给与定价。因此，上述基本要素与重大制度改革的区分并非是绝对的。

② 由于统计差异，上海统计局公布的住宅销售价格指数微跌1.4%，销售均价上涨了7%。

10.3%(图5-1)。期间，上海市二手住房市场也经历了类似的波动，2002~2005四年中分别同比增长6.3%、17%、18.7%和10%，特别是2005年1~5月比上年末增长了15%，使得2002年1月至2005年5月的最大累计涨幅达到70%，到2006年末的累计涨幅为60%(图5-2)。

如图5-3所示，2000年上海市商品住宅投资同比增长26%，随后在房价快速上涨的带动下，2002~2004年间分别同比增长29.3%、19.1%和33.2%。2004年起动的宏观调控最初以房地产投资为主要目标，调控效应在2005年显现出来，当年投资增幅急速降到2.2%，2006年还出现了1998年以来的首次负增长。如果以房地产投资的先行指标新开工面积衡量，则宏观调控在2004年就产生了显著影响，当年的商品住宅新开工面积增长率迅速降到2.1%，增幅比上年减少11%，2005、2006年相继出现了负增长，同比增长率分别为-6.9%和-15%。①

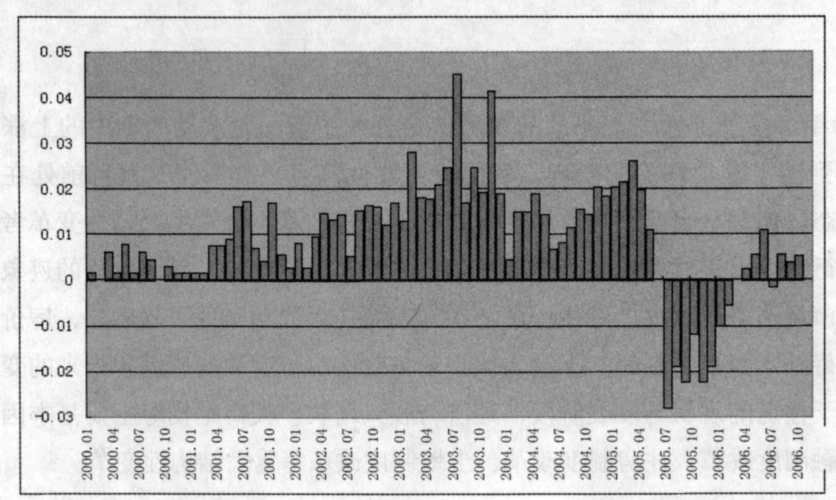

图5-1 中房上海住宅指数月度环比增长率(2000年1月~2006年11月)②

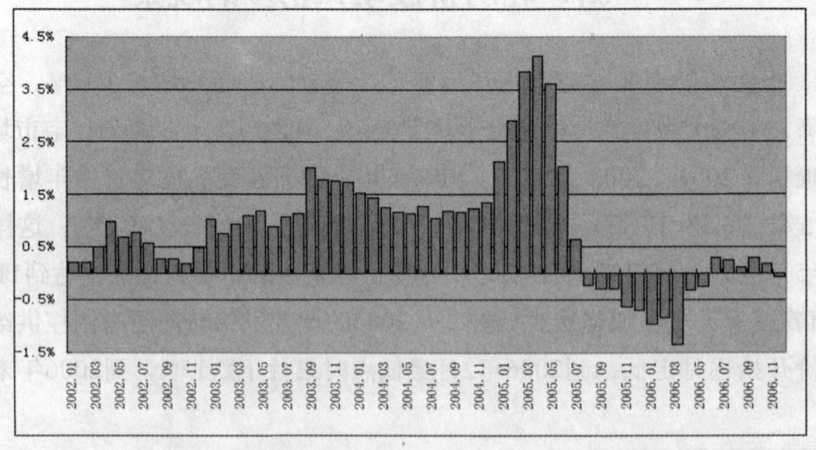

图5-2 上海二手房指数月度环比增长率(2002年1月~2006年9月)③

① 如果剔除2005年起动的“两个一千万工程”的配套与中低价商品住宅投资，则2005~2006年期间真正意义上的市场化商品住宅投资要下降得更为显著。

② 中国指数研究院。

③ 上海二手房办公室。

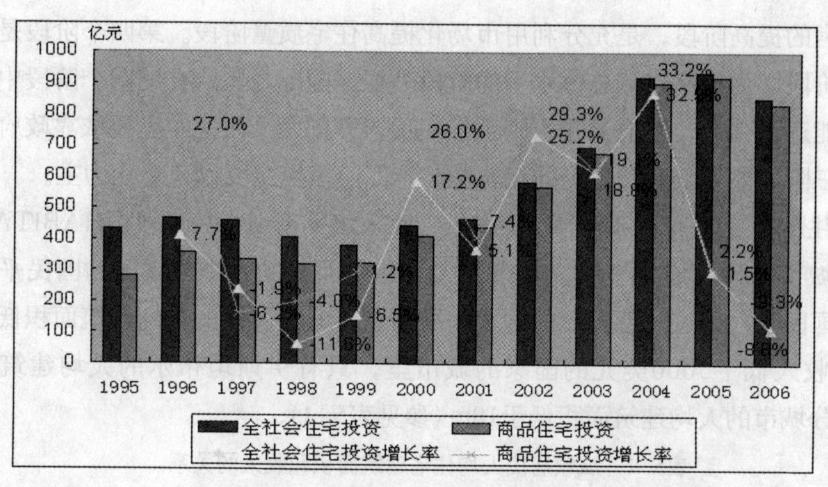

图5-3 上海市住宅投资(1995～2006)

从2003年起，有关上海房地产业是否存在泡沫及其大小的争论就从未停止过。从前述的国际经验看，由于建设期长等产业内在特征，房价及投资的波动确实要大于商业周期的波动，上涨阶段投机的成分也不可避免。但是，至少出于以下两点理由，当前有关泡沫的争论在某种程度上是一个无解的命题。一是在缺乏可靠的、长序列的统计数据的条件下，我们不可能准确地检验泡沫。国际经验表明，房价与基本因素的关系如果存在的话，也是一种长期关系，并且会在一定条件下因基本因素间的相互作用而发生变化，因此在不能验证这些长期关系的背景下尝试用基本因素来定量解释和衡量短期房价波动是非科学的。其次，即便我们采取短期衡量方式，我们也难以从短期的房价波动中区分和识别除基本因素外的重大结构性变化和频繁的反周期政府调控政策的影响。当然，除了定量分析外，我们也看到一些有可能间接证明泡沫存在的证据，如升高的房价收入比、房价租金比以及较高比重的投资性购房。但是，如国际经验所表明的，房价收入比和房价租金比可能并不是衡量房地产泡沫的有效指标，特别是在考察它们的短期变动时要特别当心。至于较高比重的投资性购房，从经济学和政策的角度也要区分正常的投资(包括投机)和非正常的过度投机，尽管实践中两者的界限往往是模糊的。

于是，从政策的角度，着重从定性角度来研究住房供需及其价格决定的基本影响因素及结构性变化在这一轮景气周期中的作用和在未来较长时期内的潜在影响可能要更有意义。

5.2 上海市住房现状与发展阶段

与发达国家及国际大都市最大的不同之处在于，由于历史与经济发展水平的原因，虽然经过十多年来的迅速发展，上海市目前仍处于较早期的住房发展阶段，无论是从数量还是相对质量而言，整体住房状况仍处在一种有待持续的、大幅度改善的过渡状态。

各国的城市居民住房大致都经历了四个发展阶段：一是绝对数量不足的“房荒”阶段。二是增加住房面积的增量发展阶段，也称户均一套房的扩大住房面积阶段。三是人均不少于一间房的提高阶段，是充分利用市场化提高住宅质量阶段。第四个阶段是扩大住房舒适度消费阶段，为提高住宅总体水平的阶段。根据国际经验，在这四个阶段中，市场机制的配置功能逐渐强化，政府的作用则正好相反，即前两个阶段中主要依靠政府的主导与补贴，而第三阶段要靠政府和市场的双轨制，第四阶段应主要以市场化为主。

这四个住房发展的不同阶段与经济增长与收入水平密切相关。根据HABITAT（1996）对世界52个城市的研究成果表明，城市中人均建筑面积的大小与该国的国民平均收入有关，在人均国民收入超过一万美元的国家的城市中，只有香港的人均建筑面积低于20m²。在人均国民收入低于5000美元的国家的城市里，只有伊斯坦布尔的人均建筑面积超过15m²，大部分城市的人均建筑面积低于10m²(参见表5-1)。

表5-1　城镇居民人均住宅建筑面积和收入的关系

按收入分组的城市	人均建筑面积（m²）	每间房人数	永久性结构百分比（%）	通水住宅百分比（%）
低收入国家	6.1	2.47	67	56
中低收入国家	8.8	2.24	86	74
中等收入国家	15.1	1.69	94	94
中高收入国家	22.0	1.03	99	99
高收入国家	35.0	0.66	100	100

注：An Urbanizing World—Globa lReporton Human Settlements，United Nations Centre for Human Settlements（HABITAT），London ，Oxford University Press，1996。

自建国以来，由于投入不足及人口增长过快等原因，上海市的人均居住面积长期徘徊在4m²左右。1980年以后，上海市开始加速住房建设并改变住房分配渠道，从1979年到1995年的17年中，全市共建造居住房屋6206.52万m²，平均每年365万m²，是前29年的3.47倍。然而，期间城镇人均居住面积只从4.5m²增加到8m²，增加不到1.8倍，年均增加只有0.2m²，虽然同期上海的人均GDP从2497元上升到19225元，17年间增长了近7.7倍。1995年时的住房成套率刚过50%，虽然与1990年相比已大幅提高了19%。因此在这一时期，总体上上海市仍然处于绝对数量不足的“房荒”阶段，也大致符合上述世界城市住房发展的基本规律。

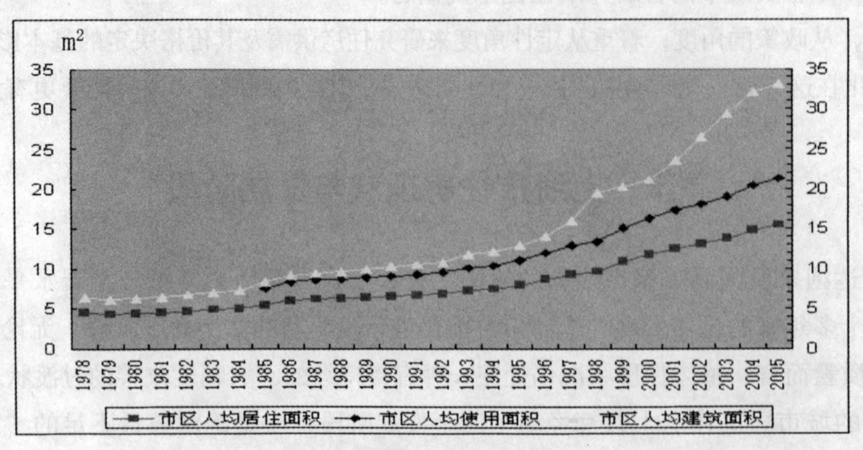

图5-4　上海市城镇住房的改善趋势（1978～2004）

随着经济和收入水平的进一步快速增长，并通过“九五”和“十五”期间的大规模住房建设，目前已显著地改变了上海市早期的住房紧张状况。在这两个五年计划中，全市住宅竣工面积分别完成7916万m^2和11994万m^2，人均居住面积分别上升了3.8m^2和3.7m^2，到2005年末达到15.5m^2，几乎是1995年的两倍；十年中年均增加0.75m^2，为1978～1995年间的3.75倍(参见图5-4)。住房成套率在2000年时达到74%，2005年达到93%。

从上述指标看，上海市总体住房状况得到明显改善。例如2005年末人均33m^2建筑面积已接近高收入国家的平均水平。但是考虑到人均使用面积等平均指标的内在缺陷以及统计口径变化等原因，我们可能需要更深入地考察才能把握上海市的真实住房状况。

首先，如表5-2所示，2005年末上海市的城镇住房总面积达到3.8亿m^2，较1998年增加了近2亿m^2，在调整统计口径变化后增加了1.86亿m^2。其中，扣除住房拆迁面积后的实际城镇住宅净增面积为1.16亿m^2(占62.3%)，剩余0.7亿m^2为调整面积(占37.7%)。后者主要反映了上海市城镇范围的迅速扩张，即原农村住房在并入城镇范畴后转变为城镇住宅。这部分调整面积对于人均住房面积指标的影响是较大的。例如，人均建筑面积从1998年的19.5m^2上升到2005年的33.1m^2，在增加的13.6m^2中，调整面积贡献了5.1m^2，商品住宅贡献了10m^2，扣除拆迁面积后的商品住宅贡献了8.2m^2。

其次，出于历史可比性考虑，目前的人均住房面积指标序列是以户籍人口量为计算基准，而没有统计比重日益上升的外来常住人口的影响。由于自上世纪90年代以来，上海市的外人常住人口迅速增加，到2005年末时已经达到438.4万，与户籍人口之比为1：3.1，因此按户籍人口计算人均住房面积指标明显高估了实际情况。例如，根据2005年1%人口抽样统计，居住在城镇的常住人口总量为1584万人，依此计算的人均建筑面积和人均居住面积分别为24m^2和11.2m^2，如果按户籍人口计算分别为33.1m^2和15.5m^2，两种计算方式相差27.4%。

再次，不同家庭的住房状况相差悬殊。如表5-3和表5-4所示，2000年时上海市特别是在中心城区仍有相当数量的住房困难人群。在全市常住家庭户人口中，有230万人(占全市的15.55%)的人均住房建筑面积低于8m^2，其中中心城区有146万人(占中心城区的23.25%)；全市有208万家庭户只有1间住房(占全市的39.1%)，其中中心城区有115.5万户(占中心城区的55.51%)。中心城区的房均人数1.76人，仍高于联合国提出的1.5人的标准。在这些住房困难家庭中，既包括相当比例的外来常住家庭，也包括本地的低收入家庭。例如，根据上海市房地资源局与上海市民政局共同组织的调查，2005年时全市21.3万户低保家庭的平均人均居住面积为6.92m^2，住房成套率约60%，远远低于上海市的整体平均水平。另一方面，在2000年时，已有161万户家庭的人均住房建筑面积在30m^2以上，特别是主要迁移区的新建城区有86.7万户；有126万户家庭的住房在3间以上，新建城区有66.7万户，表明这一部分家庭的住房状况已经达到类似于国际平均水平的住房消费标准。[①]

① 按照上海2.8人/户的平均家庭规模计算，只要家庭房间数在3间以上就达到人均一间的标准。并且与国外相比，我国的统计指标户均住房间数只包括卧室。

表5-2 上海市市区年末居住房屋面积增量构成（1999～2000）

	1998	1999	2000	2001	2002	2003	2004	2005	合计	比重
年末居住房屋存量（万m²）	19461	20797	22018	24628	26906	30560	35212	37997		
年末新增（万m²）		1336	1289	2611	2277	3654	4652	2784	18603	100%
全市住宅竣工面积（万m²）		1533	1459	1524	1708	2140	3083	2740	14188	
商品住宅竣工面积（万m²）		1229	1388	1524	1708	2140	3083	2740	13813	
十区合计拆迁面积（万m²）		248	288	387	485	475	233	475	2590	
全市建拆净增面积（万m²）		1285	1171	1138	1223	1665	2851	2265	11597	62.3%
调整面积（万m²）		51	118	1473	1054	1989	1801	519	7006	37.7%
其中：2002～2005年期间										
年末新增（万m²）									13367	100%
全市住宅竣工面积（万m²）									9671	
商品住宅竣工面积（万m²）									9671	
十区合计拆迁面积（万m²）									1667	
全市建拆净增面积（万m²）									8004	59.9%
调整面积（万m²）									5363	40.1%
其中：										
中心九区（万m²）					369	344	539	−63	1189	8.9%
浦东新区（万m²）					418	343	241	405	1408	10.5%
闵青等六郊区（万m²）					360	1281	596	104	2341	17.5%
南汇等三远郊区县（万m²）					−93	20	425	74	425	3.2%

注：1．本年市区房屋面积＝上年末实有面积＋本年新建面积－本年拆除面积＋本年调整面积。

2．《上海统计年鉴》中的市区住房建筑面积指标于2002年开始合并南汇等三远郊区县，本表的估计假定1998～2001年前按三远郊区县2002年时的1153万m²合并计入年末居住房屋存量。

3．统计资料中，2004年前的拆迁面积只包括中心九区和浦东新区，因此本表估计将高估全市建拆净增面积和低估调整面积。

4．1999～2005七年间，农业人口下降了141.6万，按期间人均55.7m²计算，则不考虑拆除的情况下，统计口径上通过城镇化带入的住房面积增量约为8200万m²。

最后，各区的住房状况改善程度也有较大差异。与2000年相比，上海中心九区的户均建筑面积提高了34%，达到72m²/户，但是黄浦、杨浦、闸北、杨浦等四区要低于平均数，特别是黄浦区仅有41m²/户(参见图5−5)。考虑到存在着户籍人口中人户分离的情况，图5−6给出了期间中心城区和浦东等三个近郊区常住人口的人均建筑面积变化情况，情况大致相同。上述四区的常住人口人均建筑面积都低于全市和中心城区的平均水平(都为24m²/人)，其中黄浦最低，为16m²/人；同时，外来常住人口最集中的浦东和宝山也要低于平均水平，闵行区仅略高于平均水平，鉴于这三区是期间住宅存量增长最快的地区，这潜在反映出外来常住人口相对较低的住房消费水平。

表5-3　2000年上海全市家庭户人均住房建筑面积①

	家庭户（万户）	家庭户人口（万人）	人均住房建筑面积（m^2）	其中：按人均面积分组计算的家庭户比例（%）							
				$8m^2$以下	9～$12m^2$	13～$16m^2$	17～$19m^2$	20～$29m^2$	30～$39m^2$	40～$49m^2$	$50m^2$以上
全市	529.91	1478.72	24	15.55	12.98	12.45	7.37	21.18	11.14	6.82	12.51
中心城区	224.26	627.92	15.85	23.25	18.97	16.16	9.22	18.52	7.4	3.33	3.6
新建城区	232.9	657.21	27.45	12.1	9.74	10.76	7.13	23.5	13.12	8.21	15.45
郊区（县）	72.71	193.6	38.73	2.85	4.84	6.44	2.42	21.99	16.35	13.16	30.57

表5-4　2000年上海全市家庭户户均住房间数②

	家庭户（万户）	户均间数（间）	其中：按人均间数分组的家庭户数（户）						
			1间	2间	3间	4间	5间	6间	7间以上
全市	529.91	2.1	207.2	196.0	64.9	27.3	12.5	13.4	7.8
中心城区	224.26	1.59	115.5	88.5	17.1	2.0	0.4	0.3	0.2
新建城区	232.9	2.25	77.1	88.7	34.7	13.7	8.6	5.9	3.8
郊区（县）	72.71	3.18	14.5	18.8	13.1	11.6	3.5	7.2	3.8
			其中：按人均住房间数分组的家庭户数比例（%）						
全市			39.1	36.99	12.25	5.16	2.36	2.52	1.48
中心城区			51.51	39.45	7.64	0.89	0.18	0.12	0.1
新建城区			33.12	38.1	14.89	5.9	3.68	2.53	1.64
郊区（县）			19.96	25.86	18.04	15.98	4.84	9.92	5.23

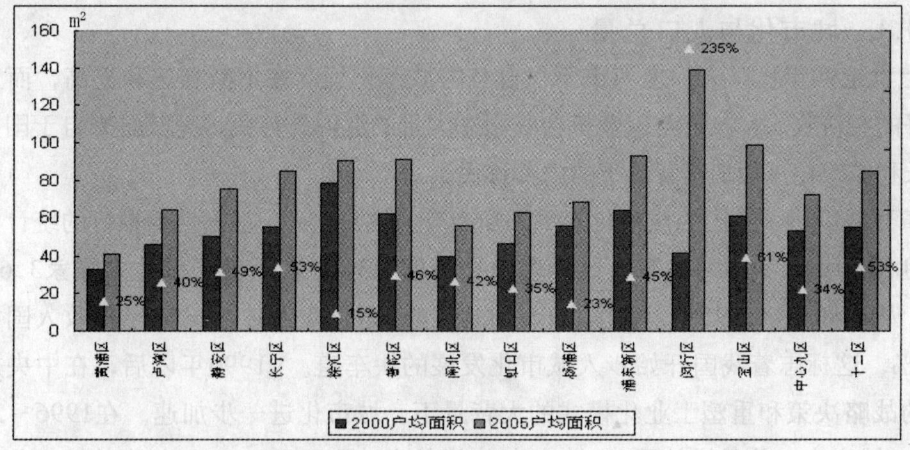

图5-5 上海市各区户均建筑面积变化(2000～2005)

①② 《上海市第五次人口普查数据手册》。

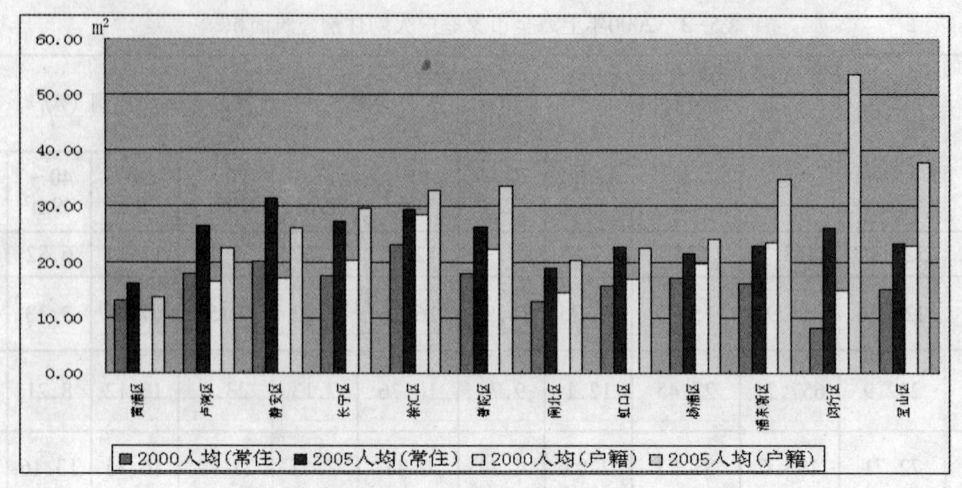

图5-6　上海市各区人均建筑面积变化(2000～2005)

总之，一方面，上海市整体住房状况的大幅度改善表明现有住房发展阶段已在快速通过增加住房面积的第二阶段，并且部分高收入家庭开始进入了提高住房质量的第三阶段，并成为市场中的主要消费群体之一；另一方面，由于收入分配差异和城市化进程加速所带来的巨大人口增量，部分户籍中低收入家庭和相当比例的外来常住家庭尚未解决"房荒"问题。因此目前只能说仍处于第一、第二、第三阶段交叉发展之间的过渡时期。

5.3　人口结构

人口是城市发展的基础，其数量、结构、空间分布与城市经济发展规划、经济产业发展、社会事业进步、公共资源配置、城市资源利用以及环境保护等存在着密切的关系，更是决定一个城市住房需求和价格的基本因素之一。

5.3.1　城市化与人口总量

自上世纪90年代以来，上海市不仅自身的城市化程度在不断加速和提高，而且还凭借其良好的经济收入、投资与就业机会吸引来大批的海内外移民，尤其是来自于国家整体人口增长和城市化进程加速背景下的内部移民。

改革开放以后，我国的城市化水平不断上升（图5-7）。根据世界银行的统计资料，1970年到1980年，我国的城市人口年均增长率仅为3%，甚至低于低收入国家3.6%的平均水平；从1980年至1995年，我国城市人口的年均增长率为4.2%，高于低收入国家的平均水平4%，这标志着我国开始步入城市化发展的快车道。①1996年以后，在中央加快城镇发展的战略决策和重塑工业化模式的大背景下，城市化进一步加速。在1996～2004年的9年间，城市人口总量增长了54.3%，年均增长率达到6.0%；2004年末的城市化率达到

① 张红(2005)。

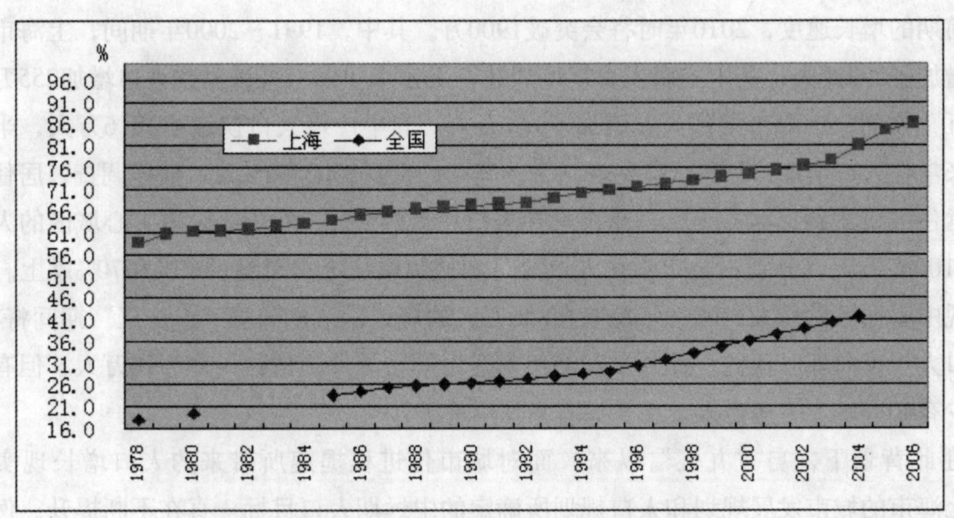

图5-7 上海和全国的城市化进程(1978~2006)

41.76%，较1995年上升12.7个百分点，年均上升1.7个百分点。①如果未来能够继续保持这一增长速度，则还需要20年左右的时间才能达到70%的城市化水平。

自1992年以来，上海市自身的城市化进程也在加速。②城镇户籍人口年均增加21.8万人，城镇人口比重年均上升1.3个百分点，到2006年末已达到86.3%；农业户籍人口累计减少了226万，到2006年末只有188万人，其中真正意义上的务农人口已不到1/3。③特别是2004~2006年三年间，城镇户籍人口比重年均上升2.9个百分点。

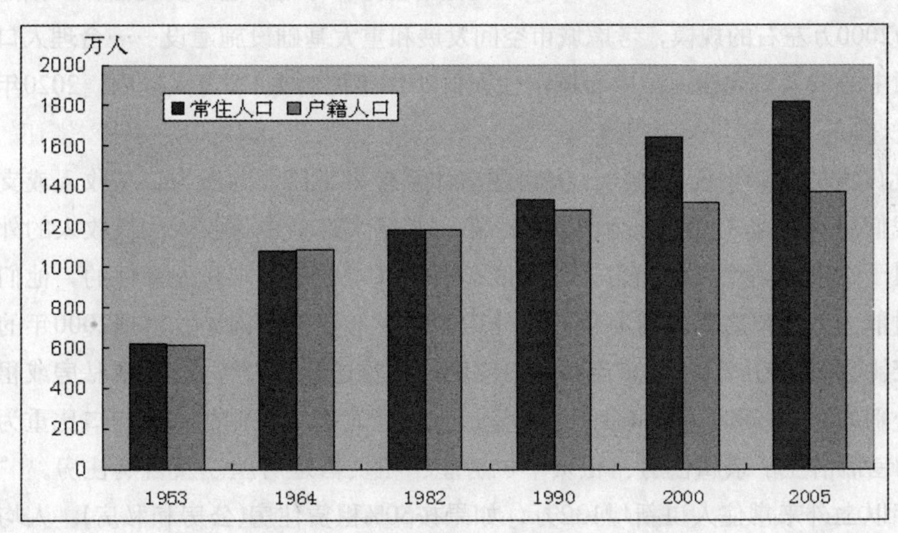

图5-8 上海市历次人口普查情况

如图5-8所示，与我国城市化进程加速相对应，上海市常住人口总量在20世纪90年代后迅速攀升。截止2006年末，不包括外籍人口在内的全市常住人口已达到1815万，并且如

① 《中国统计年鉴》(相关年度)。

② 由于近年来较低的自然增长率及严格的户籍管理政策，上海市内部城市化进程对人口总量增长贡献不大。

③ 2005年末上海市农业从业人员(户籍)只有59万人。

按照前期的增长速度，2010年时将会突破1900万。其中，1991～2000年期间，上海市常住人口增加了293万人，其中户籍人口仅增加38万人，半年以上外来常住人口增加255万人。“十五”期间，上海市常住人口增加了151万人，其中户籍人口仅增加38.6万人，半年以上外来常住人口增加133万人(参见表5-5)。其中，根据2005年1%人口抽样调查，居住在城镇的常住人口达到1584万人，占全市常住人口总量的90%；外环线以内中心城区的人口已达到1100多万人，分别占全市常住人口总量和城镇常住人口总量的60%和70%以上。如果要实现中心城区常住人口2010年控制在850万人的规划，这意味着“十一五”期间将有250万人口大规模向郊区迁徙。此外，2005年末登记的在沪外国常住人口为10万人，但有报道称至少有40万以上港澳台人士在上海有常住用房。

在此背景下，自“九五”以来，面对城市化进程提速所带来的人口增长现实与趋势，上海市的城市发展规划和人口规划所确定的中远期人口目标一直在不断提升。例如，以1996年为规划基础年的《上海市土地利用总体规划》提出，“至2010年，城镇及工矿总规模控制在1326km²范围内。上海常住城镇人口为1420万……中心城严格控制在外环线内（规划面积约690km²）发展，人口815万”。接着，《上海市城市总体规划（1999～2020年）》将目标修改为，“2020年，全市实际居住人口1600万左右，其中，非农人口1360万，城市化水平达到85%，集中城市化地区城市建设总用地约1500km²。中心城规划人口约800万人，城市建设用地约600km²；郊区城镇规划人口约560万。”到了2003年，《上海市城市总体规划（1999～2020年）中、近期建设行动计划》进一步提出，“按照2020年总人口为2000万左右的规模，考虑城市空间发展和重大基础设施建设……合理人口布局，严格控制中心城人口规模……中心城常住人口2010年控制在850万人以内，2020年控制在800万人以内。”

如此庞大的人口增量无疑给上海市住房体系带来了巨大的压力。从收入或支付能力角度，我们可将新增人口划分为两大类。第一类是大部分中等收入和低收入的外来常住人口。对于这部分新增人口而言，作为庇护所的基本住房需求是无弹性的，他们与那些具备支付能力的人口之间的差异仅在于住房的质量与数量。例如，根据2000年的第五次人口普查(以下简称五普)，外来流动人口家庭户比重达到77.5%；[①]租赁私房或租赁公房的比重分别为36.4%和13.8%(合计为50%)，居住于宿舍或工棚的集体户口比重为20%，其余30%包括借住于亲属住房、租赁单位房屋、租赁搭建房屋以及自购住房。“十五”期间半年以上外来常住人口新增132万，如果按50%租赁住房(公房和私房)、人均建筑面积10m²的规定最低限计算，则全市需要提供660万m²的住宅。[②]第二类是高收入或中高

① 与常见的家庭概念不同，人口普查统计中的家庭户是指以家庭成员关系为主，并居住一处共同生活的人群；单身居住独自生活的，作为一个家庭户。如果一套房内有多个家庭居住，只要各家庭单独使用一间房，也被视为家庭户。集体户是指相互之间没有家庭成员关系，集体居住在单位内集体宿舍及其他住所、共同生活的人群。

② 依据《上海市居住房屋租赁管理实施办法》规定，租赁居住房屋，承租的人均建筑面积不得低于10m²，或者人均使用面积不低于7m²。

表5-5　上海市人口与家庭变动

	1990年	2000年	2001年	2002年	2003年	2004年	2005年	2006年	2001~2005年累计增加	年均增长	年均增长率
年末常住人口(万人)	1334.2	1626.7	1614.0	1625	1711	1742	1778.0	1815	151.3	30.3	1.86%
年末户籍人口(万人)	1283.4	1321.6	1327.1	1334.2	1341.8	1352.4	1360.3	1368	38.6	7.7	0.58%
年末户籍总户数(万户)	415.3	475.7	478.9	481.8	486.1	490.6	496.7		21.0	4.2	0.88%
常住外来人口(万人)	50.8	305.7	286.9	290.8	383.1	403.8	438.4		132.7	26.5	8.68%
年末家庭总户数(万户)	410.0	529.9					627.0		97.1	19.4	3.66%
家庭户人口(万人)	1270.9	1478.7					1667.0		188.3	37.656	2.55%
集体户人口(万人)							111.0		111.0	22.2	
户籍城镇人口(万人)	864.5	986.2	999.1	1018.8	1041.4	1097.6	1148.9	1180	162.8	32.6	3.30%
户籍农业人口(万人)	418.9	335.5	328.1	315.4	300.4	254.8	211.3	188	−124.2	−24.8	−7.40%
城镇常住人口(万人)	na	na					1584.0				
农村常住人口(万人)	na	na					194.0				
户籍迁入人口（万人）		15.2	14.6	15.4	14.9	13.9	13.0		87.0		
户籍净迁入人口（万人）		9.8	9.1	11.0	11.2	11.2	9.5		61.6		
上海市居住证人数(万人)							10.7		10.7		
在沪外国常住人口(万人)		6.0	5.1	6.2	7.3	9.0	10.0				
登记结婚(万对)		9.31	9.3	9.1	10.82	12.49	10.27		51.98		
初婚(万人)		15.08	15.23	14.6	17.2	20.27	16.44		98.82		

收入的新增人口，包括新增外籍人士、大部分户籍迁入人口以及含新增居住证人口在内的其他外来常住人口，他们有能力支付较高水平的住房消费，或通过自置或通过租赁。“十五”期间这类人群增量在100万以上，如按2005年上海城镇人均33m²的标准计算，则全市至少需要提供3300万m²的住宅。这样，为容纳“九五”期间的新增人口，总共需提供近4000万m²的住宅，这要占到“九五”全市住宅建拆净增面积(即不包括调整面积)9142

万m²的40%以上。①

5.3.2 家庭规模与结构

上海人口的家庭规模正在不断小型化，上海的家庭类型也日益核心化，三口之家及二人世界已成为上海家庭户的主体形式。

根据五普资料，上海共有529.91万户常住家庭户。②其中二代3人户为191.60万户，约占家庭总户数的36.16%；一代2人户为109.30万户，约占20.63%；一代1人户为70.84万户，占13.37%；3人及3人以下家庭户占家庭总户数的比重达到79.6%(参见图5-9)。在家庭户类别中，二代户的比例最高，为47.5%；其次为一代户，为35.18%；三代户占16.67%；四代户及以上户合起来不到1%(参见图5-10)。观念的转变、生活水平的提高、住房条件的改善和生育水平的下降，使得家庭的世代数减少、结构简化。与1990年相比，一代户上升了12.70个百分点，二代户下降了9个百分点，三代户下降了3.24个百分点。③总之，当代的上海家庭以两代户和一代户的小规模家庭为主体，其中核心家庭即父母同未婚子女组成的3人家庭是两代户家庭的主要形式。

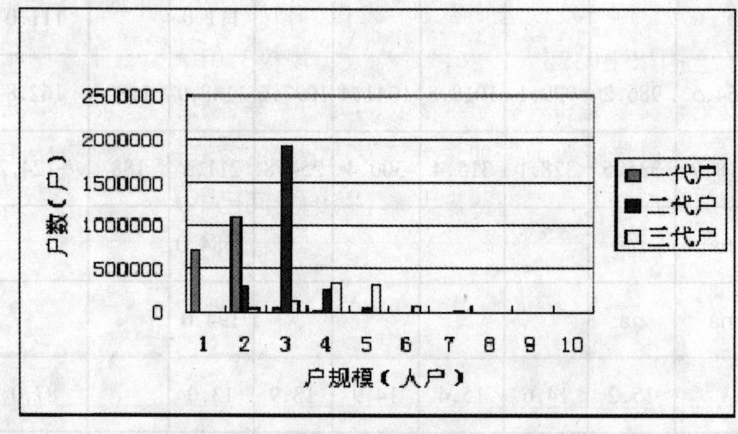

图5-9 2000年上海市家庭结构与规模④

从1949年到1978年，上海户籍户均人口从4.9人下降到3.8人，30年减少了1.1人。到1990年第四次人口普查时，上海的家庭户规模是3.1人，当时三口之家的核心家庭在上海已经十分普遍。到1997年时户均人数已达到2.83人，到2000年第五次人口普查时为2.78人，2005年为2.74人(参见图5-11)。⑤总体上，上海家庭规模呈现出持续降低的趋势，同时20世纪90年代以来的下降趋势已明显放缓。上海市户均人口之所以在20世纪80年代有较

① 这里还没有考虑新增住房面积统计中包含的5%～10%左右的公共配套面积。

② 根据2005年1%人口抽样调查，上海常住家庭户上升到627万户，共增加97万户，估计其中居住在城镇的有87万户。

③ 一代户家庭增长迅速，现有数据无法区分一代户家庭的结构，但一般认为主要是由于一对夫妇户和单身户的增加。其中，单身户可能主要与外来常住人口的急剧增加有关；一代两人户主要与老年空巢家庭增多有关。

④ 《上海市第五次人口普查数据手册》。

⑤ 常住人口家庭户和户籍人口家庭的平均规模差别不大，如根据五普及2005年1%抽样调查数据，2000年时上海市常住人口家庭户户均为2.79人，2005年户均为2.66人。

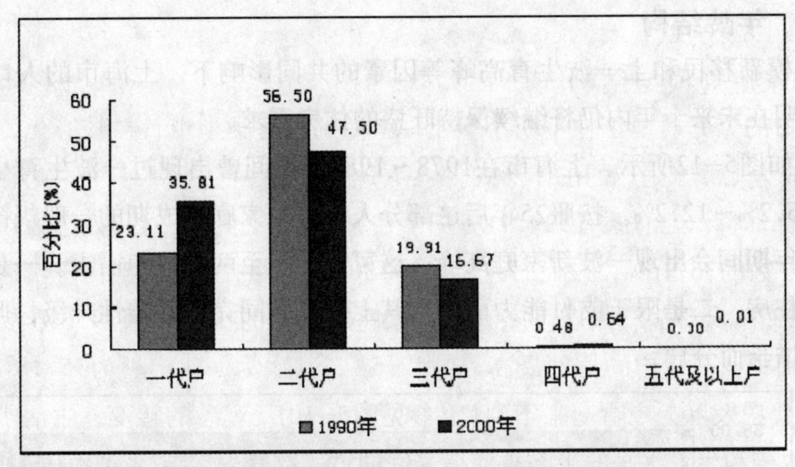

图5-10 1990年和2000年的上海市家庭户类别

大幅度下降，主要是上海严格实行计划生育的结果。1991年后户均人口降到3人以下，既是计划生育的持续作用，也得益于20世纪90年代以来的大规模住宅建设，使市民的居住条件得到较大改善，为家庭户规模进一步细分提供了物质基础。此外，上海城镇户均人口规模2.77人，低于全国水平0.33人；农村户均人口规模3.01人，低于全国水平0.64人。总之，单身家庭、无子女家庭和只有一个子女的夫妇家庭，已经将上海市家庭规模降低到了比较低的水平上，这已接近美国、加拿大等发达国家的家庭规模水平。从目前上海的低生育率水平来看，预计户均人口数进一步大幅下降的空间已不大。

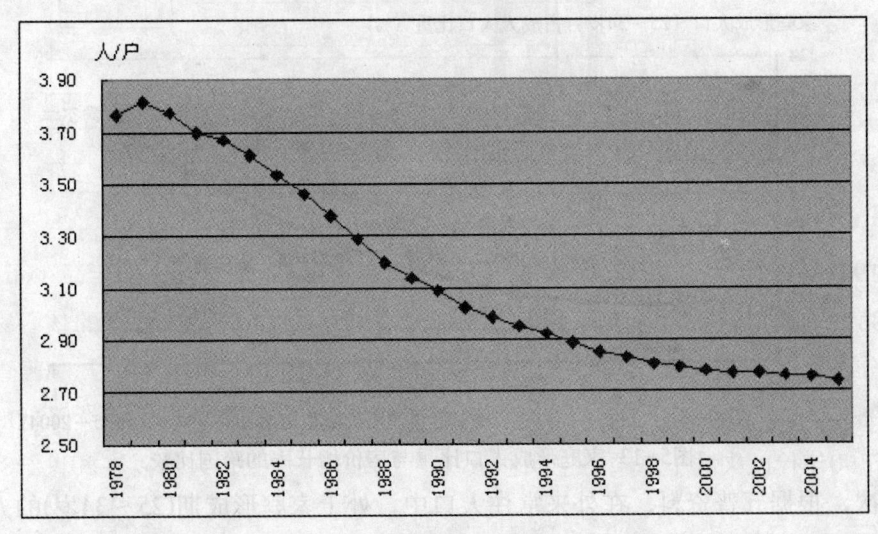

图5-11 上海市户均人口变动趋势(1978～2005)

鉴于20世纪90年代中期以来，上海市家庭规模的变化趋势不明显，因此该指标本身不会对这一阶段的住房需求和房价波动产生重大的影响。另一方面，根据小规模家庭为主体的特征不能直接得出是前期商品住房结构失衡的结果，还需要结合收入、存量住房结构等其他因素综合判断。此外，一代户家庭的迅速增长，有可能对未来的住房供给结构和占有性质带来深远的影响，例如它会推动小户型需求和租赁需求。

5.3.3 年龄结构

在大规模新移民和上一波生育高峰等因素的共同影响下，上海市的人口年龄结构与变化趋势表明在未来十年内仍将继续保持旺盛的住房需求。

首先，如图5-12所示，上海市在1978～1989年期间曾出现过一波生育小高峰，自然生育率达到5.2%～12.2%。按照25年后这部分人口进入家庭形成期的一般规律，上海市在2003～2015年期间会出现一波新家庭高峰，这可能会引至两类住房需求。一是新家庭独立购买或租赁住房，二是限于支付能力而先与其上一代共同完成改善性升级，此后再随着新家庭收入的增长而分户。

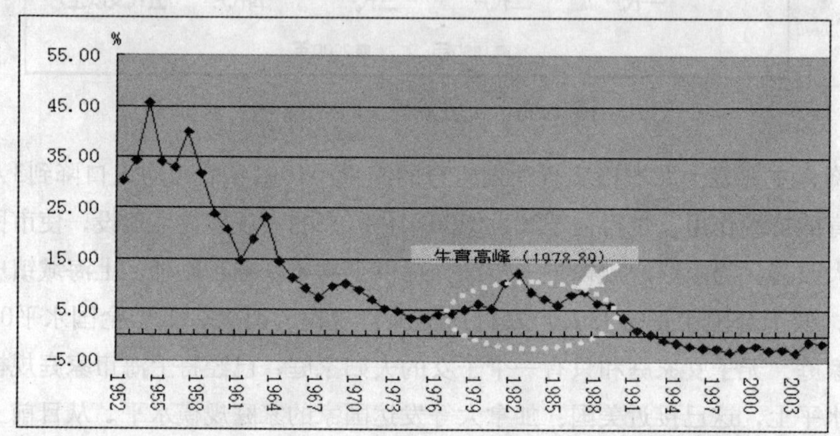

图5-12 上海市户籍人口自然增长率(1952～2003)

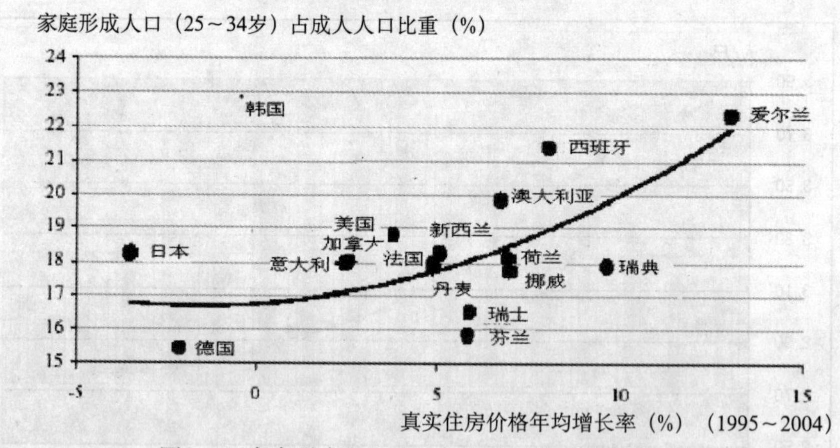

图5-13 家庭形成人口比重与房价增长率的跨国比较

其次，根据五普资料，在外来常住人口中，处于家庭形成期(25～34岁)的人口比重占到37.9%。于是，在全部常住人口中，2000年时处于家庭形成期的人口比重占到25%。在2003年后，上海市初婚人数开始明显增加，2004年达到了20.3万人的小高峰，相比1995～2002年期间年均只有14.8万人。如图5-13所示，根据OECD国家的经验，家庭形成期人口比重与年均房价增长率之间呈现出正相关关系。相比，上海市的家庭形成期人口占成人人口的比重要远远超过这些发达国家，如2000年时已高达31%。

第三，图5-14给出了五普常住人口年龄结构和按照五普数据估计的2005年常住人口年龄结构。24～49岁年龄段的人口比重非常高，2000年为54.24%，2005年为55.75%。其中，2000、2005年35～49岁年龄段家庭的比重都达到29%，而许多抽样调查表明处于该年龄段的家庭具有较强的改善住房动机和支付能力，特别是在前期享受到福利分房的上海本地家庭。

第四，图5-15是按照2005年各年龄段人口零增长假设下在2010～2015年时的人口年龄结构估计。①可以看到，与五普和2005年相比，2010、2015年的25～49岁年龄段的人口比重基本相同，差异较大的是尚未进入家庭形成阶段的15～24岁年龄段。因此可以预计，到2015年之前新形成家庭和有改善住房需要家庭的数量都基本可以维持在目前的水平上。

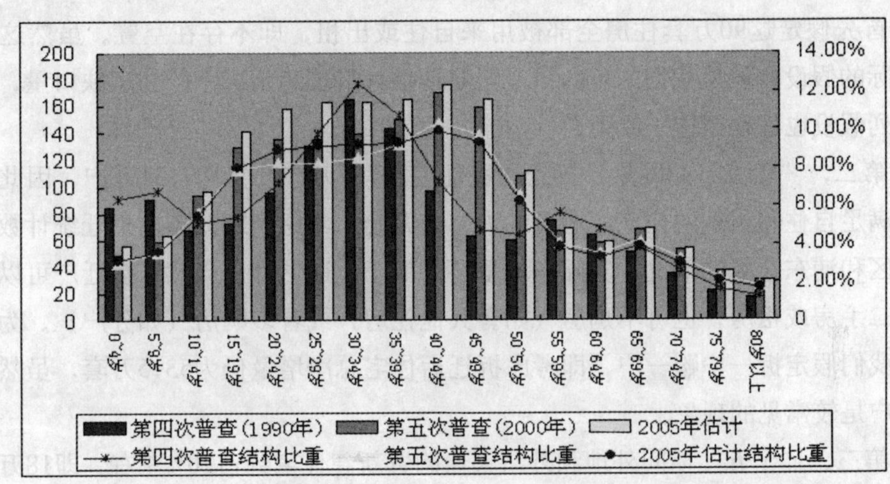

图5-14　上海常住人口年龄结构变动(1990～2005)

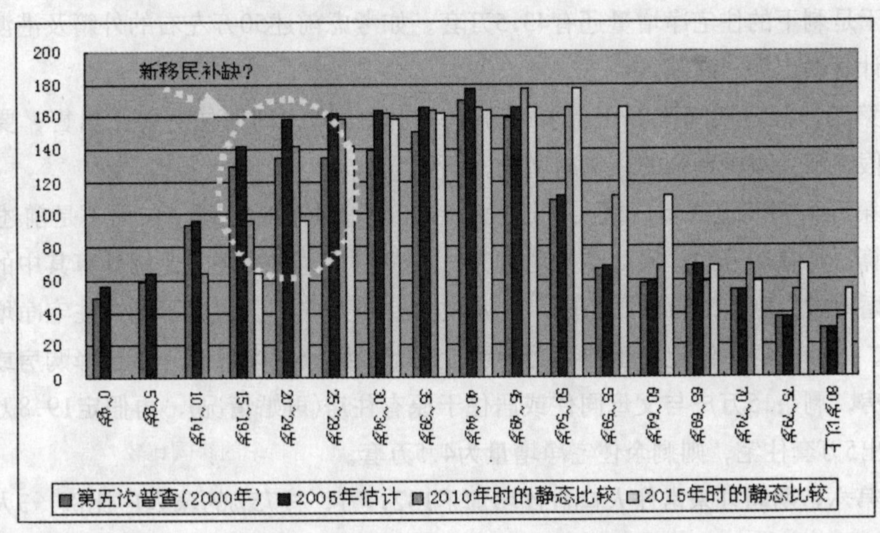

图5-15　2010～2015年上海市人口年龄结构估计

5.3.4 “十五”住房供给缺口估计

与大多数国家不同，我国的住房统计是按照面积而不是套数，因此一般不能准确地

① 即将2005年的各年龄段人口分别向右平移五年和十年。

反映以家庭为单位的实际住房状况。[①]以下我们根据前述的人口与家庭指标，从住房供给率指标来考察“十五”期间住房供给增量是否满足增量需求这一问题。

由于我们要讨论的是2001～2005年期间增量住宅是否满足增量需求（包括自住和租赁）问题，因此与2000年时的实际住房状况无关，可暂时假定2000年时上海市住宅供需平衡。

“十五”期间商品住房累积竣工1.12亿m²，累计销售1.08亿m²，按照套均120m²并扣除公共配套面积计算，总共提供了约90万套的新建住宅，即毛增量为90万套。

首先假定这90万套住房全部被用来自住或出租，即不存在空置。虽然这是一个不符合实际的假设，但是我们的目的只是粗略地估计最理想情况下的住房缺口量，并且以下的一系列假设也都遵循这一原则。

第二，“十五”期间累计拆迁居民住宅36.57万户，年均7.31万户，因此期间全市可用来满足自住和租赁的住宅净增量约为53.5万套。考虑到2005年前拆迁统计数据只包括中心九区和浦东新区的情况，实际净增量还要低于上述估计。当然，拆迁户可以选择购置新房或二手房或租房，也可不购房（如有其他住房）或者多购房（如分户）。为便于讨论，这里我们假定拆一户购一户，即考虑拆迁后住宅总净增量仍为53.5万套，虽然经验表明拆迁分户是较常见的现象。

第三，“十五”期间外地和外籍人士购置新建住宅约占20%左右，即18万套。假定他们没有再购置二手房和租赁住房，并且用于自住的各为5万套，剩余8万套转手出售或出租，于是剩下的住宅净增量还有43.5万套。如考虑前述50万左右的外籍及港澳台人士，这一估计显然也为一高限。

第四，假定期间改善性需求购房者只自住一套，即原住房要么出售，要么出租，因此该假定不会减少剩余的住宅净增量。

第五，期间上海市户籍人口迁入87万人，如保守地按3人/户而不是前述平均2.8人/户计算，则有29万户；累计结婚对数为51.98万对，如按0.6的比例计算其中的上海城镇户籍结婚对数，则有30万新婚家庭。这两项共计59万户，已超过了剩余住宅净增量（43.5万套）。进一步的，假定由于购买力问题，30万新婚家庭中只有一半选择购房或独立租用单套住房，剩余15万户与父母同住或居住于原有住房(再婚情况)，再假定19.8万户籍迁出人口空出5万套住宅，则剩余住宅净增量为4.5万套。

第六，期间外来常住人口合计增加了132.7万，按75%的家庭户比例、3人一户计算，共计33万户；扣除前述已购房且自住的5万户外地常住家庭，还剩下28万户家庭，这要远远超过4.5万套的剩余住宅净增量。[①]由于住房需求是无弹性的，弥补缺口的唯一方式就是降低居住水平，即除少部分家庭有条件租赁整套私房、公房和单位住房外，其他大部分家

① 发达国家普遍在预测家庭增量基础上确定新建住宅增量需求(套数)，即一户一套，并由此提出了衡量住房状况的基本指标之一的住房供给率。根据上海市的相关规划，在2007年争取实现户籍家庭的一户一套目标。

庭必须共同租赁一套房或借住在亲属家，在最极端的情况下则会出现所谓的群租情况。

总之，即使按照上述最保守的估计，与人口和家庭增长所带来的增量需求相比，已经达到历史最高峰的“十五”期间上海市住房供给增量仍存在着较大的缺口，有相当数量的新增中低收入家庭单位被迫多代或多户同住一套住房。考虑到2000年以前这种状况已经存在，说明如果按照住房供给率指标衡量，上海市的住房短缺状况在继续恶化。并且，根据前面的分析，至少在未来十年内，新家庭仍将保持目前的增长水平，如果不能增加住房供给，那么情况还会更加恶化。

最后，在上述分析中，市场通过价格机制来配置稀缺的住房资源，新增家庭根据各自的支付能力选择各自的住房消费水平和方式。在完全的市场化条件下，住房价格(或租金)是由一部分高收入家庭和投资者的需求曲线与短期低弹性甚至长期缺乏弹性的供给曲线共同决定的，即有相当一部分中低收入新增家庭只是价格的接受者，他们可能会长期处于低住房消费水平状态，由此决定了政府干预的必要性。按照现有的政策，住房保障仅限于城镇户籍家庭，但从长期发展和社会进步的角度，政府终须承担起包括外来常住家庭在内的所有居民的住房保障职能。

5.4 经济增长、家庭收入与财富

5.4.1 宏观经济增长

在经历了1998、1999年的低谷后，国内经济在2000年开始复苏，2003年时已经走出紧缩，当年GDP同比增长10%，2006年进一步上升到10.7%，显示出国内经济正处于经济高涨阶段。自1992年以来，上海市的经济增长速度一直要快于全国平均水平，在1999年低谷时仍保持10.4%的高增长率，到2006年末已连续15年保持两位数增长。“十五”期间上海市出现了一次经济波动，主要源自房地产业的影响。2003～2004年期间房地产的高涨拉动上海的GDP走出一个小高峰，2004年时GDP同比增长14.2%，其中房地产业直接贡献了2.4个百分点。2005年受宏观调控的影响，上海市房地产业的直接贡献下降到0.7个百分点，GDP增长率也相应降至11.1%（表5-6）。在考虑房地产业的间接效应后，“十五”期间其他产业对上海市经济增长的贡献基本保持稳定。根据《2006年上海市国民经济和社会发展统计公报》，2006年上海市的宏观经济已克服房地产业增速放缓的不利影响，全年实现生产总值10296.97亿元，比上年增长12%，呈现出增长平稳、结构改善、效益提高的良好态势。

在产业结构升级、劳动生产率持续改进、继续保持强大的出口竞争力以及国企、金融等制度改革进一步深化的大背景下，只要外部环境不出现很大的变化，预计在未来较长一段时间内中国和上海市都能够维持目前的高增长态势。

---

① 此外，剩余25%、被划入集体户的外来常住人口还会占用一部分增量住宅。

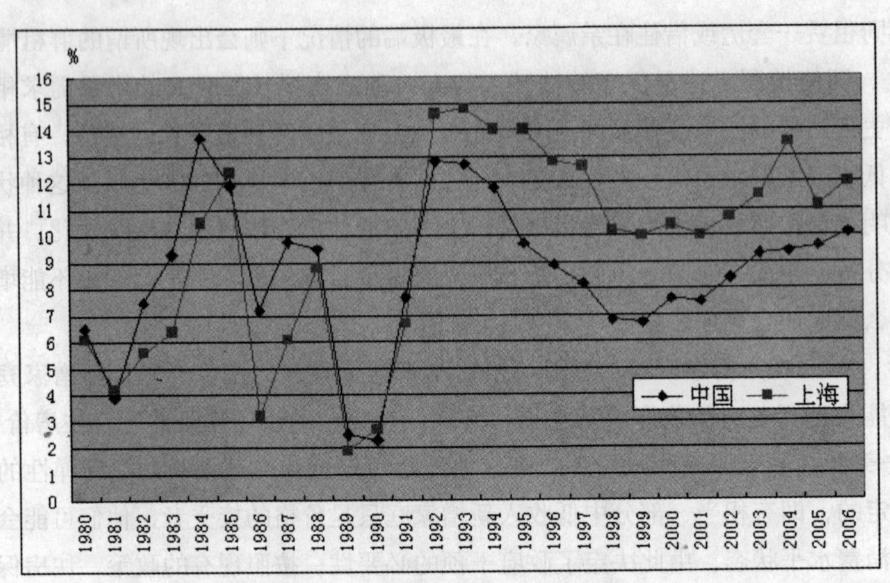

图5-16 全国与上海的人均GDP增长率(1980～2006)

表5-6 上海市房地产业对GDP的贡献(1992～2005)

	GDP增长率	房地产业对GDP增长率的贡献	其它产业对GDP增长率的贡献	房地产业在GDP的比重
1992	14.8	0.9	13.9	1.8
1993	15.1	0.5	14.6	1.7
1994	14.5	0.8	13.7	2.0
1995	14.3	2.6	11.7	3.7
1996	13.1	1.3	11.8	4.3
1997	12.8	0.8	12.0	4.4
1998	10.3	1.1	9.2	5.0
1999	10.4	0.7	9.7	5.2
2000	11.0	1.0	10.0	5.5
2001	10.5	1.4	9.1	6.1
2002	11.3	1.1	10.2	6.5
2003	12.3	1.6	10.7	6.9
2004	14.2	2.4	11.8	7.7
2005	11.1	0.7	10.4	7.4

其中，值得稍微深入讨论的是2005年7月我国进行汇率改革的宏观经济影响。如图5-17所示，1985年"广场协议"后，日本、韩国、中国台湾等都陆续进入了对美元的汇率升值通道。到20世纪90年代初期升值进程结束时，这些国家的经济增长速度都要快于前期可比阶段。如1986～1990年期间，上述三国的真实人均GDP累计增长分别为23.8%、50.8%和46.6%；而1981～1985年期间，真实人均GDP累计增长分别为12.6%、36.1%和

28%。①内在的经济解释是，在汇率升值的初期，基于劳动力工资、生产效率增长潜力的比较优势，升值国竞争力依旧，出口、投资、消费及盈利能力增长势头不改；升值国的产业结构升级特别是向高附加值制造业的升级进程开始加速；外贸盈余、制造业强竞争力和盈利能力又保证了可供投资的资金持续增长，确保低利率环境的持续，从而构成一个正反馈循环，推动国民经济的持续调整增长。自汇率改革以来，这一增长机制已得到了印证，如以装备工业为代表的出口结构的日渐优化、富余的流动性、迅速扩大的贸易顺差及盈余等等。与日本、韩国等相比，更为保守的汇率升值政策，巨大人口红利条件下的劳动力价格、生产效率增长潜力等方面的明显比较优势，这些都有助于延长我国国民经济的快速增长时间。

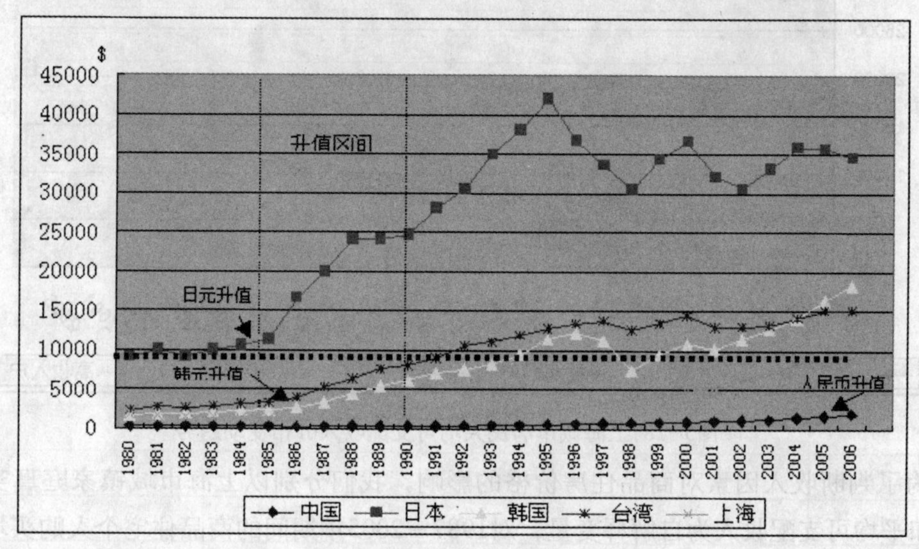

图5-17 人均GDP与汇率升值(当年美元价格)②

5.4.2 家庭收入

在宏观经济高速增长的背景下，上海市的城乡居民收入水平也持续提高。1992～2006年间，上海市城市居民家庭人均可支配收入从3009元快速上升到20668元。15年间人均可支配收入提高了8.32倍，年均增长48.8%，这要明显快于1980～1991年期间年均增长27.8%的水平；真实可支配收入上升了3.78倍，年均增长18.5%，1980～1991年期间年均增长6.7%。其中，“十五”期间，真实人均可支配收入增长了66%，年均增长13.2%，同期真实人均GDP累计增长了71%，表明该时期收入增长基本与经济增长同步，这与前期有较大的差异。

但是，如图5-18所示，收入分配差距在进一步扩大。例如，1992年时，上海市20%最高收入家庭的人均可支配收入分别是平均可支配收入和20%最低收入家庭人均可支配收入的1.49倍和2.28倍；到1999年时，差异分别扩大到1.79倍和3.14倍；到2005年时，差异进

①② IMF经济统计。

一步扩大到2倍和4.8倍。同时，全国的收入分配差距也在扩大。10%最高收入户人均可支配收入与10%最低收入户人均可支配收入之比，1988年为3.1:1，而2000年扩大为5:1，低收入群体收入增长速度远远低于高收入群体，并且近几年有进一步降低的趋势。根据中科院的估计，1990年时，我国的收入基尼系数为0.341，2000年时首次突破被认为严重不平等的0.4标准，达到0.412，2003年时进一步上升到0.457。

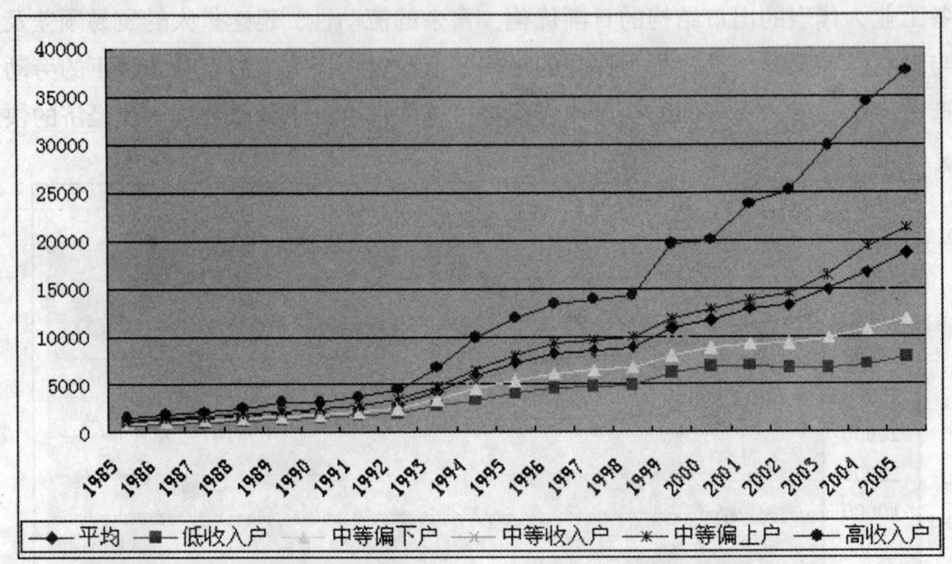

图5-18 上海城市居民人均可支配收入分布变动趋势

为了判断收入因素对商品住房价格的影响，我们分别以上海市城镇家庭真实可支配收入和平均可支配收入为自解释变量，对1987～2005年期间的商品住宅个人购买均价进行了简单的一元对数线性回归。①根据表5-7的回归结果，两上解释变量的解释力都相当强且达到1%的显著性水平。其中，城镇20%最高收入家庭真实可支配收入可解释85%的商品住宅个人购买均价变动，价格收入弹性为1.157。城镇平均家庭真实人均可支配收入可解释87%的商品住宅个人购买均价变动，价格收入弹性为1.443。从模型回归图看(图5-19和图5-20)，虽然城镇平均家庭真实人均可支配收入的解释力较高，但整个观察期间实际值偏离观测值的频率和程度相对较大。相比，在2000年之前，按照高收入家庭真实可支配收入得出的观测值与实际值的拟合程度相当高，这与该阶段最高收入家庭是上海市商品住宅主要购买对象的观察相一致；2001年后，实际值显示出日趋偏离观测值的趋势，可能的解释包括房改后中高收入等其他家庭的购买比重上升、宏观调控后中低价商品住房供给比重上升等等。需要强调的是，由于数据等原因，我们不能准确衡量长期的价格弹性系数，但上述两个回归结果都大于1且为正，且其量级也大致与国际经验相吻合(1.5)。这表明如果上海市家庭收入在今后一段时期内能够保持增长速度，并且在不受政府干预的情况下，上

① 我们尝试在模型中加入城镇人口、基础设施投资、滞后价格项、政策哑变量等其它解释变量，回归结果表明模型相当的不稳定，主要原因在于统计数据质量与样本数、各解释变量间的高度相关性等等。

海市的房价水平可能会继续大幅上涨。

表5-7 商品住房个人购买均价指数与真实可支配收入的回归结果

	相关性系数	标准误差	t 统计值	F统计值	R^2
截距	−0.68316	0.510612	−1.33792	96.60089	0.850353
城镇20%高收入家庭真实人均可支配收入	1.157099	0.117728	9.828575		
	相关性系数	标准误差	t 统计值	F统计值	R^2
截距	−1.9457	0.575253	−3.38233	120.986	0.870491
城镇平均家庭真实人均可支配收入	1.443293	0.131216	10.99936		

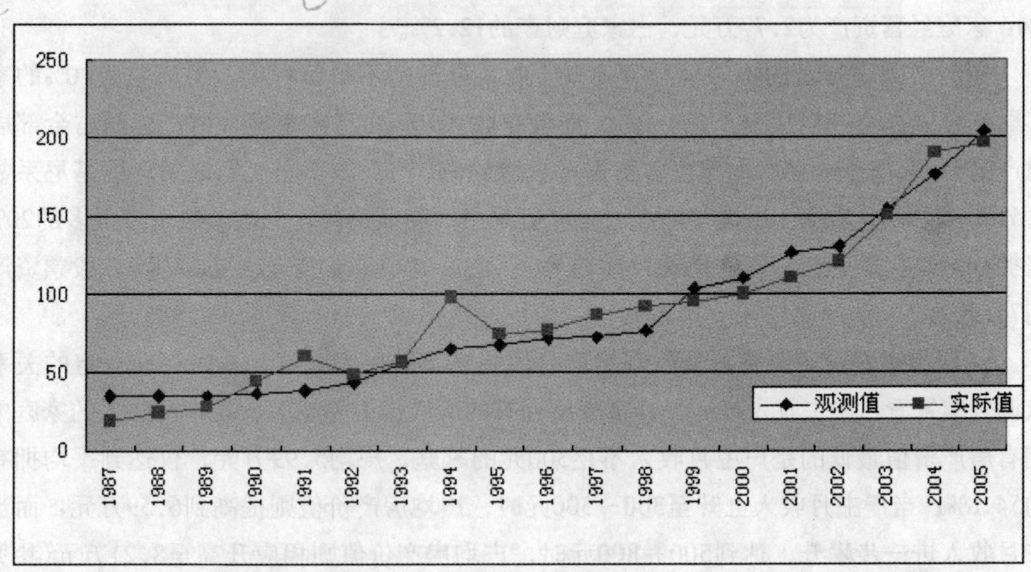

图5-19 商品住房个人购买均价指数与平均家庭真实平均可支配收入指数回归图

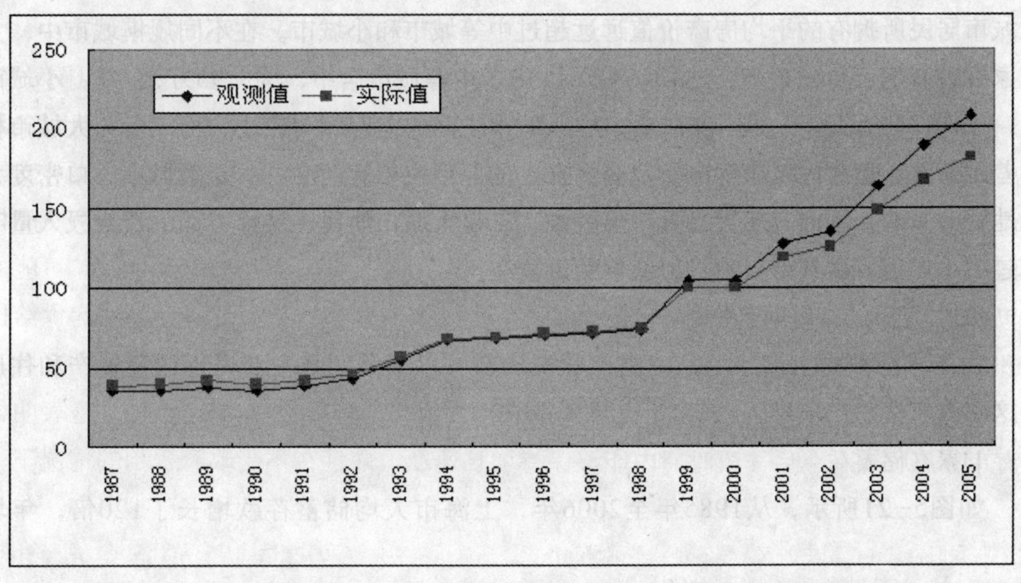

图5-20 商品住房个人购买均价指数与最高收入家庭真实可支配收入指数回归图

5.4.3 家庭财富

房产是家庭财富的一个重要组成部分，同时国际经验表明家庭财富及其分布状况对于住房价格有着重要的影响。

(1)《城市家庭财产调查》结果①

20世纪90年代末期至今，经济与收入增长和制度变迁推动了我国城市居民财产迅速增长。根据2002年国家统计局进行的《城市家庭财产调查》，截止到2002年6月底，城市居民家庭财产户均总值为22.83万元，其中大城市居民户均财产为27.74万元，为平均水平的1.22倍。在家庭财产构成中，金融资产为7.98万元，占家庭财产的34.9%；房产为10.94万元，占家庭财产的47.9%；家庭主要耐用消费品现值为1.15万元，占家庭财产的5%；家庭经营资产为2.77万元，占家庭财产的12.2%。

同时，家庭财富的不平等程度要高于收入分配的不平等程度。最低收入10%的家庭其财产总额占全部居民财产的1.4%，而最高收入10%的富裕家庭其财产总额占全部居民财产的45.0%，另外80%的家庭占有财产总额的53.6%。城市居民家庭财产的基尼系数为0.51。其中，金融资产出现了向高收入家庭集中的明显趋势，户均金融资产最多的20%家庭拥有城市金融资产总值的比例目前约为66.4%，其中储蓄资产占到64.8%，股票资产占到74.9%。

《城市家庭财产调查》还发现房产价值与城市居民家庭收入之间存在一定的关系。从调查结果看，户主收入越高，其家庭所拥有的房产价值便越大。在不同收入的家庭中，拥有房产价值最低的是户主月收入不足300元的家庭，户均5.99万元，仅达到平均拥有量的54.8%；当户主月收入上升至300～500元时，户均房产价值则提高到6.59万元；而当户主月收入进一步攀升，达到500～800元时，户均房产价值则相应升高至8.21万元(参见表5-8)。依此类推，户主收入每上一个台阶，其家庭房产价值也随之跃升一个层次。此外，大城市居民所拥有的平均房产价值远远超过中等城市和小城市。在不同规模城市中，大城市家庭现有房产价值最高，达13.69万元/户；中等城市居中，为8.95万元/户；小城市殿后，户均7.46万元。从这一结果看，中小城市之间的差距相对较小，而二者与大城市相比则差距悬殊。造成大城市房产价值高高在上的原因主要有两个：一是大城市人口密度大，土地资源紧缺，因而其房屋自身价值较高，二是大城市居民在装修方面的资金投入量明显超过中小城市，由其带来的附加值自然也较高。

(2)上海市的家庭财产概述

由于未能获得上海市的家庭财产状况资料，以下我们将主要讨论储蓄资产和住房资产这两大家庭财产项目。

1)家庭储蓄

如图5-21所示，从1985年至2006年，上海市人均储蓄存款增长了120倍，年均复

① 国家统计局。

表5-8 按户主收入分组的城市居民家庭房产价值分布情况

户主月收入（元）	房产价值（元）	户主月收入（元）	房产价值（元）	户主月收入（元）	房产价值（元）
300以下	59928	800～1000	92345	2000～4000	207587
300～500	65858	1000～1500	114071	4000～8000	247018
500～800	82142	1500～2000	163046	8000以上	309120

合增长率高达26.4%；期间人均可支配收入增长率增长了19.3倍，年均复合增长率达到15.2%。同期，人均储蓄存款占人均GDP的比重从15%上升到92%。

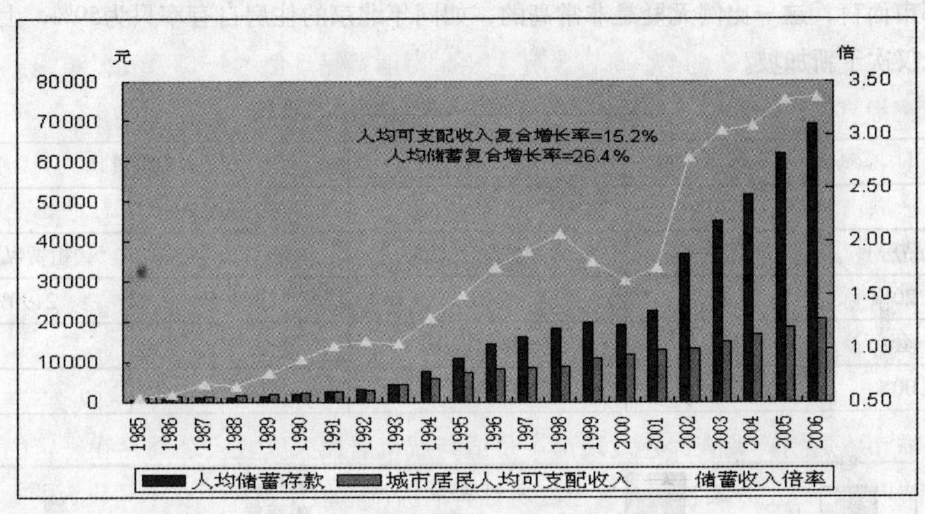

图5-21 上海人均居民储蓄(1985～2005)

特别是在2002～2003两年间，上海市人均储蓄存款累计增长了一倍，使得它与人均可支配收入的倍率从2001年的1.76倍上升到32倍，也近乎翻番。到2006年末，上海市人均储蓄存款已迫近7万元，为人均可支配收入的3.35倍。这一情况既反映了上海居民的高储蓄率，也表明可能存在高水平的未计入可支配收入范畴的“灰色地带”创收。例如，2004年时，上海市城镇家庭人均财产出售收入为2017元，相当于人均可支配收入的11%，其中20%最高收入家庭人均财产出售收入为4856元，相当于该组人均可支配收入的12%，占全部家庭财产出售收入的48%。[①]据估计，这类“灰色地带”创收可占到可支配收入的40%。

如果不考虑分布问题，相对于如此巨额且迅速增长的储蓄资产，目前的住房贷款虽然近年来增长迅猛，但仍只占较小的比重，如2004年最高峰时只有35%，其余年度都在30%以下。

2)住房资产

经过近20年的住房制度改革实践，上海的住房自有率已达到非常高的水平，住房已

① 2003年起开始发布城镇家庭人均财产出售收入指标，就此而言已不能视为灰色收入，但它不计入可支配收入和总收入指标。

成为上海大多数家庭资产最重要的组成部分之一。

根据上海市统计局2003年对全市19个区县、133个街道、镇逾3000户城镇居民基本情况的抽样调查，上海近七成城镇居民家庭持有房产，21.7%家庭拥有两套以上房屋，2%家庭拥有三套以上房屋；拥有房产权的家庭中，29.2%为商品房，36.2%为售后公房（参见表5-9）。此外，自建或原有私房的家庭占4.1%。有27.4%家庭居住在租赁公房内，2.9%家庭居住在租赁私房内。如果我们扩大考虑农村私房，上海的住房自有率更高。如Gallup(2005)的研究表明，2004年时上海全市的住房自有率高达82%（图5-22）。对于一个大都市而言，这一比例无疑是非常高的，如同年北京的住房自有率只为59%，上海在国际上也仅次于新加坡。

表5-9 2003年上海市城镇住房占有性质

自有			租赁	
	69.70%		30.30%	
商品房	售后公房	自建或原有私房	租赁公房	租赁私房
29.20%	36.20%	4.10%	27.40%	2.90%
一套	两套	三套及以上		
48.00%	19.70%	2%		

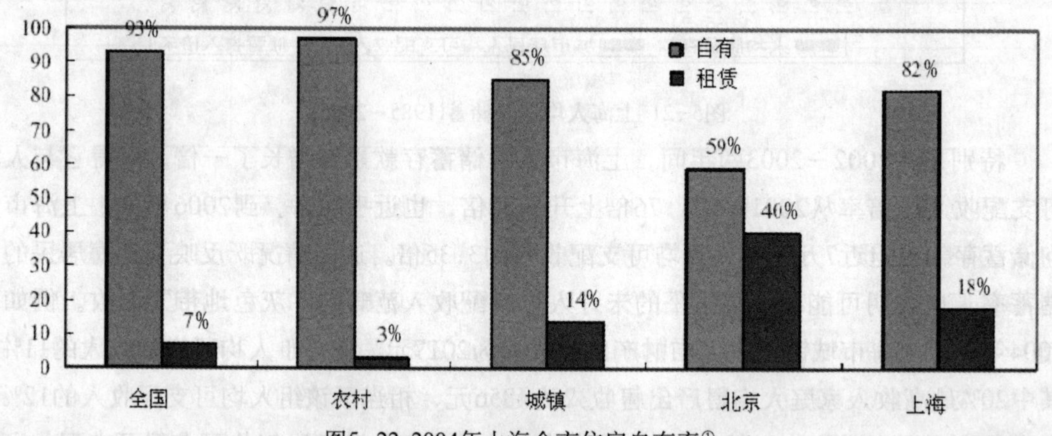

图5-22 2004年上海全市住房自有率①

公房出售及之后的流转是促成上海市高水平的住房自有率的主要原因之一。如表5-10所示，上海市自1988年起步的公房出售工作已经渐近尾声，至2003年底累计出售公有住房163.81万套，建筑面积达8846.32万m^2，占可售公房总量的85%以上，户均建筑面积为54m^2。

公房上市交易已成为部分上海家庭实现住房升级的重要途径和资金来源，这不仅对以往的住房市场产生重大的影响，并且其影响还将延续到未来较长的一段时期（参见表5-11）。

① Gallup(2005)。

表5-10 上海市历年出售公房统计①

	1988～1996年	2000年	2001年	2002年	2003年
当年出售套数（万套）		56.10	9.85	6.55	5.69
建筑面积(万m²)		3020.00	572.05	352.63	305.32
回收资金(亿元)		110.00	20.00	13.20	11.32
累计出售套数（万套）	68.00	139.00	148.50	158.12	163.81
累计建筑面积(万m²)	3400.00	7520.00	8092.05	8541.00	8846.32
套均建筑面积(万m²)	50.00	54.10	54.49	54.02	54.00

表5-11 售后公房上市交易统计（1996～2002）

	套数	总建筑面积(m²)	金额(亿元)	均价(元/m²)	套均价(万元)	套均面积(m²)	占同期二手房交易量的比重
1996年8月～1998年	10913	54.63	12.22	2236.87	11.20	50.06	17.60%
1999年	19771	101.67	22.27	2190.42	11.26	51.42	30.20%
2000年	43411	225.00	52.69	2341.73	12.14	51.83	34.71%
2001年	67284	364.01	96.21	2643.06	14.30	54.10	35.29%
2002年	79441	419.90	135.84	3235.15	17.10	52.86	31.30%
累计	220820	1165.21	319.23				
占2002年累计出售公房的比重	13.97%	13.64%	较1999年增长	47.7%	51.8%		

根据上海统计年鉴(2000年)，1999年时公房出售后90%都重新购房，新购住房平均购房价为28.39万元，平均建筑面积为92.92m²。②并且由于区位关系，售后公房的交易价格水平普遍较高。例如，2002年公房交易均价较1999年增长了47.7%，相比同期中房上海住房指数增长了31.7%，官方公布的销售均价增长了29.1%。又如，2002年时新建商品住宅的销售均价为4007元/m²，售后公房为3235元/m²，约为前者的80%。

即使在2003年以来新建商品住宅价格大幅上涨后，售后公房在住房升级中的作用仍然重大，因为期间的二手房价格涨幅基本与新建商品住宅同步。如2003～2006年，二手住

① 历年上海市统计年鉴。

② 另一种利用公房升级的方式是使用权公房的差价换房交易。例如1999年时，通过差价换房转让承租权的金额为每户7.4万元，转让后购买平均23.8万元的产权房，平均面积为70.5m²。截止2004年底，上海尚没有出售的公有住房约3800万m²，约95万户，其中直管公有住房2400万m²，住户73万户。由于历史原因，这部分使用权公房大多已经固化为准产权房，政府很难收回房子的使用权，这也意味着实践中允许大批现有租赁家庭通过差价换房进行住房升级。

差价换房交易统计	套数	总建筑面积（万m²）	套均面积（万m²）
1998年6月试点至1999年底	15723	59.64	37.93
2000年	16491	68.00	41.23
2002年	7123	24.76	34.76

房与新建商品住宅的上涨幅度基本相同。因此，如果按套均面积54m²计算，一套平均价位的售后公房可折抵43m²左右的平均价位的新建商品住宅。如果售后公房所有者的升级目标为90～100m²的新建商品住宅，如按2005年6698元/m²的销售均价计算，则通过出售公房资助升级所需的额外投入为31.5～38.2万元，按平均可支配收入家庭计算的剩余房价收入比为5.6～6.8倍，都不会存在支付能力问题。

此外，这种住房升级方式在未来较长时期内仍会非常普遍。上海市历年出售公房163.8万套，2002年前累计上市交易22万套，不考虑其中的重复交易，假定2003年起每年上市交易10万套，则售后公房所有者将在10年内陆续完成各自的住房升级。①

至此，我们可以从定性的角度进一步探讨住房制度改革对前阶段及未来房价的影响。如表5-10所示，上海市的公房出售工作可分为两个阶段。1988～1996年期间累计出售了68万套；此后，直到2000年末才在政府的强力干预下，又一次大规模地出售公房，全年出售56.1万套，而2001～2003年期间陆续出售了22.05万套。因此，这种渐进式的出售方式一定程度上限制了早期的通过公房交易实现升级运作。当然，这只是推动新一轮房价繁荣的潜在原因之一。更为重要的是，只有在公房大部分出售后，才能向市场和家庭发出政府将严格遵行房改政策、加速向市场化转轨的信号。比较图5-23和图5-24，我们可以看到，上海市加快房改进程后的房价上涨与伦敦上世纪80年代房改后的房价上涨有雷同之处。自1981～2000年期间，英国伦敦市政府公房减少了25万套，主要是因为出售公房并同时大幅减少新公房的建造量，如从1981年的1.34万套降到20世纪90年代的年均100套水平。随着这一政策的执行，伦敦房价也于1984年后开始迅速上升，直至1988年达到顶峰。

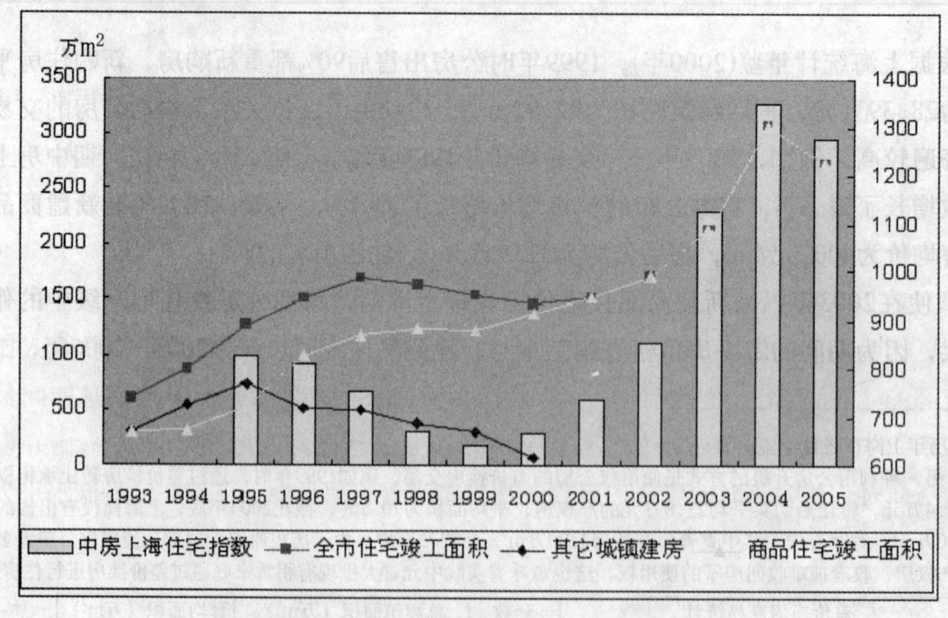

图5-23 上海市住宅建设与房价(1993～2005)

① 1999～2002年，售后公房交易占二手房交易量的比重在30%-35%，2004年最高峰时二手房交易量为30万套，因此2003年起售后公房年均交易10万套为合理估计。

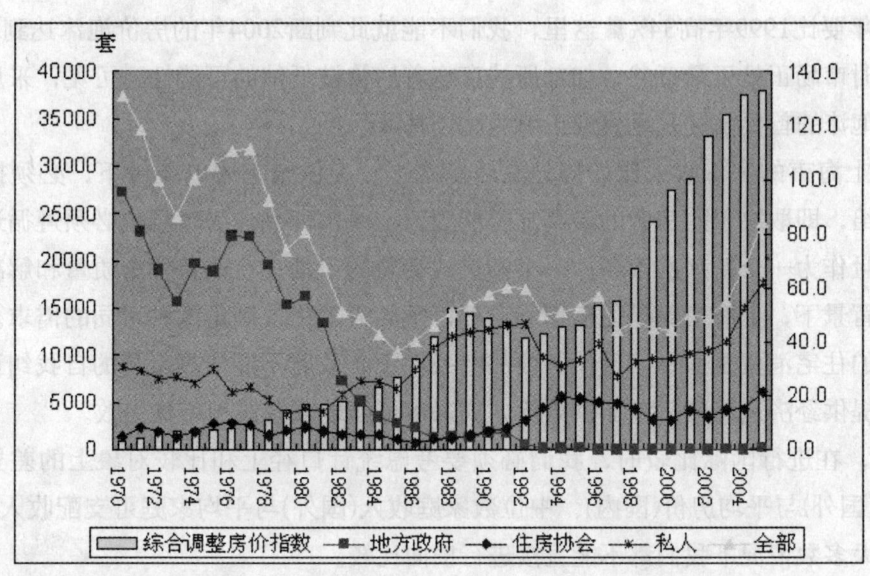

图5-24　伦敦住房建设与房价(1970～2005)①

最后，客观地说，住房制度改革使得居民家庭的住房迅速转化为家庭财产，房产在整个家庭财产中的比重迅速增加，并且是一个普遍增长的过程。另一方面，在拥有房产的家庭能够到普遍享受到资产增值收益的同时，也加剧了社会分配的不平等，尤其是那些尚未拥有住房的新家庭。然而，在目前住房自有率已经相当高的背景下，在可预见的未来一段时期内，经济和收入的持续高速增长必然会推动住房价格的上涨，如何更有效率、扭曲程度最低地解决居民财富增值与分配不平将成为政府面临的难题。

5.4.4　支付能力

(1)长期的高房价收入比趋势

高房价收入比一直被许多人视为上海住房市场存在泡沫的主要证据。正如理论和国际经验所揭示的，高房价收入实际上并不是一个判断市场泡沫及其程度的有效指标，但它确实是衡量家庭支付流动性和指导政府住房保障政策的有效工具。

如果我们考察上海市房价收入比的长期变动趋势而不是短期波动的话，上述第一个观点会更加明确。如图5-25和表5-12、表5-13所示，长期以来上海市的房价收入比一直处在较高的水平。如1995年初的房价收入比水平比长期平均水平高一倍，是期间最低水平(1999年)的2.5倍，并且后者如果按销售均价衡量的话已经处在很高的水平。②在以样本均值为基准时，2004年时的真实房价收入比仅略高于长期平均水平；在以最低水平为基准

① UK Office for National Statistics。

② 图5-25和表5-12中衡量房价收入比的方式存在差别。前者是按一定基准将真实的房价指数与真实的可支配收入指数的比值标准化的结果。后者是直接将各期的未调整的平均标准住房总价(这里按90m²、当年销售均价计算)除以当期的平均家庭可支配收入。前者主要用来反映真实的房价收入比的变动趋势，后者更适合判断支付流动性问题。

时，2004年要比1999年高34%。这里，我们不能就此判断2004年的房价泡沫达到34%，因为1999年时市场正处于最低谷，如前所述存在着房价被低估的可能性。可见，采用房价收入比衡量泡沫的首要前提是寻找到正确的比较基准。

为何上海市的房价收入比始终处在较高水平？在供给有限的条件下，必须按照价格来实行配给，即取决于购房者的最高支付能力，上海市商品住房市场也必须遵循这一市场规律。并且作为一个新兴的市场，一个渐进式转轨的市场，在改善住房质量和解决住房困难共存的背景下，上海市商品住房市场自然以配给方式依次满足两种不同的需求。在承认所谓得体的住宅消费是一种“价值”商品的条件下，政府不能依靠市场的自我纠正，但却可以通过提供经济适用房、增加供给等方式来尽可能地减轻这种市场失败。

此外，在进行国际比较时，我们必须要考虑统计口径上和比较对象上的差异，如中位数房价(国外)与平均房价(国内)、中位数家庭收入(国外)与平均家庭可支配收入(国内)，实际上在大多数情况下我们都不能直接进行横向比较。

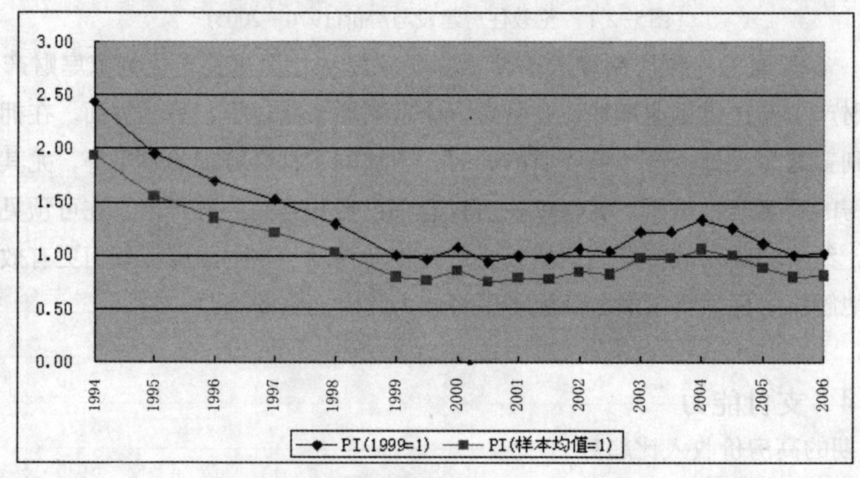

图5-25 经价格调整的房价收入比变动趋势

(2)静态与动态的房价收入比

表5-13给出了各收入组家庭在不同年份按照当年销售均价购买一套90m²标准住房的房价收入比情况。无疑，从静态的角度，除高收入和最高收入户家庭外，其他收入组都面临着支付能力问题。例如，在房价最低谷的1999年，一个有着平均可支配收入水平的代表性家庭要支付8.29倍的当年可支配收入才能购买到一套平均价格的标准住房。

表5-15给出了更能反映支付流动性的月均还款额/月收入比指标情况。同样是上述平均价格的标准住房，假定首付比为20%，贷款期为25年，贷款利率按当年抵押贷款利率。按照月可支配收入不低于月均还款额两倍的信贷限制规定，月均还款额/月收入比高于50%就被视为缺乏支付能力而不能获得贷款批准。计算结果表明，与按静态房价收入比衡量时的情况大致相同（参见表5-14）。①

① 一个较大差别是，在后一场合，早期阶段的高利率水平使得高收入家庭也不能满足支付能力标准。

然而这种静态的估计方式忽略了一个中国特有的因素。即中国居民的个人收入增长速度要大大高于发达国家。不考虑贷款限制，在其他条件都相同的前提下，与预期年收入增长3%的消费者相比，预期9%的消费者将会有更大的负债能力。如表5-14所示，假定一个上海平均收入家庭设法(如私人借贷)在1995年购买下一套标准的90m²新住房，当年的房价收入比为9.99倍。随着收入的增长，五年后(2000年)该家庭所面对的房价收入比已下降至6.26倍，十年后只有3.97倍。类似的，在本轮房价最高峰的2004年时，一个平均收入家庭购买一套标准新住房所面对的房价收入比为11.33倍。根据前五年的可支配收入增长情况(年均增长10.5%)，该家庭预期未来可支配收入仍会年均增长10%，那么购买五年和十年后的房价收入比分别下降至7.55和5.67倍。如以月均还款额/月收入比指标衡量，情况也大致相同(见表5-15)。例如，在假定贷款利率不变的情况下，一个平均收入家庭在1999年购买一套标准新住房时的月均还款额/月收入比为0.49，然后随着收入的增长而下降，如2005年时下降到0.3。更为有趣的是，在两种动态场合下，即便是中等偏下收入家庭也可以逐渐改善自己的支付能力，只要他们能够获得住房抵押贷款并设法解决前五年的支付能力不足问题。这无疑为我们揭示了一个在收入快速增长的条件下帮助中低收入家庭改善住房支付能力的关键，即包括固定利率贷款在内的住房融资工具创新。

表5-12 静态房价收入比

	总平均	最低收入户	低收入户	中等偏下户	中等收入户	中等偏上户	高收入户	最高收入户
1995	9.99	21.32	16.2	13.73	11.26	9.28	7.41	5.39
1996	10.73	22.36	17.4	14.71	11.9	9.68	8.04	5.73
1997	10.01	21.26	16.15	13.39	10.92	8.98	7.33	5.45
1998	10.05	21.88	16.14	13.47	11.16	9.08	7.49	5.52
1999	8.29	15.72	12.96	11.48	9.01	7.72	6.28	3.96
2000	8.4	14.84	13.76	10.88	9.29	7.64	6.29	4.33
2001	8.52	16.5	14.06	12.6	10.04	7.79	6.23	3.75
2002	9.84	20.21	16.86	14.12	11.06	9.12	7.47	4.28
2003	10.1	24.02	19.16	15.99	11.72	9.3	7.06	4.34
	总平均	低收入户		中等偏下户	中等收入户	中等偏上户		高收入户
2004	11.33	24.8		17.9	13.32	9.89		5.84
2005	10.74	24.45		16.59	12.91	9.56		5.53

表5-13 动态的房价收入比

	总平均	最低收入户	低收入户	中等偏下户	中等收入户	中等偏上户	高收入户	最高收入户
1995	9.99	21.32	16.2	13.73	11.26	9.28	7.41	5.39
1996	8.9	18.55	14.44	12.2	9.87	8.03	6.67	4.75
1997	8.58	18.21	13.84	11.48	9.36	7.69	6.28	4.67
1998	8.22	17.91	13.21	11.02	9.14	7.43	6.13	4.52

表5-13（续）

1999	6.62	12.56	10.35	9.16	7.19	6.17	5.02	3.16
2000	6.26	11.05	10.25	8.11	6.92	5.69	4.68	3.22
2001	5.77	11.17	9.52	8.53	6.8	5.27	4.22	2.54
2002	5.8	11.92	9.94	8.33	6.52	5.38	4.4	2.53
2003	5.01	11.92	9.51	7.94	5.82	4.62	3.5	2.15
	总平均	低收入户		中等偏下户	中等收入户	中等偏上户		高收入户
2004	4.4	9.62		6.95	5.17	3.84		2.27
2005	3.97	9.04		6.13	4.77	3.53		2.04

表5-14 静态的月均还款额/月收入比

	总平均	最低收入户	低收入户	中等偏下户	中等收入户	中等偏上户	高收入户	最高收入户
1995	1.21	2.58	1.96	1.66	1.36	1.12	0.9	0.65
1996	1.33	2.77	2.16	1.82	1.47	1.2	1	0.71
1997	1.04	2.21	1.68	1.39	1.14	0.93	0.76	0.57
1998	0.9	1.96	1.45	1.21	1	0.81	0.67	0.49
1999	0.49	0.93	0.77	0.68	0.54	0.46	0.37	0.24
2000	0.5	0.88	0.82	0.65	0.55	0.45	0.37	0.26
2001	0.51	0.98	0.84	0.75	0.6	0.46	0.37	0.22
2002	0.55	1.14	0.95	0.8	0.62	0.51	0.42	0.24
2003	0.57	1.35	1.08	0.9	0.66	0.52	0.4	0.24
	总平均	低收入户		中等偏下户	中等收入户	中等偏上户		高收入户
2004	0.64	1.4		1.01	0.75	0.56		0.33
2005	0.63	1.44		0.98	0.76	0.56		0.33

表5-15 动态的月均还款额/月收入比

	总平均	最低收入户	低收入户	中等偏下户	中等收入户	中等偏上户	高收入户	最高收入户
1999	0.49	0.93	0.77	0.68	0.54	0.46	0.37	0.24
2000	0.47	0.82	0.76	0.6	0.51	0.42	0.35	0.24
2001	0.43	0.83	0.71	0.63	0.51	0.39	0.31	0.19
2002	0.43	0.89	0.74	0.62	0.49	0.4	0.33	0.19
2003	0.37	0.89	0.71	0.59	0.43	0.34	0.26	0.16
	总平均	低收入户		中等偏下户	中等收入户	中等偏上户		高收入户
2004	0.33	0.72		0.52	0.38	0.29		0.17
2005	0.3	0.67		0.46	0.36	0.26		0.15

6 上海市的长期房价波动：新周期与结构性变革

1998年以来我国有限放松了住房信贷管制，加之宽松的货币政策，对新一轮的房价波动产生了重大的短期影响，但是作为我国金融制度改革的一部分，进一步放松住房信贷管制将取决于利率制度、汇率制度和资本市场的一整套结构性变革进程。同时，作为供给方面的最重要因素，2002年以来新一轮土地制度改革及紧缩地根调控的短期影响引起了广泛的争论，其长期影响则必须结合未来城市化的进程与需求、可供利用的土地存量与增量、制度的完善等多方面因素综合考察。

6.1 货币政策与住房信贷

6.1.1 货币政策与流动性泛滥

1998年后，为了克服经济紧缩，我国开始实行宽松的货币政策。在1998～2002年期间，先后五次调低利息。如一年期存款利率从1997年的5.52%降到2002年的1.98%，一年期贷款利率从9.36%降到5.49%。2003年后，虽然国民经济已成功走出紧缩，但至今仍维持着相对宽松的货币政策。截止至2006年末，在经过2004和2006年的三次加息后，一年期存贷款利率分别仅为2.52%和6.3%，长期国债收益率长期保持在3%～3.5%左右。如图6-1所示，在剔除通胀因素后，2003年中期至今的实际存款利率已为负值或趋近于零。因此，中国目前的金融环境、利率水平基本上维持着抗通缩时候的架构，但是经济状况与之前却有着天壤之别。

另一方面，随着人均收入的不断提高，消费者基本消费需求得到满足，一部分收入开始转换为储蓄以满足未来消费。未来的收入和消费越不确定，储蓄率就越高，中国储蓄率在2001 年之后呈逐年上升的趋势。由于我国的资本市场发达程度不高，可供投资者选择的投资品种尤其是固定收益投资品种非常有限，结构性的投资渠道不畅导致了银行存款仍是居民储蓄的最主要途径。

事实上，我国的低利率政策并不是近年才开始的。与日本当年十分相似，我国的工业化，基本上是以个人储蓄资助企业投资的形式完成的，即高储蓄、高投资、低产品价格和低投资回报，借助银行的低息信贷扩张打造出一个制造业平台。在严格的管制下，我国的资本成本要低于正常商业社会和银行体系应有的水平：

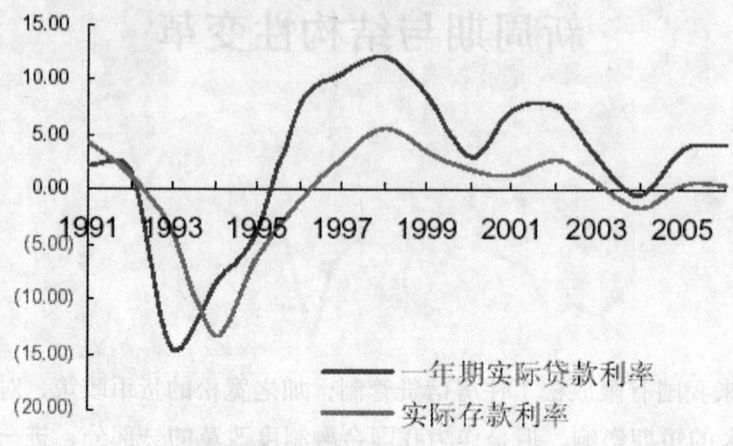

图6–1　真实存贷款利率(1991～2005)

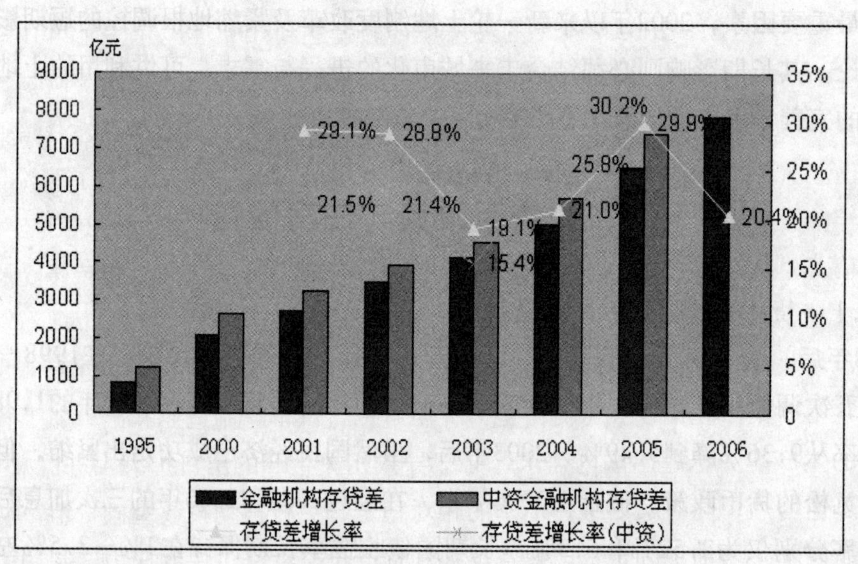

图6–2　上海市金融机构存贷差(1995～2006)

在低利率和流动性泛滥的环境下，投资带动下的资产升值是一个必然的结果。实际上，银行、企业、投资者的行动都是理性的。对于银行，一边是储蓄大量涌入，一边是贷款受到抑制，多余资金无论放在央行还是国债市场，回报都极其有限，因此银行有着巨大的放贷冲动。如图6–2所示，2004年开始宏观调控后，上海中资商业银行的存贷差迅速上升，两年中分别增长了25.8%和30.2%。对于企业而言，即便利润率一跌再跌，但只要仍高于廉价的资金成本，就会选择继续投资。对于普通民众，在实际银行储蓄低利率甚至负利率的条件下，追逐更高回报的投资机会无可厚非，尽管其投资渠道有限。因此在过去的三年半中，中国经历了两轮投资过热和信贷过度扩张，对此政府进行了两轮宏观调控。虽然调控中也使用了常规货币政策手段，但主要依靠的还是窗口指导、定向票据发行等行政干预手段。但是这种作法对于资金富余的企业、投资者却不构成实质性打击，也未解决银行自身资金泛滥的困境。

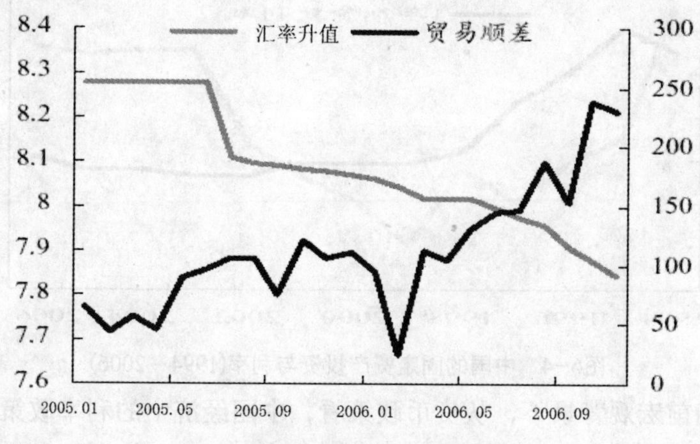

图6-3 汇率升值与贸易顺差

2005年7月我国实行汇率改革后，国内的流动性泛滥问题进一步加剧。由于贸易顺差大幅上升(参见图6-3)，2005年全年的经常项目顺差达到1608亿美元，而2001～2004年期间合计才为1674亿美元，占GDP的比重迅速从2001年的1.3%上升到2005年的7.2%。再加上巨额的资本项目顺差，国际收支总体顺差达到2238亿美元，使得年末外汇储备余额达到8189亿美元。[①]2006年，货物贸易顺差继续大幅上升，较2005年又增长了74%；国际收支继续保持巨额双顺差，年末外汇储备达到10663 亿美元，比上年末增加2473亿美元。这种汇率升值后经常项目顺差大幅上升的表现，除了国际制造业加快向我国转移以及全球经济强劲增长拉动出口等原因外，主要还是由于投融资体制改革滞后，金融市场不发达，利率尚未完全市场化，不能真实反映资金成本，刺激了企业的投资需求。如近年来我国新一轮“投资热”主要集中在钢铁、水泥、电力、电解铝、汽车等制造业和出口加工贸易部门，由此形成的生产能力已超出国内需求，必然导致相关生产的出口扩大、进口减少。[②]由于外汇储备迅速增加，同时又要维持汇率的相对稳定，央行被动投放基础货币，从而加剧了流动性泛滥问题，增加了固定资产投资反弹和资产价格上涨过快的压力，制约了宏观调控的主动性和有效性。例如，仅仅2006年新增加的2743亿美元外汇储备，就意味着央行向市场注入了19300亿元的流动性。也正是在此背景下，在定向票据发行、信贷干预、窗口指导等干预措施效果有限的情况下(参见图6-4)，自2006年7月以来央行连续六次上调存款准

---

① 《中国货币政策执行报告：二〇〇六年第四季度》。汇改以来至2006 年末，人民币对美元汇率累计升值5.99%，对欧元汇率累计升值2.46%，对日元汇率累计升值11.32%。

② 根据国民收入恒等式，经常项目顺差反映了国民储蓄大于国内投资，也反映了国内总产出大于总需求，生产能力相对过剩。据测算，我国投资率（国内资本形成/GDP）从2001 年的38%提高到46%，而同期国民储蓄率（国民总储蓄/GDP）从40%上升到接近50%。我国国民储蓄包括家庭储蓄、企业储蓄和政府储蓄，近年来这三项储蓄均较快增长。参见《2005 年中国国际收支报告》。

备金率，存款准备金率已经上调至10.5%，同时开始动用有加速汇率升值功能的加息工具，自2006年4月以来已连续三次加息。①②③

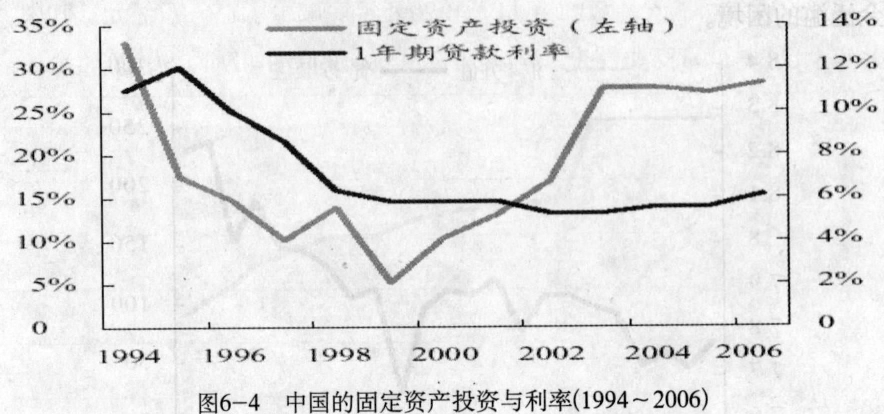

图6-4 中国的固定资产投资与利率(1994～2006)

总之，在当前宏观背景下，从货币政策看，中国经济中的利率政策呈现一定的双轨特征，主要表现为信贷市场上抑制投资增速和货币市场上缓解升值压力这一不同货币目标带来的货币政策双轨性。鉴于日本上世纪80年代的经验教训，除了加快包括利率机制市场化在内的金融体制改革外，央行必须加强对流动性的监控，必要时须果断干预，甚至以有条件地加快汇率升值为代价。因为随着国力的增强，汇率升值是经济规律，不以人的意志为转移。当名义汇率受到人为干预无法实现升值时，汇率便以实际汇率形式升值，包括工资上涨、通胀升温以及最有可能带来泡沫的资产升值。

6.1.2 放松住房信贷管制

1998年以后，为了配合住房制度改革、启动住房消费，央行分别于1998年和1999年下发了《个人住房贷款管理办法》和《关于扩大住房信贷投入支持住房建设与消费的通知》，有限放松了对住房商业信贷业务的管制。在此背景下，凭借住房信贷业务国内先行者的优势及房地产市场的高涨，上海市的商业房贷市场规模迅速扩张。2000年末住房抵押贷款余额达到344亿元，同比增长116%；2004年末贷款余额上升至2445.5亿元，为1999年的15.4倍，年均增长287%，当年贷款增加额占到全国的18%。因受到宏观调控的影响，

① 《截止2007年3月，中国各银行总共发出新增贷款1.26万亿元人民币，超过今年计划新增贷款的一半；固定资产投资已反弹至32%。两年前靠行政命令建立起来的信贷纪律，似乎已被打破。

② 由于商业银行在央行存放着大量的超额准备金，因此只有将法定准备金提高到一定门槛，才能真正发挥收紧流动性的目的，否则只是将部分因宏观调控贷不出去的钱，由超额准备金帐号转向法定准备金帐号。上调法定准备金率0.5%，理论上可以回收1600亿元流动性，但是实际效果有限。宏观调控下银行贷款受阻，有超过2.8%的银行资金放在央行超额准备金账户，所以这一政策不过将1600亿原本放在超额准备金账户的资金转入法定准备金账户，对流动性、对经济的实质性影响并不大。据高盛估计，这一门槛在11%～11.5%以上。

③ 通过加息来提高资金成本，制止资产泡沫化，似乎是一个合逻辑的政策选择。然而利率政策受制于汇率政策。人民币汇率短期内一步升值到位的可能性极小，但是其币值长期过低，又吸引着海内外热钱。为了减少热钱流入，央行将人民币汇率的升值幅度定在大致等同于人民币与美元之间的利息差上。这一招舒缓了汇率压力，不过也束缚了货币政策。

直至2005年后增速才开始明显放缓，到2006年时中资商业银行甚至出现了负增长(参见图6-6)。例如2006年1～11月，上海发放住房抵押贷款为585.51亿元，而2005年则为916.92亿元，下降了36%。从余额上看，2006年11月较2005年底减少了156.97亿元。其中，受央行两次加息影响，仅1～11月商业性个人房贷还贷量就比2005年增加了90.26亿元。

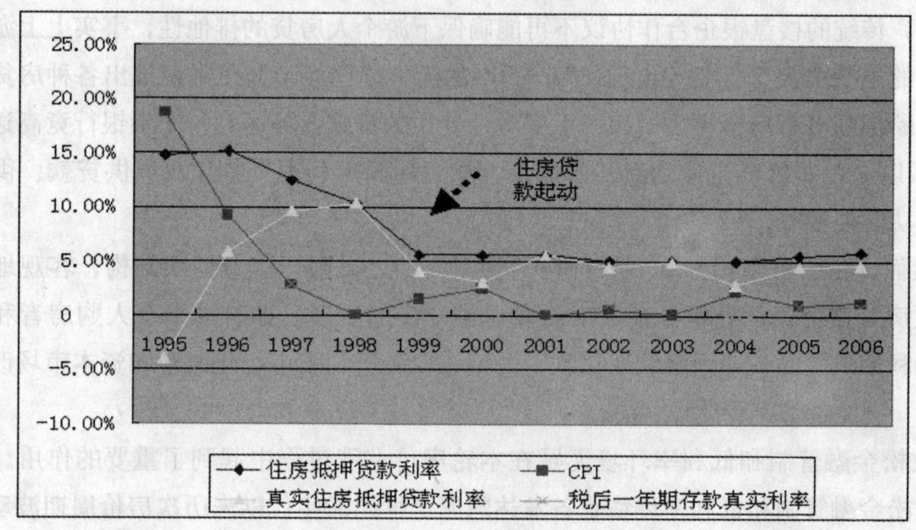

图6-5　真实住房抵押贷款利率(1995～2006)

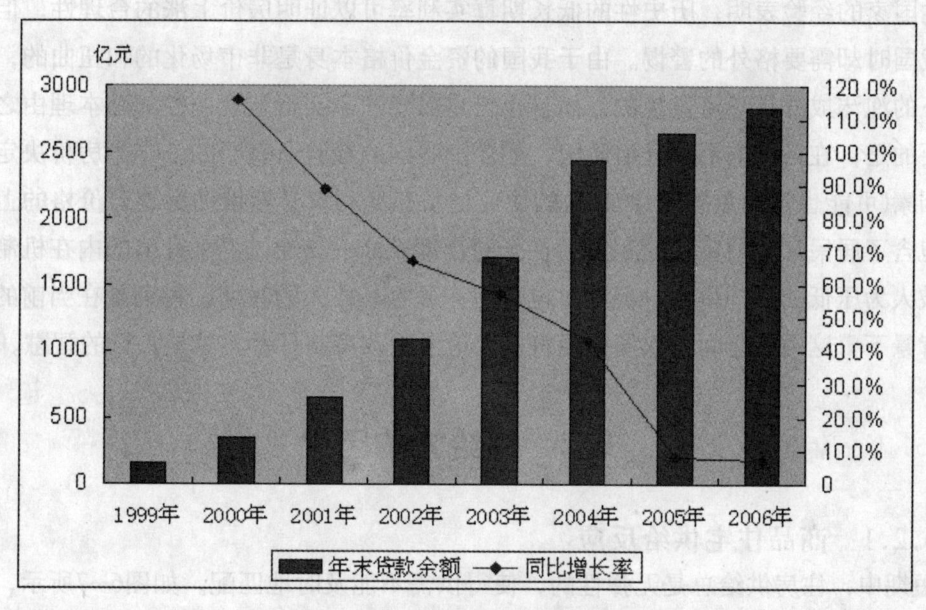

图6-6　上海市住房抵押贷款市场的发展(1999～2006)

随着商业房贷市场竞争的不断加剧。自从1998年以来，由于个人房贷所具有的高利润率、资产优质性以及与各类私人金融业务较高的关联度，商业房贷一直成为各商业银行大力开拓发展的主要信贷业务之一。由于商业房贷利率受到管制，非价格竞争就成为争夺市场份额的主要竞争方式。在早期阶段，降低首付比要求、银企捆绑式合作协议甚至放松信贷资格审查都是常见的竞争手段。例如2001年和2003年，为了规范个人住房贷款按揭成数，央行先后发布了《关于规范住房金融业务的通知》和《关于进一步加强房地产信贷业务管理的通知》严禁“零首付”个人住房贷款，明确规定按揭成数最高不得超过80%。随着市场增速的放缓，竞争也日趋激烈。例如，2006年时商业房贷市场竞争出现了一些新的特点：传统的个贷业务竞争主要集中在新房贷款上，现在却呈现新房与二手房贷款并重的架势；传统的楼盘银企合作协议不再能确保下游个人房贷的排他性，事实上上游开发贷款银行的下游个人房贷业务出现20%～50%的流失率已经十分正常；推出各种房贷营销策略，不断推高对新房销售公司和二手房中介公司的贷款业务返利，个别银行竟高达贷款金额的1%以上；非价格竞争创新开始加快，如短期固定利率贷款、双周供贷款、供款帐户的理财功能连接等。①

然而，由于目前仍然受到较严格的管制，加之受限于资金期限结构，客观地说上海的商业房贷市场仍然处于早期发展阶段，进一步的发展，如有助于个人购房者和商业银行规避利率风险的长期固定利率贷款，关键将取决于利率市场化改革和资本市场改革的进程。②

放松金融管制和低利率环境无疑在本轮房价上涨过程中起到了重要的作用。如前所述，放松金融管制和低利率环境是各发达国家上世纪80年代以来历次房价周期波动的主要影响因素，特别是在最近一轮的房地产繁荣中作用尤其显著。但是需要强调的是，即便部分发达国家的经验表明，历史性的低长期真实利率可以证明房价上涨的合理性，但将其应用于我国时却需要格外的警惕。由于我国的资金价格本身是非市场化的和扭曲的，人为低利率下的泡沫成分是不可避免的，而这也正是需要国家实行宏观调控的基本理由之一。更为重要的是，在目前的汇率升值阶段，如亚洲各国的经验所表明的，作为房价决定的两大决定因素(可能也是最重要的)，收入的快速增长和低利率必然推动房地产价格的上涨，其中既包含了居民家庭财富快速积累与扩张的合理成分——通过汇率升值的内在机制来调整之前被人为压低的资产价格，但同时也是泡沫最容易放大的时期，特别是在当前的流动性泛滥背景下，这两者之间的权衡无疑将极大地考验政策制订者尤其是央行的智慧。

6.2 供给方的因素

6.2.1 商品住宅供给反应

短期中，住房供给总是无弹性的，使得供需不能及时地匹配。如图6-7所示，自1999年以来，当年竣工面积(供)与销售面积(需)之比除2006年外一直低于1，表明需求大于供给；如以较能反映即时供求关系的预售指标衡量，供需不匹配的情况要更为显著，如2001

① 《 2006年上海住房金融市场运行特征和2007年展望》。

② 在2004年，沪上中资银行房贷的平均不良率只有0.1% 左右，但根据上海银监局的最新统计，由于受到宏观调控和加息的影响，到2006年9月末，上海中资银行个人房贷的平均不良率已经上升到了0.86% ，两年多的时间里上升了7倍多。

~2002年间，批准预售面积与预售登记面积之比只有0.84，2003年时达到1.03，表明供给在两年后才暂时赶上了需求；但是随着2004年市场的高涨，又再次出现供不应求的形势；此后，随着宏观调控力度的加大，特别是“两千万中低价商品房”供给的大量上市，2005年时的供需比迅速上升到1.48。

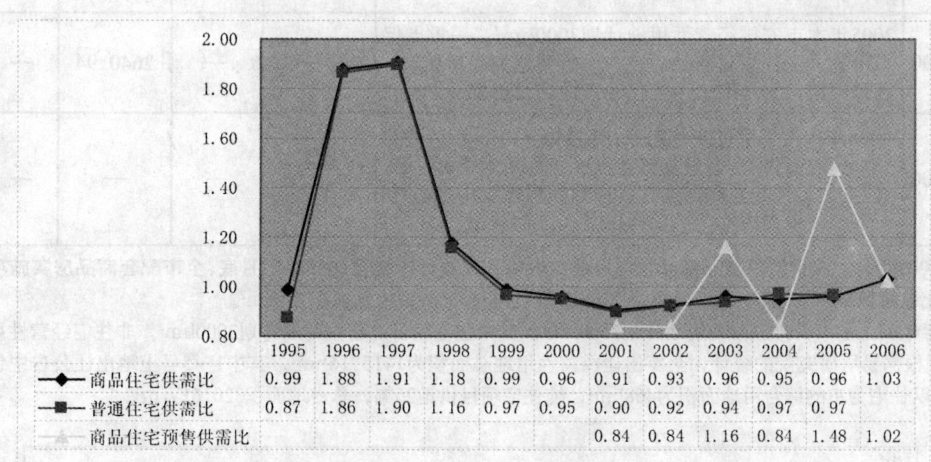

	1995	1996	1997	1998	1999	2000	2001	2002	2003	2004	2005	2006
商品住宅供需比	0.99	1.88	1.91	1.18	0.99	0.96	0.91	0.93	0.96	0.95	0.96	1.03
普通住宅供需比	0.87	1.86	1.90	1.16	0.97	0.95	0.90	0.92	0.94	0.97	0.97	
商品住宅预售供需比							0.84	0.84	1.16	0.84	1.48	1.02

图6-7 上海市商品住宅销售与预售供求比(1995~2006)

考虑到这种供给的滞后性因素，从供给的实际反应看，无论是政府的土地供应还是开发商的反应，这一时期应该说总体上还是比较灵敏的。例如，竣工商品住宅11188.41万m²，超出“十五”计划目标49.2%。如表6-1和图6-8所示，商品住宅的新开工面积和出让住宅用地可建面积都能随着期间房价的变动较灵活地调整，如“十五”期间累计出让住宅用地可建面积1.58m²，为“九五”期间的2.24倍(7045万m²)，期间房价累计上涨100%。

表6-1 上海市经营性土地供应计划与住宅用地实际供应情况(2000~2006)

年度	计划指标	管理重点	备注	住宅用地出让地块面积(hm²)	住宅用地出让地块可建面积(万m²)	平均容积率
2000	1050		指标中包括年底追加的350hm²	993.56	1868.18	1.88
2001	1200	经营性计划明确市级试城镇计划实行单列，并予以重点保证。同时对经营性项目实行招标供地	指标中包括年底追加的200hm²	2976.76	3728.89	1.25
2002	1800	2002年起下达经营性商品住宅建设用地计划。实行按项目申请用地，按进度安排计划，重点保证市试点城镇，国家及市重大工程项目及重大项目配套动迁住宅用地。并加大招标供地力度。市级试点城镇计划不计入总量		2449.48	3393.05	1.39
2003	2000	2003年计划性商品住宅计划下达招标、挂牌计划，供地方式全面实行招投标供地。其中浦江两岸开发和市试点城镇计划实行单列，不计入总量		2794.99	3149.21	1.13

表6-1(续)

2004	2500	2004年经营性商品住宅计划重点安排普通商品住房用地、重大工程配套动迁商品房等中低价商品住宅用地，控制高档商品房用地，禁止供应低密度别墅用地，同时实行计划安排与盘活存量土地挂钩制度，以加快存量土地入市	2462.71	2888.28	1.17
2005	3000	2005年本市安排经营性用地计划3000hm²。一重点保障市重大工程配套商品房和中低价普通商品房建设项目用地；二是推出市场化经营性项目用地	—	2640.94	—
2006	2500	2006年本市安排经营性用地计划2500hm²，根据安排市场调控目标，合理安排年度经营性用地指标。保证重大工程配套商品房和普通商品房建设用地。并根据房地产市场调控情况进行调整	—	—	—

注：1．2005年，上海市暂停普通商品住宅用地的供应。据统计，截至2005年11月底，全市配套商品房实施项目招标204幅，土地面积2616hm²；中低价普通商品房实施项目招标56幅，土地面积705hm²。

2．2006年年初上海市安排经营性用地计划2500hm²。其中住宅项目经营性用地计划2000hm²，非住宅经营性用地计划500hm²。根据易居研究院的统计，全年出让经营性用地总面积为1415.16hm²，其中1～5号土地出让公告中包括纯住宅用地和以住宅为主的综合用地面积为468hm²，纯住宅项目供地26幅，总占地面积320.61万m²。

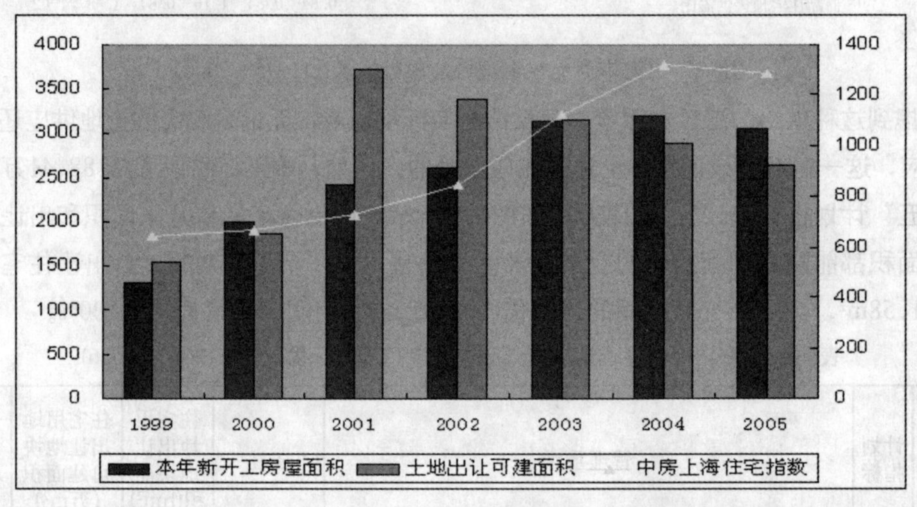

图6-8　上海市商品住宅土地供给、新开工面积与房价变动(1999～2000)

我们用住宅投资额作为供给的替代指标，测度了1995～2005年期间的供给反应。结果发现期间房价(中房上海住宅指数)和1～3年贷款利率对期间上海市住宅投资有显著的解释力，可以解释93%的投资变动(见图6-9)。①其中，投资对房价的弹性为1.28，对贷款利率的弹性为-0.84，都符合预期的方向且处于1%显著水平。从弹性的量级看，上海市住宅供给的反应是较为有弹性的和灵活的。

① 采用了对数线性模型。此外，我们发现2003年、2004年、2005年的宏观调控哑变量不显著，可能与政策的滞后性有关。

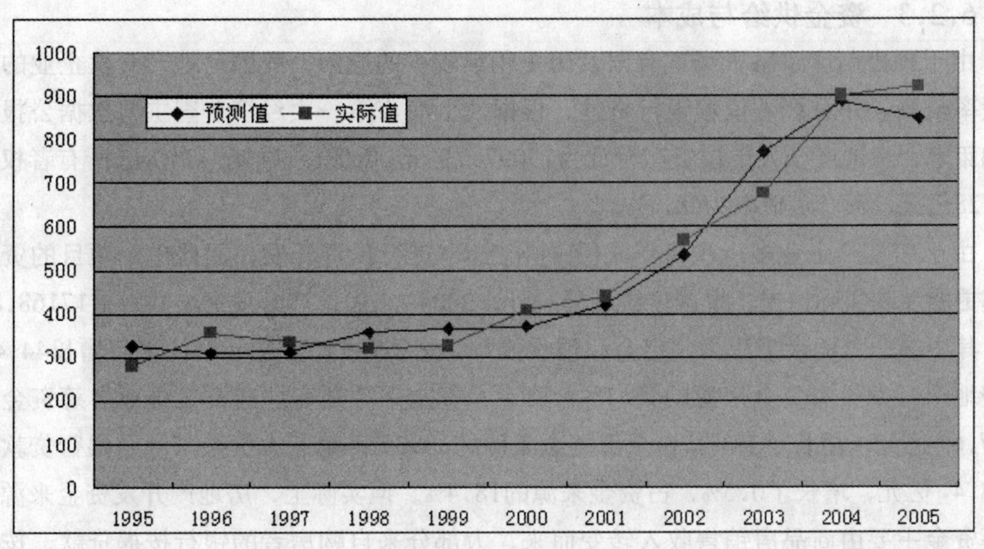

图6-9 上海市住宅投资回归图(1995~2005)

6.2.2 商品住宅建造成本

理论和经验都表明，长期中房价与建造成本(不包括土地成本)的关系较弱，短期内后者更多地受到房价进而投资的拉动影响。如图6-10所示，上海市普通住宅的建造成本在1996~2002年期间基本保持平稳，累计上涨了14%，相比同期普通住宅销售均价上涨了50%。在2003年时，建造成本快速提高了52.5%，由于当年包含了人工、材料和机械成本的建筑安装工程价格仅略增5%，此后两年中建造成本又累计回落了12.5%，尽管建筑安装工程价格上涨了11.6%，我们难以正常解释建造成本的这种突然变动，房地产开发商虚增成本可能是潜在的原因之一。在整个2003~2005年期间，普通住宅销售均价上涨了66%，相比建造成本只上涨了33%。此外，除2003年的特殊性外，1996~2005年期间普通住宅建造成本占销售均价的比重一直是下降的，从66%降到40%。这些证据都表明建造成本对房价变动的影响很小。

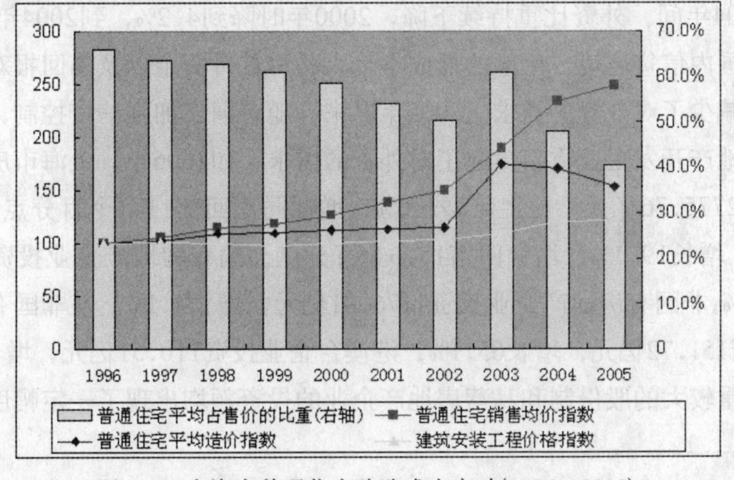

图6-10 上海市普通住宅建造成本变动(1996~2005)

6.2.3 资金供给与成本

由于预售制度、融资渠道有限及历史积累较少的原因，我国房地产开发企业的资产负债率较高，并且严重依赖银行贷款。根据《上海市第一次经济普查主要数据公报》，2004年末，房地产法人单位资产合计为13097.7亿元，负债合计8969.7亿元，所有者权益合计4128亿元，资产负债率为68.4%。

由于房地产企业多以项目形式(各种子公司)进行投资开发，因此单个项目的资产负债率更能反映实际情况。据国家统计局统计，2004 年房地产开发资金共筹措17168.8 亿元，其中第一大资金来源为“定金和预收款”，达到7395.3 亿元，比上年增长44.4%，占房地产开发投资资金来源的43.1%；第二大资金来源是房地产开发企业自筹资金，为5207.6 亿元，增长了38%，占全部资金来源的30.3%；第三大资金来源是银行贷款，为3158.4 亿元，增长了0.5%，占资金来源的18.4%。但实际上，房地产开发资金来源中，自筹资金主要由商品房销售收入转变而来，大部分来自购房者的银行按揭贷款，按首付30%计算，企业自筹资金中有大约70%来自银行贷款；“定金和预收款”也有30%的资金来自银行贷款，以此计算房地产开发中使用银行贷款的比重在55%以上。[①]2004年上海房地产开发企业1700亿当年到位资金中，银行贷款、自筹资金和其他资金分别为359亿元、418亿元和895亿元，比重分别为21.1%、24.6%和52%，如按全国比例计算，则全部银行贷款的比重约55%左右，而扣除银行贷款后的企业自筹资金比重仅为7.4%，加上外商直接投资也只有8.2%。总之，如此高的资产负债率和对银行贷款的严重依赖，使得房地产开发企业的经营风险相当高，进而影响到银行和购房者的资金安全。在此背景下，“国十五条”提高了对开发商的信贷条件，规定对项目资本金比例达不到35%等贷款条件的房地产企业，商业银行不得发放贷款。

外资是上海市房地产投资的一个重要来源，但在不同的阶段中波动较大。如图6-11所示，在1996～1999年期间，上海市利用各种优惠政策吸引外商投资于包括旧城改造在内的房地产开发，最高峰时外资曾占到当年到位资金的18%(1997)，其他年度也达到14%以上。2000～2004年间，外资比重持续下降，2000年时降到4.2%，到2004年时仅占1.7%。显然，宽松的国内信贷环境、巨额的低成本个人购房首付资金以及高回报对其他国内资金的吸引力大大减少了对外资的需求。2005年以来，随着国家加强信贷控制，加之市场的低迷，上海市房地产开发企业重新燃起了对外资的需求。如2006年，上海市房地产开发企业当年到位资金2775.76亿元，比上年增长6%，增幅同比回落11.1个百分点。其中,国内贷款575.1亿元，增长19.1%，增幅回落15.6个百分点。国有房地产企业投资99.58亿元,比上年下降15.2%;非国有房地产企业投资1176.01亿元，增长4.1%。在非国有房地产企业中,外商企业投资151.72亿元，增长65.1%；港澳台企业投资110.51亿元，增长43%，相比占非国有投资比重较大的股份制和私营房地产企业的投资额均出现了一定幅度的下降。另据

① 《2004 中国房地产金融报告》。

商务部统计，2006 年上半年，全国新设外资房地产企业1180家，同比增长25.40%；合同外资金额128.52 亿美元，同比增长55.04%；实际使用外资金额32.2 亿美元，同比增长27.89%。房地产业已经跃升为外商投资第二大行业，外资规模不断扩大。二是外资房地产企业外债快速增加。2006年上半年，外资房地产行业新借外债为17.35 亿美元，同比增长203.32%。截至2006年6月末，外资房地产外债占全部房地产外债的比例为92.13%。[①]正是在此背景下，2006年7月，为加强和改进宏观调控，建设部等六部委发布了《关于规范房地产市场外资准入和管理的意见》，规范房地产市场外资准入和管理。

总之，虽然宏观调控在一定程度上提高了房地产开发融资的限制，但总体上仍显宽松的货币政策和高流动性仍使得房地产开发企业能够从各种渠道筹集所需资金。

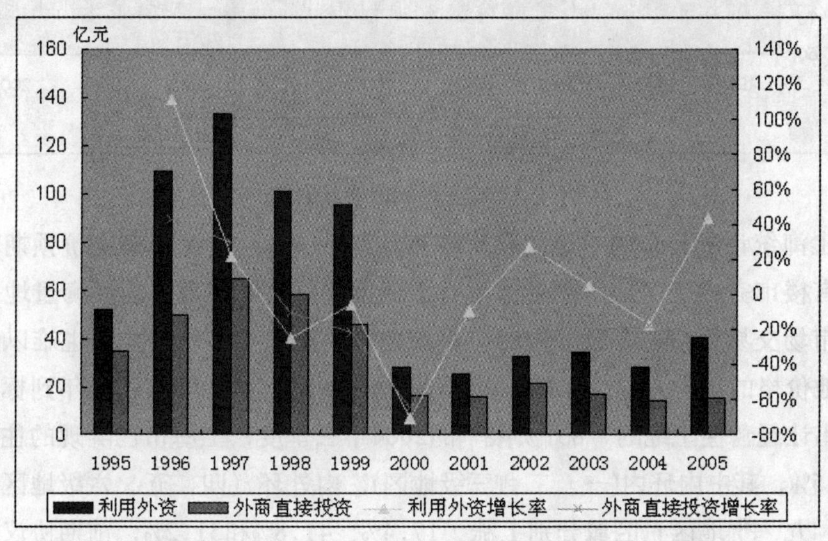

图6-11 上海市房地产利用外资情况(1995～2005)

6.2.4 新一轮土地制度改革与地价

(1) 新一轮土地制度改革对房价的短期影响

从2002年5月9日国土资源部下发11号文件《招标拍卖挂牌出让国有土地使用权规定》起，新一轮土地制度改革和地根紧缩政策对于房价的影响一直是各方争论的焦点之一。是房价决定地价还是地价决定房价或者两者相互影响，我们认为在现有的土地制度下，至少在现阶段这是个经验判断问题，相互影响的可能性要更大些。

如图6-12所示，2001年时上海住宅用地的交易价格达到最低点，较1997年下跌了32.1%；此后到2005年末，房价(上海住宅价格指数)上涨了66.8%，地价上涨了84.8%，表面上要快于房价的增长，但如果考虑到前期地价的更大下跌幅度，较为合理的判断是两者的增长速度大致相同。同时，这也说明地价的波动性要高于房价的波动，原因在于名义房

① 《2006 年上半年中国国际收支报告》。

价向下调整的刚性，而土地受市场供求的影响相对更大些，特别是２０世纪90年代中期大规模批地造成了土地的严重供大于求。

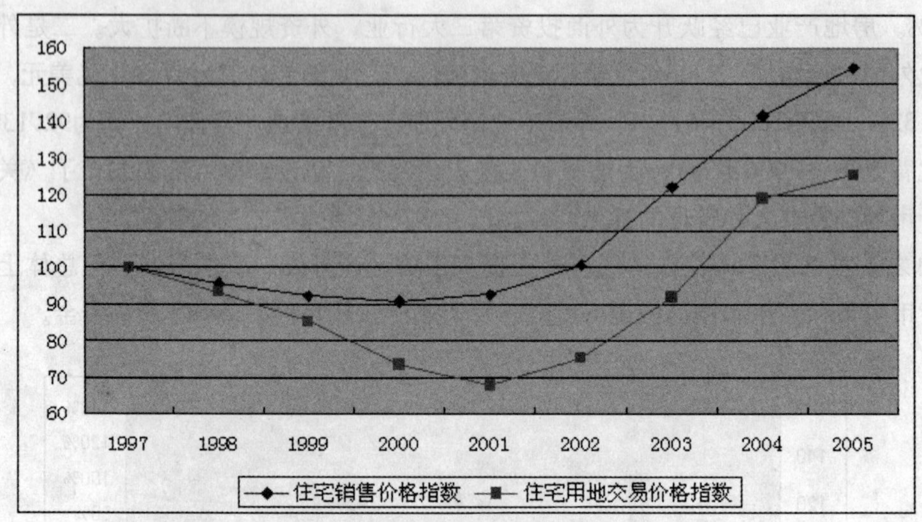

图6-12　住宅用地价格与销售价格

鉴于上海统计局公布的土地交易价格实质上是一种包含了未来房价预期的“影子价格”，只有楼市完成了房地产交易，才有土地真实价格的实现，因而衡量地价的合理性应当通过市场交易行情来考察。同时，平均性质的土地交易价格指数也难以反映城市细分市场土地价格的巨大差异。如图6-13至图6-16所示，从2003年下半年到标志性的停止协议方式出让经营性土地的“831大限”的2004年三季度，上海市已实现的住宅用地价格上涨了30.5%，其中内环内(一、二、三级地区)、内外环（四、五、六级地区）、外环外（七、八、九、十地区）区域分别上涨了17.4%、41.8%和31.2%，前期协议用地比重最低的内环内区域涨幅最少。此后，各级土地已实现价格在2005年一季度达到了阶段性的高峰，考虑到从拿地到建成出售需2～3年时间，这部分土地至多应是在2003年之前取得的。从2005年二季度到2006年三季度，各级别土地实现价格总体上要低于前一阶段，其中既包含了2003～2004年上半年间以招拍挂方式出让的较高价格的住宅用地，也有相当一部分是在国家清理土地、收紧地根背景下加快入市的早期出让土地。①到了2006年末，各级别土地实现价格都出现了不同程度的上扬，其中供给最紧张的二、三、四级土地实现价格开始迅速上升并超过了前期高点，而供给相对充足的其他等级土地特别是外环外土地的实现价格仍要低于2005年一二季度水平(见表6-2)。由于未能了解具体的成交结构，我们难以确切判断新一轮土地制度改革及宏观调控对2005年二季度以来土地实现价格变动的具体影响，但上述讨论至少表明目前缺乏足够的证据证明短期内土地供应量与地价之间的直接关系——土地实现价格基本维持在调控前的水平上。

① 从2004年下半年起至2006年8月，上海市暂停了纯市场化商品住宅用地的出让。

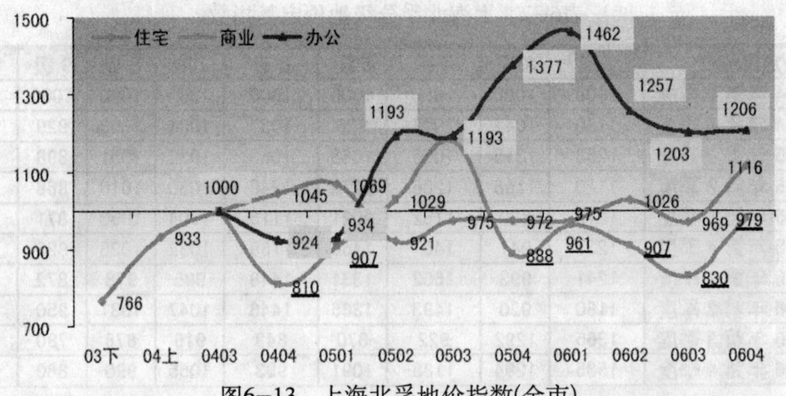

图6-13　上海北孚地价指数(全市)

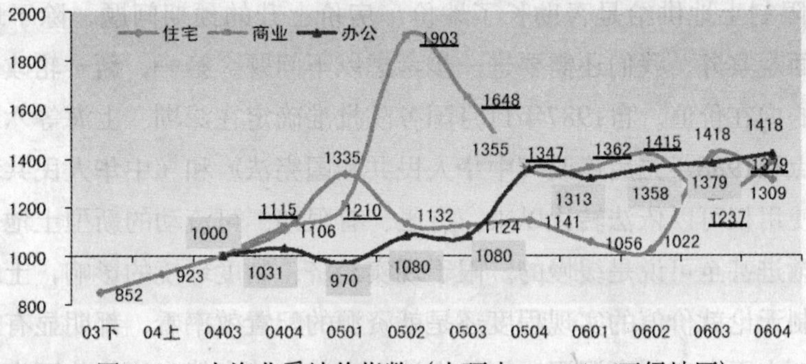

图6-14　上海北孚地价指数（内环内一、二、三级地区）

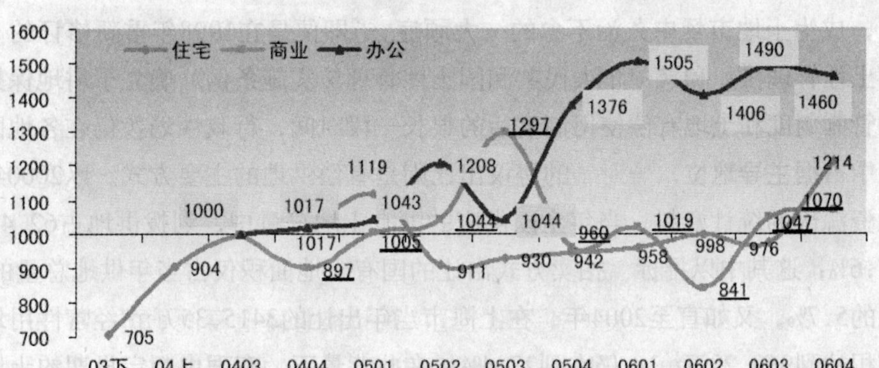

图6-15　上海北孚地价指数(内外环四、五、六级地区)

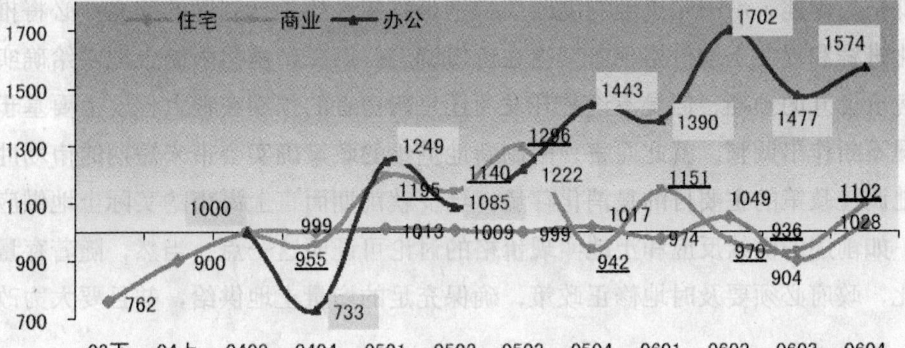

图6-16　上海北孚地价指数（外环外七、八、九、十地区）

表6-2 上海北孚分级地价定基指数

定基指数	2级	3级	4级	5级	6级	7级	8级	9级	10级
2004年第3季度	1000	1000	1000	1000	1000	1000	1000	1000	1000
2004年第4季度	1180	1047	1047	925	1037	1001	1003	929	1083
2005年第1季度	1253	1315	1086	1083	1063	1038	1051	898	1042
2005年第2季度	1120	1166	1286	1272	1249	1030	1010	868	924
2005年第3季度	1216	880	1182	1021	1115	1004	1050	871	954
2005年第4季度	1237	947	1457	1466	1169	1032	1028	825	905
2006年第1季度	1241	993	1602	1331	1449	996	978	872	852
2006年第2季度	1180	920	1493	1366	1446	1047	1031	950	1015
2006年第3季度	1365	1292	922	870	843	916	878	780	877
2006年第4季度	1535	1294	1188	1091	983	1055	990	880	906

至于前期限制土地供给是否助长了地价、房价上升的预期问题，除了地价、房价同步上涨这一表面观察外，我们还需要进一步考虑以下问题。第一，新一轮改革前的地价是否代表了合理的内在价值。自1987年11月国务院批准确定在深圳、上海等六地进行土地使用制度改革试点和1988年先后修改《中华人民共和国宪法》和《中华人民共和国土地管理法》规定土地使用权可以依法转让以来，有偿、有限期、可流动的新型土地使用制度下的市场化进程是渐进甚至可说是缓慢的。限于现实经济、制度环境的影响，土地使用权协议出让的运作机制无论就价值的实现程度还是就资源的配置效率看，都明显有别于真正的市场机制。同时，由于存在制度漏洞，划拨土地入市与土地有偿出让相伴而生，并有愈演愈烈之迹象，成为土地市场中久治不愈的一大顽症。[①]即便是在1998年重新修订的《中华人民共和国土地管理法》和《中华人民共和国土地管理法实施条例》确立了耕地保护制度、土地用途管制制度和土地有偿使用制度后的很长一段时间，行政性划拨仍在各地区的土地供应总量中占据主导地位，一对一的协议出让则是有偿供地的主要方式。以2000年为例，根据国土资源部的统计资料，当年全国供应的国有土地总量中，划拨供地占62.4%，出让供地占37.6%；这其中以招标、拍卖方式出让的国有土地面积仅占当年供地总量的2.1%、出让面积的5.7%。又如直至2004年，在上海市当年出让的3415.35万m²经营性用地中，协议出让面积达到969.29万m²，仍占到28.4%。在此背景下，有理由判定早期的土地价格整体上要低于其内在价值。此外，上节所述的传统金融体制同样导致了包括土地在内的资产价值的低估。因此，新一轮土地制度改革特别是强制性招拍挂制度的建立，必将推动土地的市场化进程和促使土地价格朝着其内在价值调整。第二，虽然限制土地供给确实会助长地价、房价上升的预期，但是不论是开发商还是购房者的预期在很大程度上要基于现实的供需状况不断作出调整。就此而言，限制新地供给的政策确实会带来短期的市场冲击，但前期土地调控政策的主要目的是消化存量，至少就前期而言上海市的实际土地供应是相对充足的，如前述的供给反应和土地实现价格的讨论可证明这一点。当然，随着存量土地的大量消化，政府必须要及时地修正政策，确保充足的增量土地供给，并且要大力改善现有

① 行政划拨是以非竞争的方式出让土地，而采用协议、招标、拍卖形式出让土地，是政府以与使用者竞价的方

计划供给体制的灵活性和透明性，其中后者将有助于开发商和购房者形成稳定的预期。

(2)土地制度改革对房价的长期影响

城市经济理论认为在一个有效的土地和资本市场中，城市人口密度的空间变化与土地价格的空间变化相一致，地价高，密度高，地价低，密度低，土地利用和资本利用效率达到最高(见图6-17)。其基本机理是，当地价越高，为了降低单位建筑面积成本以及获取更高利润，开发商就会用更多的资本替代相对昂贵的土地，从而提高资本密度(或建筑密度，容积率)。因此，在地价高的市中心，开发商倾向于用较少的土地开发高的楼层建筑。相反，在远离市中心的地区，地价比较低，为了降低单位建筑面积成本以及获取更高利润，开发商就会用更多的土地投入替代相对昂贵的资本投入，从而减小资本密度，稀疏建筑密度或降低建筑高度。实证研究表明，在有土地市场的城市里（西方的城市），城市人口密度与土地价格的关系与理论模型预测的关系相当吻合，如巴黎(见图6-18)。城市经济理论还认为，在理性预期条件下，减少土地供给，会提高房价，但住房产出量并不会成比例地下降，因为可以通过土地资本替代，均衡时使得住房供给等于需求，同时房价和密度上升。在土地供给高度受限的香港，Peng & Whenton(1994)的研究证实了这种土地资本间的替代关系。

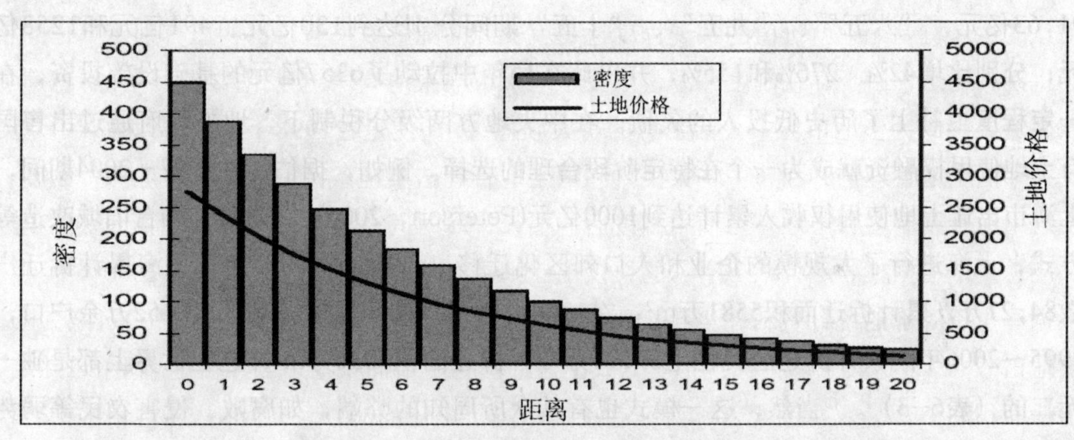

图6-17 城市人口密度与土地价格的关系

显然，上述城市经济理论和国际经验的立足点有二，一是有效的土地和资本市场，二是灵活的规划系统。然而，迄今为止我国并不能达到这两条要求。中国土地市场价格的决定机制(垄断供给下的容积率决定地价)极大地限制了土地-资本之间的替代关系，进而负面地影响房地产市场的利用效率。

我国的土地市场还未实现完全市场化。一、二级土地市场都是由政府垄断供给，只有三级市场实现了自由交易，这是我国的土地性质(国家所有)、分税制和经济发展模式等

式有偿出让土地，其中协议出让是其中竞争性最弱甚至是不存在竞争的一种方式。传统的协议地价一般应属无竞争或竞争不充分且系统偏离市场一般水平的交易价格，并且在实际操作中，协议出让价格的确定方式多为行政定价，既无竞价程序，亦无竞价过程。

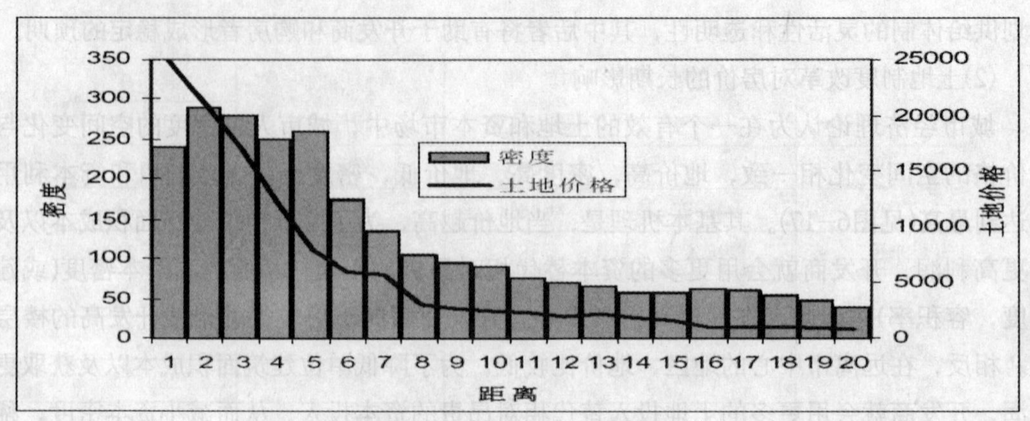

图6-18　巴黎的人口密度分布与土地价格

制度、历史共同作用形成的制度，预计还将存续相当长的时间，虽然它需要持续地改进以尽可能地减轻扭曲。

上海市的城市化进程是由政府主导的。从1995年到2004年，建成区的面积从390km²增加到781km²，翻了一番。①如此大规模扩张的一个先决条件就是基础设施投资，其后才是人口的郊区化迁移。1979～1990年期间，上海市用于基础设施建设的财政支出仅为91.63亿元，"八五"、"九五"、"十五"期间分别达到130亿元、491亿元和1253亿元，分别比增42%、276%和155%，并以此在15年中拉动了6357亿元的基础设施投资，在一定程度上补上了历史低投入的欠债。在中央地方两级分税制下，地方政府通过出售国有土地使用权融资就成为一个在特定阶段合理的选择。例如，据估计在1992～2004期间，上海市出让土地使用权收入累计达到1000亿元(Peterson，2006)。②同时，结合旧城改造等方式，上海进行了大规模的企业和人口郊区化迁移。自1995～2005年，上海累计拆迁户数84.27万，累计拆迁面积5581万m²；在1980～1995年期间还累计动迁居民52万余户口，1995～2006年间累计拆迁居民住宅89.74万户，拆迁面积5036万m²，这在世界上都是独一无二的（表6-3）。③当然，这一模式也有其众所周知的弊端，如腐败、侵害农民等弱势群体利益等等。对于住房市场的长期发展而言，这一系统的最大问题在于土地供给的政府垄断与计划性质。它们意味着政府有能力通过限制供给来获得全部或大部分的垄断地租，而规划、招拍挂制度等则是实现这一目的的潜在工具。④总之，只要继续依靠这一系统为基础设施和城市改造融资，内在的制度冲突就不可避免。

---

① 《中国统计年鉴》(相关年度)。

② Peterson(2006)。

③ 1980～1995年拆迁数据引自《上海改革开放二十年》，1995～2006年数据引自上海统计局。

④ 在众多影响政府土地供给的因素中，有一点是当前国内研究与争论所普遍忽略的——跨政府间的土地供给决策。其中包括两层含义，一是国家、省市、区(县)三级政府之间及同级政府(特别是区级)之间的利益差异所导致的决策差异，如不同城市间、同一区域内的区县之间实际上存在着明显的竞争关系；二是在同一级政府层次上各届政府的跨期决策问题，即本届政府从当期的利益最大化出发进行决策。理论表明，在一定条件下，虽然土地是由政府垄断供给

表6-3　上海市房屋拆迁情况　(1995～2005)

年　份	拆迁户数（户）	其　中 居民住宅	拆迁面积（万m²）	其　中 居民住宅
1995	75777	73695	322.77	253.9
1996	89132	86481	342.95	258.86
1997	79857	77388	479.67	363.16
1998	78205	75157	452.22	343.94
1999	75185	73709	342.5	248.17
2000	70606	68293	365.77	288.35
2001	73728	71909	515.65	386.66
2002	101097	98714	644.53	485
2003	80858	79077	584.93	475.47
2004	42415	41552	308.4	232.52
2005	75857	74483	1222.53	851.85
2006		76900		848.4
合计	842717	897358	5581.92	5036.28

限于篇幅的原因，以下我们着重从今后一段时期内的城市化进程角度探讨土地制度改革的潜在影响。

首先，上海市在政府主导下的旧城改造和郊区化相结合的城市化进程仍任重道远。在我国城市化进程达到相对稳定阶段之前，上海市的城市化进程将不会提前止步。即使2020年总人口为2000万左右、中心城常住人口控制在800万人以内的远景目标能够实现，也意味着未来10余年内需要从当前中心城区存量人口中外迁300余万，如果再加上增量人口，迁移规模将不会低于前15年。伴随着中心城区人口外迁的是旧城改造，截止2005年末，市区属于最优先改造对象的二级以下旧里存量为1281万m²，其中“十一五”期间计划完成中心城区400万m²二级以下旧里的改造。此外还有标准较低的、作为未来改造对象的三类职工住宅计1042万m²。而这种大规模、高速度的城市化进程顺利进行的前提条件之一是先行的大规模基础设施建设及后续高昂的维持投入，特别是目前的郊区化进程已进入了从早期的外环内迁移向外环外扩散的阶段，而后者有着更为薄弱的交通、市政、教育等基础设施。[①]例如虽然经过了大规模的人口外迁，但是2005年与2000年相比，不仅中心九

的，但由于上述决策差异的存在，可出现高于完全垄断甚至竞争性供给的均衡结果。上世纪90年代大规模批地的经验也证明了这一点。新一轮土地制度改革的两个基本立足点——土地利用年度计划和经营性用地的招拍挂制度，主要针对的也是这种现象。总之，新一轮土地制度改革的实际影响特别是长期影响，就目前而言还难以下定论，尚有待时间的检验和更深入的研究。

① 与工业相比，郊区城镇建设特别是住宅产业对于基础设施的要求非常高，否则难以吸引人口的自主迁移，即需要基础设施建设先行。如前期松江、嘉定等区房地产市场面临的需求不足问题很大程度上与配套设施建设不足有关。另一方面，基础设施建设的内在规模经济性要求决定了这种先行建设模式在建成后期较长时期内的高成本，这进一步提高了对后续政府公共投入的要求。

区的人口密度仍然保持着高密度状态，而且除黄浦、卢湾和静安外，其他六区的人口密度基本未变，甚至以常住人口衡量人口密度还是上升的(如图6-19)。总之，可以预见在未来较长时期内，为了顺利实施城市发展计划，上海市仍然需要巨额的基础设施投资，为此至少在中期内仍会将土地使用权出让收入及相关税费作为主要资金来源。当然，一方面随着地方财政收入的增长(包括即将开征的物业税)以及随着资本市场改革而允许地方政府利用直接融资，另一方面也因可供出售土地的减少，预计长期中土地使用权出让的作用将会弱化。

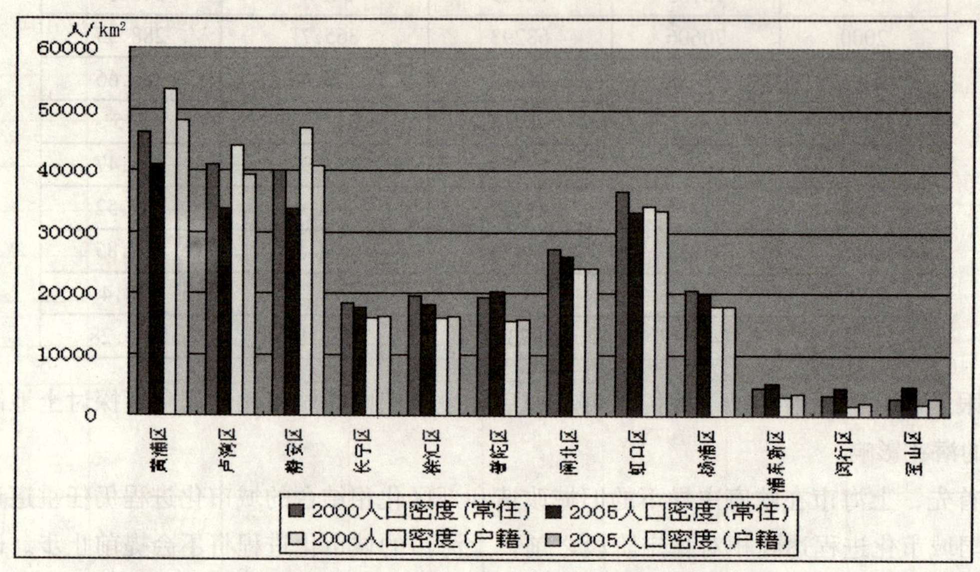

图6-19 上海市市区人口密度变动(2000～2005)

其次，上述城市化进程意味着长期内仍需维持大规模的住宅建设，这将对现有的土地供给和规划体系带来巨大的挑战。如在土地供给总量方面，根据“1966”城乡体系规划目标，外环以内中心城区约600km²，计郊区城镇建设用地总规模控制在900km²以内，相比2005年末城镇用地及农村居民点用地合计仅1198.44km²(参见表6-4)。①可以预见，随着发展进程，前期通过旧城改造和农村居民点归并来提供城镇用地的模式将受到越来越大的限制。在国家严格控制耕地占用的背景下，在综合性权衡社会成本的基础上适度地放松密度控制，从立体空间中增加供给应是可行的选择。

再次，随着城市化的进程，住宅用地的稀缺程度将日益提高，特别是在中心城区，能够利用的存量土地已相当有限，为此需要不断地完善土地制度和规划体制，充分发挥市

① “1966”四级城乡体系的具体规划是：1个中心城：上海市外环线以内的600km²左右区域内，9个新城：宝山、嘉定、青浦、松江、闵行、奉贤南桥、金山、临港新城、崇明城桥，规划总人口540万左右，其中松江、嘉定和临港新城3个发展势头强劲的新城，人口规模按照80至100万规划，总人口在270万左右；60个左右新市镇：从人口产业集聚发展、土地集约利用和基础设施合理配置角度，集中建设60个左右相对独立、各具特色、人口在5万人左右的新市镇，对于资源条件好、发展潜力足的新市镇，人口规模按照10到15万规划；600个左右中心村：中心村是农村基本居住单元，也是郊区“三个集中”推进的关键问题，将对分散的自然村适度归并，合理配置公共设施。

场的配置作用，进一步调整上海市各细分市场的房价和地价的比价关系，促进城市人口的有效分布(参见图6-20)。

最后，如香港经验所表明的，政府垄断土地供给并不意味着低成本住房用地的必然减少，它取决于包括住房保障制度在内的长期住房政策体系的设计与执行，特别是要根据明确的制度将相当比例的土地出让收入用于补贴低成本住房。

表6-4　上海市土地变更调查统计资料①

单位：万hm²	2005年	2004年	2003年	2000年国土资源调查	1996年	1994年航拍	2010年规划
居民点工矿	218749	213437	207395	208538	193077	155500	196678
城镇工矿	161119	154909	146927		105705	84245	132600
其中：							
城市用地	28837	28827	28827				
建制镇用地	35228	34209	33572			50875(城镇非工业)	
城镇用地小计	64064	63036	62399				
农村居民点	55780	56685	58642		84755	71255	61155
城镇及农村居民点用地小计	119844	119721	121041				
独立工矿	97055	91873	84528			33370(全部工业用地)	
特殊用地及其他	1849	1843	1826		2617		2923
交通运输用地	19299	18211	17473		19244		29244
建设用地总计	240066	233670	226777		229464		
居民点占居民点工矿比重	54.8%	56.1%	58.4%				
独立工矿占居民点工矿比重	44.4%	43.0%	40.8%			21.5%（工业用地）	
城镇用地占建设用地比重	26.7%	27.0%	27.5%				
居民点占建设用地比重	49.9%	51.2%	53.4%				
独立工矿占建设用地比重	40.4%	39.3%	37.3%				

注：相关标准规定工业用地占建设用地的比例为15%，最高不宜超过30%。

① 根据上海房屋土地资源管理局网站相关资料整理。

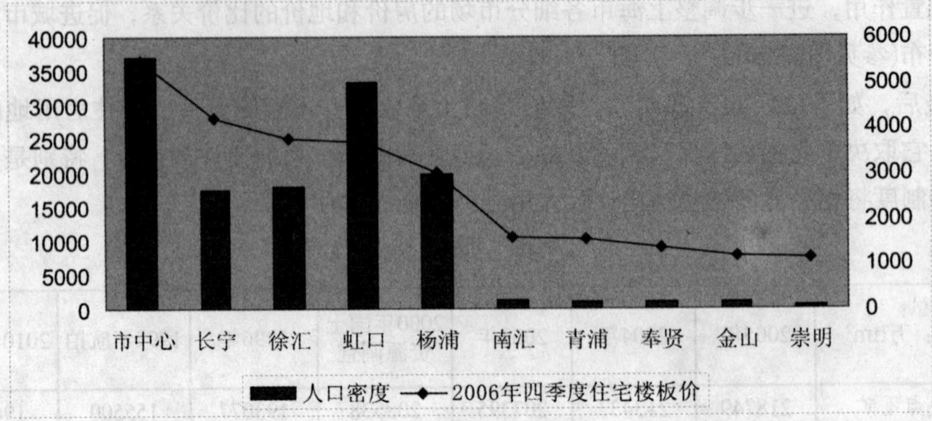

图6-20　上海市的人口密度与地价

7 总结

7.1 长期房价波动的国际经验

理论和经验表明，长期中住房供求及价格决定与国民经济及收入、人口总量与结构、住房存量与流量、金融与税收以及政府规制与住房制度等多种因素存在着密切的关系，但是这种由多种因素共同作用且随时间发生变动的住房价格形成机制无疑是极其复杂的，现有的理论和经验分析工具都还存在着相当大的缺陷，以致国内外的相关研究尤其是经验性研究成果往往存在着许多不一致之处，甚至不时地引发激烈的争论。就此而言，作为一次有限的尝试，本项研究的主要目的并不在于评价各主要房价决定因素的具体影响，而是试图在纵向与横向比较的基础上，较系统地总结在一个较长时间框架下房价波动的基本规律，识别在不同条件下各主要因素的作用与机理。

OECD发达国家的经验表明，至少在1970至1995年期间，住房价格呈现出一种与宏观经济周期紧密相关的波动趋势，而自1995以来出现了延续至今的、超越商业周期、超历史涨幅且普遍发生的房价上升周期。在各影响因素中，全球性的低真实利率环境和放松住房信贷市场管制的结构性变革被一致视为这一轮有别以往的房价波动趋势的主要解释因素，尽管对于最终形成的房价是否存在泡沫及其程度，各方之间存在着严重的分歧。

经验表明，各国的长期名义与真实住房价格普遍呈现出一种波动上升的趋势，这通常被认为是源于收入增长、人口增长、土地稀缺、规划限制、质量改进、相对较低的建筑生产率等供需因素共同作用的结果。但是，各国的长期真实房价增长率存在着相当大的差异，这反映了各国在住房价格基本决定因素方面的巨大差异。

当代房价研究(尤其是在国家层面上)的主流理论是能够较好把握住房需求的消费与投资二重性的生命周期理论模型。考虑了信贷限制、税收政策等现实因素的生命周期理论模型预测与大量的经验性证据表明：长期中，房价与租金之间不存在固定的关系，有理由相信自上世纪80年代以来放松金融规制所带来的影响将是一种长期的结构性影响，后者提高了房价租金比；对于长期房价的决定，真实利率的重要性得到了一致认同，而名义利率的作用则比较含糊，尽管经验表明它可能也是重要的决定因素；房价与收入之间不存在必然的长期稳定关系；经验表明家庭财富与房价之间存在着正相关关系，当代各国的住房制度改革往往都伴随着公有住房的私有化以及较租赁而言对自有住房的明显支持倾向，由此引起的财富分配问题会对房价产生重大的影响；包括规划在内的各种政府规制会导致长期供给弹性的降低，会引致较高的价格收入弹性、利率弹性等等，进而增加房价的波动性和波动幅度。

在20世纪80至90年代中期，与我国背景较为类似的东亚各国或地区都陆续经历了一次较大幅度的房价上涨阶段。虽然这一时期东亚各国或地区高速的经济与收入增长是推动房价上涨的最主要因素，但同时也普遍积累了较严重的房地产泡沫。1997年东亚危机爆发后，东亚各国或地区的房地产业普遍经历了一次严重的衰退。由于较高的利率水平、较高的不良贷款率以及政策失误等诸多原因，东亚各国或地区的房地产业的复苏相对缓慢，目前多数国家或地区的真实房价水平仍要大幅低于危机前的水平。东亚各国或地区的经验表明，一方面，在经济高速增长的时期，长期房价的波动幅度相对较大，内在的泡沫风险及严重性也相对较高，而政府的干预尤其是加快金融体制改革与央行的货币政策对于防范泡沫积累有着重大的作用；另一方面，韩国、中国香港和新加坡的案例研究表明，在经济发展到一定阶段，或者是为了弥补前期投资不足和解决住房短缺(如韩国)，或者是为了减少政府支出与促进居民家庭财富积累(如中国香港、新加坡)，政府住房政策的结构性变革都给长期房价波动带来了深远且重大的影响。

住房及房地产市场本质上是区域性市场，因此除宏观基本因素外，城市的自然状况与区位、城市化的进程、地方政府的发展战略与实际政策执行等因素也都会对本地住房价格决定产生深远的影响。经验表明，相对于有限的空间资源而言，大都市的住房需求不仅巨大且持久增长，以致在长期的发展过程中，大都市始终是人口密度相对较高、住房供给相对紧张、住房质量相对较低的地方，是绝对与相对房价最高、长期中房价增长率最高、波动幅度最大的地区，因此也是政府干预与介入程度最深的地区。

7.2 上海市长期房价波动的经验与启示

自1987年有正式的价格纪录以来，上海市的住房价格波动经历了一个完整的周期(1987～1999年)和2000年以来的新一轮上升阶段。其中，在第一个波动周期中，通过渐进式的住房制度改革，上海市的住宅配置机制基本完成了从完全的公有分配向近乎完全市场化的转变，非市场因素在房价决定中的主导地位也逐渐地被市场因素所取代。此轮房价波动的幅度相当大、持续周期也较长，在上升阶段既包含了引入市场机制后的价值回归以及经济、人口等基本因素所决定的正常增长，也有着在市场规模较小、制度不完善条件下形成的非正常泡沫成分；在下跌阶段则既是对之前背离基本因素的过高涨幅的一种修正，同时也受到国家反周期的宏观调控和上海市“九五”期间加快商品住宅建设决策等政府干预的重大影响。

进入21世纪后，上海市的住房价格进入了新一轮波动周期的上涨通道。虽然因受到国家宏观调控影响，房价较前期阶段性高点已有所回落且目前处在一种较稳定的盘整状态，但是影响市场供需和房价决定的基本因素和结构性变革决定了上海市房价整体上仍然处在上升周期当中。

(1)由于历史、经济发展水平和城市化进程等方面的原因，虽然经过十多年来的迅速发展，上海市住房目前仍处于部分中低收入家庭(户籍和外来常住家庭)尚未解决"房荒"问题、部分中高收入家庭开始增加住房面积、部分高收入家庭进一步提高住房质量的交叉发展的过渡阶段，因此无论是从数量还是质量而言，整体住房状况仍然有待持续地、大幅度地改善。

(2)自上世纪90年代以来，上海市不仅自身的城市化程度在不断加速和提高，而且还凭借其良好的经济收入、投资与就业机会吸引来大批的海内外移民，尤其是来自于国家整体人口增长和城市化进程加速背景下的内部移民。常住人口总量的持续高速增长、高比重的家庭形成期人口结构、持续下降的家庭规模给上海市的住房体系带来了巨大的压力。即使保持现有的高水平建设规模，如按住房供给率衡量仍然存在相当的供给缺口，并且预计至少在未来十年内这种短缺形势都将难以缓解甚至会进一步地恶化。这种长期存在的短缺状况最终将反映在长期房价上——高房价、高增长率及高波动性。

(3)无论是全国还是上海市，2000年以来一直保持着良好的、高速的宏观经济增长势头，尤其是2005年汇率改革以来的经济增长加速的表现完全符合经济理论预测和许多赶超国家的实践经验，这为新一轮房价上升周期提供了基本的动力与支撑。其次，在宏观经济高速增长的背景下，上海市居民家庭收入水平持续提高，以储蓄和房产为主的家庭财富积累也开始加速，尤其是房改过程中相当一部分本地家庭一次性地获得了巨额的财富；同时，收入和财富分配的不平等程度也有日益提高之趋势。在一个近乎完全市场化、供给受限的住宅体系中，一方面长期中收入与财富的快速增长必定会推动房价的快速增长，另一方面加剧的分配不平等也意味着在缺少政府干预的条件下会有更多的中低收入家庭尤其是新建家庭和外来常住家庭被排除在市场之外。最后，自商品住宅市场建立以来，上海市的相对房价始终处在较高的水平，这与在供给有限条件下必须按照价格来实行配给的市场规律相一致的。除了可通过政府干预(如扩大住房保障范围、增加经济适用房供给等)以尽可能地减轻这种市场失败外，家庭收入的快速增长提供了解决部分家庭自置住房可支付性问题的一条有效途径：进一步放松住房信贷管制，帮助有一定能力的家庭克服最初的信贷接入障碍，然后由后者利用其快速增长的收入在有限时间内解决支付流动性问题。

(4) 1998年以来，我国一直维持着相对宽松的货币政策，低利率与有限放松住房抵押贷款管制的改革相结合无疑在本轮房价上涨过程中发挥了重要的作用。更为重要的是，在汇率改革启动后，国内的流动性泛滥问题进一步加剧，并且人民币升值内在地具有调整长期以来国内价格体系扭曲的功能，而最终结果之一就是包括住房在内的资产升值且非常有可能积累起相当的泡沫。就此而言，目前包括利率、汇率和资本市场的整个金融体制改革进程以及央行的干预政策对于未来一段时间内住房资产的升值速度与幅度有着至关重要的影响。

(5)在供给方面，经验表明在前期上海市房价上涨过程中，供给反应总体上是相对有弹性的；住宅建造成本主要是受房价上涨的拉动影响；尽管受到宏观调控的一定影响，但是宽松的货币政策和流动性泛滥仍使得房地产开发企业能够从各种渠道筹集所需资金；在大量存量土地入市的作用下，新一轮土地制度改革和增量土地紧缩政策的短期房价影响是有限的。然而，新一轮土地制度改革及其深化对于长期房价波动的影响却是深远的。在未来10～15年内上海城市化进程仍将保持前期速度与规模水平的预计下，一、二级土地市场政府垄断供给的制度体系仍将长期维持；新制度下真正意义上的土地市场的建立与完善将促进稀缺程度日益提高的土地资源更有效率的配置，使得城市发展和经济增长所引致的住房需求将资本化于土地价格并最终反映在房价上；在存量土地日渐减少同时又面临长期的、大规模的土地需求的背景下，必须尽快改善现有的计划供给和规划体系，否则土地供给和规划的刚性将会提高长期的房价收入弹性和利率弹性，这将最终加大长期房价的波动性，特别是在收入高增长、低利率的时期；土地的政府垄断供给必须辅之以明确的、经科学设计的、且严格执行的住房保障制度与长期住房政策，以尽可能地减少政府垄断的内在制度突出。

参考文献

[1] 罗斯托.经济成长的阶段：一篇非共产党宣言.北京：商务印书馆，1962.

[2] 西蒙.库兹涅茨.各国的经济增长.北京：商务印书馆，1962.

[3] 香港房屋委员会.房屋及规划地政局局长于2002年11月13日就房屋政策发表的声明. http://sc.housingauthority.gov.hk.

[4] 彭希哲，徐佳.上海市婚姻家庭结构的现状与变化.http://www.japop.gov.cn/popinfo/pop_homepage.nsf/default.

[5] 朱庆芳等.世界大城市社会指标比较.北京：中国城市出版社，1997.

[6] 上海社会科学院房地产业研究中心.上海居住现状与住宅建设适度规模研究.社科报告,2002(2).

[7] 上海市建设与交通委员会.上海改革开放二十年.www.shucm.sh.cn/gb/node2/node14/node65/node66/index.html.

[8] 上海市地方志办公室.上海房地产志. www.shtong.gov.cn/node2/node2245/node64514/index.html.

[9] 上海长宁区发展与改革委员会.长宁区人口发展分析报告. http://www.stats-sh.gov.cn.

[10] 张红.房地产经济学.北京：清华大学出版社，2005.

[11] 中国人民银行房地产金融分析小组.2004中国房地产金融报告，2005.

[12] 中国人民银行货币政策分析小组.中国货币政策执行报告：二〇〇六年第四季度，2006.

[13] 国家外汇管理局国际收支分析小组.2005年中国国际收支报告，2005.

[14] 国家外汇管理局国际收支分析小组.2006年上半年中国国际收支报告,2006.

[15] 中国社会科学院.城市竞争力蓝皮书：中国城市竞争力报告,2006(4).

[16] 3rd Annual Demographia International Housing Affordability Survey, Demographia and Pavletich Properties, Ltd, 2006.

[17] A.Wallace. Understanding Local Housing Markets: The need for a complementary institutional approach,C/o Centre for Housing Policy University of York, 2004.

[18] Baddeley. M. Herding in the Housing Market: England and Wales：1980-2000. www.econ.cam.ac.uk/faculty/baddeley/housing, 2004.

[19] Chua Beng-Huat.Private Ownership of Public Housing in Singapore，Asia Research Centre or Murdoch University Working Paper No. 63，1996.

[20] Chul Koh. Overview of Housing Policies & Programs in Korea, Korea Housing Institute,2004.

[21] Demographia World Urban Areas (World Agglomerations) Population & Density Estimates，2006. http://www.demographia.com.

[22] E.Hui and J.Wong.Supply of Subsidized Sale Flats and Private Housing Prices in Hong Kong, 2004.

[23] Focus on London 2000,UK Office for National Statistics.

[24] Gallup.Homeownership Soars in China, Commentary ,Gallup Poll News Service, March 01, 2005.

[25] G.Cameron,J.Muellbauer and A.Murphy.Was There A British House Price Bubble? Evidence from a Regional Panel，Draws on research carried out for a project "Affordability Targets: Implications for Housing Supply" funded by the Office of the Deputy Prime Minister, 2006.

[26] G.E.Peterson.Land Leasing and Land Sale As An Infrastructure-Financing Option, World Bank Policy Research Working Paper 4043, November 2006.

[27] Glaeser.E, and J.Gyourko. The Impact of Zoning on Housing Affordability, Economic Policy Review 9(2):21-39, 2003.

[28] Ian Morris and Ryan Wang.A Froth-Finding Mission：Detecting US housing bubbles，HSBC Research,2006.

[29] J.Gyourko,C.Mayer and T.Sinai.Superstar Cities, NBER Working Paper 12355,2006.

[30] J.M.Quigley and A.Swoboda.A GENERAL EQUILIBRIUM ANALYSIS OF LAND USE RESTRICTIONS AND RESIDENTIAL WELFARE, IBER Program On Housing And Urban Policy, Working PaperNO.W05-004, 2005.

[31] J.M.Quigley,Real Estate and the Asian Crisis, Journal of Housing Economics 10, 129-161,2001.

[32] K.Barker.Review of Housing Supply: Securing our Future Housing Needs, Interim Report-Analysis,UK HM Treasury,2003.

[33] Kyung-Hwan Kim.Housing and the Korean economy, Journal of Housing Economics 13 (2004): 321-341.

[34] Kyung-Hwan Kim.Housing and Government Policy in the Global Economy: The Cases of Korea and the US, Working Paper, 2005.

[35] Lok Sang Ho.A Case Study of Economic Ecology: The Hong Kong Economy's Plunge into a Deep Recession in 1998, Center for Public Policy Studies Lingnan University, 2000.

[36] Meen, G..Ten New Propositions in UK Housing Macroeconomics: An Overview of the First Years of the Century, Paper presented at the ENHR conference "Housing in an expanding Europe: theory, policy, participation and implementation", Ljubljana, Slovenia, 2-5 July 2006.

[37] Meen,G.and Andrews, M.(1998), Modelling Regional House Prices: A Review of the Literature, Report Prepared for the Department of the Environment, Transport and the Regions, Centre for Spatial and Real Estate Economics, University of Reading.

[38] N.Girouard, M.Kennedy, Paul van den Noord and C.André.Recent House Price Developments: The Role of Fundaments, OECD Economics Department Working Papers No.475, 2006.

[39] Paul van den Noord.Are House Prices Nearing A Peak? A Probit Analysis For 17 OECD Countries，OECD Economics Department Working Papers No.488，2006.

[40] P.Catte,N.Girouard,R.Price and C.André.The Contribution of Housing Markets to Cyclical Resilience，OECD Economic Studies No. 38, 2004(1).

[41] Peng,R.and Wheaton, W.C..Effects of restrictive land supply on housing in Hong Kong: an econometric analysis, Journal of Housing Research, 5(2), 263-91,1994.

[42] Pietro C., N. Girouard, R. Price and C. André, Housing Markets, Wealth And The Business Cycle, OECD Economics Department Working Papers NO.394, 2004.

[43] P.J.Ambrose.Rapidly Rising House Prices-the Explanation, the Damage and the Solution, Paper presented at the ENHR conference "Housing in an expanding Europe: theory, policy, participation and implementation", Ljubljana, Slovenia, 2-5 July 2006.

[44] R.Habans.Housing Price And Single-Family Permits: The Case of California Cities In The 1990s, IBER Program On Housing And Urban Policy, Dissertation And Thesis Series D04-001,2004.

[45] Sock-Yong Phang.Impact of Housing Prices on Aggregate Consumption: Evidence from an East Asian City-State，School of Economics and Social Sciences, Singapore Management University，2002.

[46] Tatsuya Ishikawa. Japan's Housing Market Enters a Transition Period, NLI Research, 2005 Aug.

[47] Tokyo Statistical Yearbook 2004. http://www.toukei.metro.tokyo.jp/tnenkan/2004.

[48] UK HM Treasury. Housing policy: an overview, 2005.

锦绣江南
明泉
旖和园

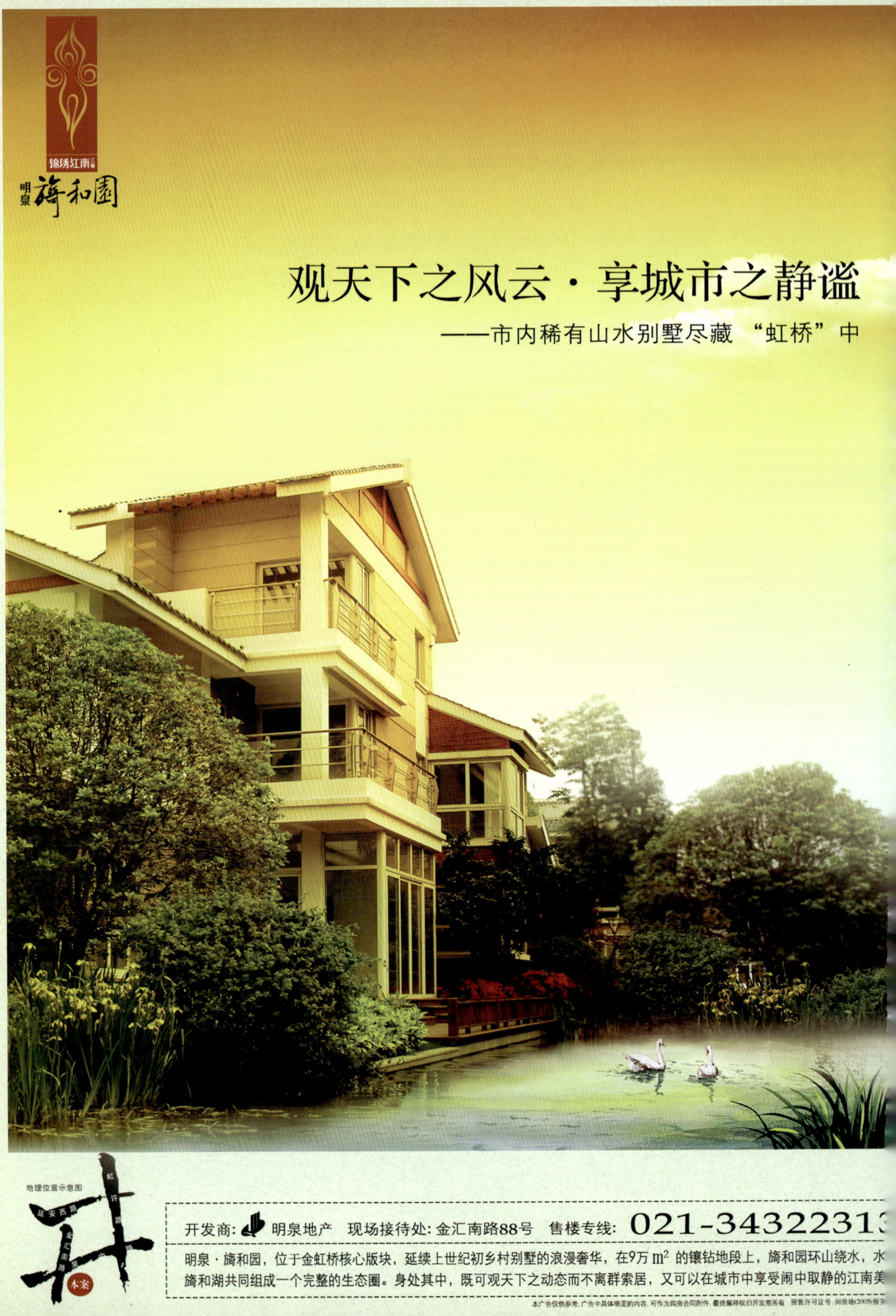
锦绣江南
明泉 旖和園
观天下之风云·享城市之静谧
——市内稀有山水别墅尽藏 “虹桥”中
地理位置示意图
延安西路
虹许路
金汇南路
本案
开发商: 明泉地产 现场接待处: 金汇南路88号 售楼专线: 021-3432231
明泉·旖和园，位于金虹桥核心版块，延续上世纪初乡村别墅的浪漫奢华，在9万 m² 的镶钻地段上，旖和园环山绕水，水
旖和湖共同组成一个完整的生态圈。身处其中，既可观天下之动态而不离群索居，又可以在城市中享受闹中取静的江南美
本广告仅供参考，广告中具体确定的内容，可作为购房合同附件，最终解释权归开发商所有 预售许可证号：闵房地(2005)预字